梁漱溟 全 集

（新编增订本）

印度哲学概论

（外二种）

中华书局

图书在版编目(CIP)数据

印度哲学概论:外二种/梁漱溟著. —北京:中华书局,2018.10
(梁漱溟全集:新编增订本)
ISBN 978-7-101-13132-1

Ⅰ.印… Ⅱ.梁… Ⅲ.哲学-研究-印度 Ⅳ.B351

中国版本图书馆 CIP 数据核字(2018)第 056867 号

书　　名	印度哲学概论(外二种)	
著　　者	梁漱溟	
丛 书 名	梁漱溟全集(新编增订本)	
责任编辑	孟庆媛	
出版发行	中华书局	
	(北京市丰台区太平桥西里 38 号　100073)	
	http://www.zhbc.com.cn	
	E-mail:zhbc@zhbc.com.cn	
印　　刷	北京市白帆印务有限公司	
版　　次	2018 年 10 月北京第 1 版	
	2018 年 10 月北京第 1 次印刷	
规　　格	开本/920×1250 毫米　1/32	
	印张 11⅜　插页 3　字数 243 千字	
印　　数	1-3000 册	
国际书号	ISBN 978-7-101-13132-1	
定　　价	76.00 元	

民国初年中学毕业着兄长留学日本的服装留影

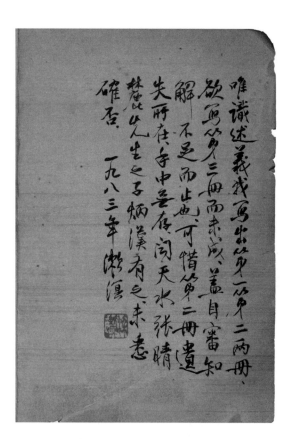

唯識述義我寫出的第一二两冊、欲寫的第三冊而未成、盖自審知解不足而止也。可惜此第二冊遺失所在，手中尚存闽天水张晴楚此先生之子炳溪有之，未悉确否。 一九八三年 漱溟

《唯识述义》家藏本作者手书按语

出 版 说 明

梁漱溟先生（1893.10.18—1988.6.23）原名焕鼎，字寿铭，以笔名漱溟行世，祖籍广西桂林，生于北京。我国著名的爱国民主人士，思想家、教育家、社会活动家，"现代新儒家"早期代表人物之一。

梁漱溟先生自称"问题中人"，其毕生所重，一是人生问题，二是中国社会问题。对于人生问题的追求，使他出入于西洋哲学、印度宗教、中国宋明诸学派间，而被视为思想家。对于中国社会问题的考索，又促使他参加中国革命，并投身社会活动。二十世纪三十年代，他曾与志同道合的朋友们共同发起乡村建设运动，开一时风气之先；二十世纪四十年代，又参加发起"中国民主同盟"，执笔撰写《中国民主政团同盟成立宣言》和《中国民主政团同盟对时局主张纲领》。在思想学术、乡治教育和政治实践等各领域，梁漱溟先生都留下了丰富的著述。

我们此次新编增订《梁漱溟全集》，在原山东人民出版社版的基础上，广为征集，网罗佚文，并将梁先生的著述，按专著、文集、札记、书信、日记、传记等不同体裁，复以时间或主题为序，划分卷帙。各卷之首皆撰有"本卷编校说明"，详细介绍该卷所收内容之版本考订与编校流程，以供读者参考。

《梁漱溟全集》（新编增订本）的编辑出版，得到了梁漱溟先生之子梁培宽、梁培恕两位先生的全权委托与鼎力支持，我们对此表示由衷的感谢。书中错误在所难免，敬请读者批评指正。

中华书局编辑部

2018 年 8 月

本卷编校说明

本卷收入梁漱溟先生所著《印度哲学概论》《究元决疑论》和《唯识述义》。

梁先生二十岁后思想折入佛家，专心佛典者四五年，其间作成《究元决疑论》(1916)。遂以此文为契机，至北京大学教授印度哲学课程(1917)，1918至1919年陆续完成《印度哲学概论》，以为课程讲义。1919年增开"唯识哲学"课程，又有讲义《唯识述义》。这三部作品俱为梁先生早年钻研印度及佛教哲学的论著，故同时收录于本卷。

其中，《印度哲学概论》于1919年12月由商务印书馆初版发行，1922年三版时有增删。其后再版多次，均以三版为准。本次编校，以山东人民出版社出版的《梁漱溟全集》(2005年)为工作本，以商务印书馆1922年发行的第三版为对校本。

《究元决疑论》1916年发表于《东方杂志》第5、6、7期，1923年收入《漱溟卅前文录》，同年12月由商务印书馆作为《东方文库》第45种出版单行本。本次编校，以山东人民出版社出版的《梁漱溟全集》(2005年)为工作本，以商务印书馆1924年再版的《漱溟卅前文录》为对校本。

《唯识述义》全稿共三部分。第一部分于1920年1月由中华民国财政部印刷局印行，北京大学出版部发售，是为第一册；第二部分作为第二册于次年印行，至今未查得；第三部分未印行，今已无存。故本卷所收仅为第一部分，即第一册。本次编校，以山东人民出版社出版的《梁漱溟全集》(2005年)为工作本,以1920年中华民国财政部印刷局印本为对校本。其中,书前所附《〈东西文化及其哲学〉导言》改入《东西文化及其哲学》卷,本卷不再重复收录。

总　目

印度哲学概论

目　录

序

　　兹番《印度哲学讲义》与他方讲印度哲学书籍暨上次讲义之编制均不同。所见西文东文之讲印度哲学者多只讲六宗而止，其讲哲学宗教史者始须周于各家。今以六宗纳于诸宗之下，六宗而外犹有余宗。又举佛法与诸宗对裁，意特侧重佛法而诸宗所说各具且甚备。又从来皆取各宗派分述之，而连类叙其一一之言。于其一家之学颇能前后完整。然哲学上之问题不过尔尔，于彼一区之思想界上其问题尤荦荦可举。故临讲时，每因问题之关系，虽讲一宗仍不能不论及各家。省而不论则讲必乏味，旁叙广论则各宗分述之制为无取。今取各问题分述之而排比叙其家家之说。于其一问题之研核可以究极尽意。由前之制近于诵数，寂无兴趣。由后之制引人思索而真理较然。此变更编制之所由也。常见治斯学者因自己意思与彼方彼时之思想隔远之故，于彼之所谓问题者尚未了解，而徒聆其许多解答，若明若昧，勉强记诵，于自己思想上全无所受益。今取问题为本，先了解问题，则彼其一言一句咸可得味矣。既以问题分讲,则各宗略史不能不别为记述。故先于第一篇叙之,并稍说对于印度哲学大体之观察。书既成,略识如是。其余关于编制上之意思,篇中颇言之。

七年十月四日梁漱溟识

第三版自序

愚以民国六年来大学，继许季上先生任印度哲学一课。许君旧有讲义一种，盖参酌取材于日本人书三四种、西洋人两三种而成。愚但事增订，未及改作。七年乃根本更张之，以为此书。第一第二两篇先成，即在京印行。故初版序标七年月日。八年续成后半，以全书托商务印书馆出版。其时于前稿已有悔，颇思改正而不及改，但于第一篇末缀一语志意而已。九年再版，以病不能动笔，竟仍原稿付印。十年则于所作知悔者益多，因止三版不印。兹又一年，诚欲别编新本。顾所事有急于此者，而以校课故，不能竟无此书，卒又以原稿付印。然于所知悔者不可不有声明，特即其较重要各端条列下方，唯读者省察焉。

第一篇第三章　愚夙短于佛教历史的研究，于晚近西洋人日本人之考证印度史事者亦未留意。兹章述佛教概略，于此一面遂形缺忽。述佛陀一节，但就佛教经籍所传敷陈其概，未能别取考订，此并怀歉之一端。

又第二节叙教相,略如天台华严所明。近知判教之举根本有所未合,而诸师所判于义尤多未安。虽其言亦有相当价值可以存考,而愚欠一种声辩。此又怀歉之一端。

又第四章二节 又第五章二节 以上两节悔之最早。往于述印度宗教之后辄进而推论宗教之为物云何,于述印度哲学之后辄进而推论哲学之方法所资。虽当时命意亦无大谬,而立言不善,易以致误。九年再版即拟删裁,比经函达印刷方面则已后时。迨再版既竣乃行削改,今本犹当年改版也。

又第二篇第六章一节 此节述相宗三性无性义于唯识论不肯说依他无性者特致辩论,而引《三无性论》一段作结。盖往时治佛学好三论义,于《成唯识》中示与空宗异趣者咸致不满,必辨之而后快。今于此等处不敢妄有论列,颇悔昔作。又《成唯识》于相宗为新派,《三无性论》则属相宗旧派,其立义盖多不同。往不知此辨,而援旧派以驳新派,甚无当也。

第三篇第一章二节 此节释《理门论》现比二量颂,今承吕秋逸先生为辨其非。吕君释现量颂云:此颂但就五色根以明现量之缘自相,有法谓色等诸蕴,相谓其所有无常所作等义。其义不一,故曰非一。此非一相贯通余法,属于共相。有色诸根于中俱不能起,故曰非一切行。色根所行唯有内证而离名言之自相。故后半颂云云。又释比量颂云:此颂但就比量之忆因智明比量之于共相转也。事之谓体亦犹前之云有法,法之谓义亦犹前之云相。复言相者则是因法,事之有宗法即于此见其端倪。故得相名,相非能行于有法之一切法义。譬若所作性因行于声之无常而于其虚疏则不行也。既不遍行而能为因者,盖能示于同品定有,说因处宗必随逐，即可简别于余相违法，故说为彼因也。更进而言，能为相之法亦复非一。此中所取者唯其范围狭于所相宗法或相等之二种，亦若声无常宗取所量性为因则其界宽，通于异品成共不定，即亦不能表宗定随因之义，故曰唯不越所相能表示非余也。愚曩于《续藏》暨《日本佛教全书》等遍求二颂疏释不得，因取《广百论释论》之义为之推绎。今吕君盖从《入论疏瑞源记》得见唐贤释文者，其说自是有根据，义当从之。

又第四篇第一章二节　此节述佛法对宇宙缘起之说明。以《楞严》为非真，以《起信》为可依信。今知《起信》亦不可依信，《起信论》与《楞严》同为可疑之书。日本人考之甚详，其所说道理盖多不合。近欧阳竟无先生极辨之。于此问题求佛家意见可得者仅此二书，不论其可疑与否，自宜存考。然向不知《起信》亦可疑，误以为可信，此所歉也。

民国十一年四月二十八日漱溟谨记

第一篇　印土各宗概略

第一章 绪论

印度土沃气暖，谷米易熟。其民不必劳于治生，辄乃游心于远，故夙富于哲学思想。自邃古传说中已有人神关于哲理之问答。《吠陀》时代之人君，时集国中智人论议正理，胜者受上赏。其风至唐玄奘三藏至西域时犹盛。此内典中随处可见。如《瑜伽》等论说论议有六处所：一于王家，二于执理家，三于大众中，四于贤哲者前，五于善解法义沙门婆罗门前，六于乐法义者前。《唯识述记》释《金七十论》命名所由，说有外道以铁鍱腹，顶戴火盆，击王论鼓，求僧论议。因净世界初有后无，谤僧不如外道。王意朋彼，以金赐之。诸如此类不可胜数。奘师所历，如《西域记》及师本传皆有记载。唯识家所讲之"真唯识量"亦其一故事也。[①]盖其国君民上下，几以研穷哲理为人生唯一事业。故诸宗竞起，

---

① 《宗镜录》真唯识量者。此量即大唐三藏于中印度曲女城，戒日王与设十八日无遮大会，广召五天竺国解法义沙门婆罗门等，并及小乘外道而为对敌。立一比量书在金牌，经十八日无有一人敢破斥者。量云：真故极成色是有法，定不能离眼识宗，因云自许初三摄，眼所不摄故，同喻如眼识，合云诸初三摄眼所不摄故者皆不离眼识，同喻如眼识，异喻如眼根。

异论繁兴,极思想之自由,尽慧悟之能事,辩难征诘,妙穷理致,古今各国罕有及其盛者。可谓洋洋乎极哲理之大观矣。

一、古代典籍

印度典籍之最古者曰《四吠陀典》(Catur Veda),为婆罗门所奉神典。印度上世之宗教哲学皆源于此。"吠陀"音义,各有异译多称。翻明论者较通行。[①]《四吠陀》之名目与内容,各书所说亦不同,与今西籍所传亦参差。

一、《黎俱吠陀》(Rig-Veda)。旧云《阿由》或《荷力》或《亿力》等。或翻方命,或曰寿论,或云养生缮性之书,或言其明解脱法,或谓为《读诵吠陀》。

二、《耶柔吠陀》(Yajur-Veda)。旧云《夜殊》或《冶受》等。或曰祠论,或云祭祠祈祷之书,或言其明善道法,或谓为《祭祀吠陀》。

三、《傞马吠陀》(Sama-Veda)。旧云《娑摩》或《三摩》等。或曰平论,或云礼仪占卜兵法军阵之书,或言其明欲尘法,或谓为《歌咏吠陀》。

四、《阿他婆吠陀》(Atharva-Veda)。旧云《阿闼》或《阿闼婆拿》或《阿他》等。或曰术论,或云异能技数梵咒医方之书,或言其明咒术算数等法,或谓为《禳灾吠陀》。

上参取西译并中土《翻译名义》《三藏法数》《西域记》《百论疏》《摩蹬伽经》等而列次者。依婆罗门传说,四吠陀皆梵天所

---

① 音译者异称如毗陀、皮陀、鞞陀、韦陀、围陀、违陀、波陀等。义译之异称或翻智论,亦翻无对。《唯识述记》:吠陀明也,明诸实事故。《玄应音义》:此云分也,亦云知也。

演,其声常住不灭。撰集之仙人皆直授之于梵天而流传教化。就中《黎俱吠陀》最古亦最重。其本论又称《黎俱集录》(Rig-Samhi-ta),皆印度初祖始居印度时所用赞祷天神之词。《耶柔吠陀》(耶者字基为 Yaj 即祭祀)所集皆祭祀供牺时所用之词。在《四吠陀》中列第二。而依其文义及所事物观之,其出有在《阿他婆吠陀》之后者。又《耶柔吠陀》有二种。一名《黑耶柔》(Krishna Yajur),一名《白耶柔》(Sukla Yajur)。黑者谓其书紊杂无序,白者谓其不杂。《白耶柔》中有采自《黎俱吠陀》者。《傞马吠陀》即《歌咏吠陀》,所集皆基于《黎俱》八九两卷而作之歌词。《阿他婆吠陀》其出最后。阿他婆(Atharva)者,为撰集者之名。亦名《婆罗摩吠陀》(Brahma-Veda)。所集皆祷谢祝禳祈福之词。祭祀时,每一祭司各主一吠陀。《阿他婆吠陀》初出时,不列《四吠陀》内。故前人但称《三吠陀》。中土所译佛经中时有见"三部吠陀"之名,知有佛经时《阿他婆》尚未入四吠陀内也。《阿他婆》中所载多关于家人生事咒愿之词。后人尚可由之以略寻当时生活之状态。

上述者为吠陀中之集录,即歌颂也。每一吠陀皆合三部而成:

一、《曼特罗》(Mantra),即歌颂,即集录(Samhita)。

二、《婆罗摩》(Brahmana),即仪式。

三、《修多罗》(Sutra),即规律教条。

又有《森书》与《邬波尼煞昙》者为《吠陀》部属。《森书》解释仪式中深旨。其云《森书》(Aranyaka)者谓森林中修行人所诵习之书也。《邬波尼煞昙》(Upanishad)或名曰《奥义书》,解释吠陀中玄理。又称曰《吠檀多》(Vedanta),义为《吠陀》之究竟。《吠陀》

哲学当于此求之。

《四吠陀》有说《五吠陀》者。又有演为二十一乃至千二百六《吠陀》者。又《四吠陀》外复有六论八论合为十八大经,如《百论疏》等说。①

二、宗计繁出

佛典中述外道种类,有列举专名者,如提婆《四宗论》列四大外道,《维摩》《涅槃》等经列六师,《止观辅行饰宗记》列十师。有从所计执以别之者,如《瑜伽论》列十六计六十二见等。有专名计执杂列者,如《外道小乘涅槃论》列二十种,《大日经·住心品》列三十种。然通说每云九十五种或九十六种,则不能举实。或谓六师各有十五弟子,受行异见,各别有法。师弟统为九十六。或谓九十六中有佛法小乘,其时云九十五者,除佛法言也。② 今西

---

① 《百论疏》云《四吠陀》者:外道十八大经亦云十八明处。复有六论,合四皮陀为十。复有八论,足为十八。六论:一《式叉论》释六十四能法,二《毗迦罗论》释诸音声法,三《柯剌波论》释诸天仙上古以来因缘名字,四《竖底沙论》释天文地理算数等法,五《阐陀论》释作首卢迦法,六《尼鹿多论》释立一切物名因缘。八论:一《肩亡婆论》简择诸法是非,二《那邪毗萨多论》明诸法道理,三《伊底呵婆论》明传记宿世事,四《僧佉论》即数论解二十五谛,五《课伽论》明摄心法,六《陀菟论》释用兵杖法,七《犍闉婆论》释音乐法,八《阿输论》释医方。此等皆为古典否不可考,然亦不必皆在《四吠陀》后。印度有所谓五明如中土之称六艺:声明、因明、医方明、工巧明、内明。井上圆了以《四吠陀》入内明,恐不然。五明是学术,吠陀是典籍,不必议其广狭。
关于五明、四吠陀、外道经籍、外道种数名目,井上圆了之《外道哲学》汇次多书,征引累数万言。嫌其干燥无味繁琐重复,本书不取。然欲有所考证,则彼亦足稽也。
② 种种宗计之名目繁不胜列,后此随所宜以表出之,故兹仅总其数而已。从佛典观之,宗计虽繁,似以六师为重。今西方亦称六宗,但所谓不同。六宗如常说。兹列六师名:一富兰那迦叶,二末黎伽拘赊黎子,三删阇夜毗罗胝子,四阿耆多翅舍钦婆罗,五迦罗鸠驮迦旃延,六尼犍陀若提子。

方治印度哲学通言六大派,固不能尽印土宗计,然所摄已多,余不足轻重者亦不妨从略。惟佛典中每言必及尼犍子若提子,而六大派中不收。有传即今世之耆那,则西方固别为研究矣。

三、诸宗与佛法

《吠陀》是婆罗门神典。《玄应音义》言梵种满七岁即就师学,学成即为国师,为人主所敬。印度哲学思想之兴,初本起于训释《吠陀》。其后宗计虽繁,特因依故典有所发挥。即自创新义,亦必曲引《吠陀》之言以证成其说,期其见容,不遭婆罗门摈斥。而佛法之出不由《吠陀》,乃故与《吠陀》乖违而反对婆罗门者。凡诸宗之学无不拨遮,毫发不容留,如是诸宗与佛法为对立。佛之出家由慕出世,出世固外道法。既出家往外道仙人处问义,又学外道苦行。经于六年后始成道。所谓生死、轮回、菩提、涅槃皆外道固有之说,佛特别出新义。至于言及世间,则尤漫从其俗而已。佛灭后外道重盛,则其间领袭佛化以饰其说者处处可见。言外道者,有佛以前外道,佛以后外道之别。今所谓六宗者,其为说非复佛时所有。如是诸宗与佛法为相因果。(其互相因果处诸篇自详)

四、诸宗比较

印土宗教哲学无不持出世论,殆百家一致之观。其独立一帜者惟顺世外道而已。此为一比较。其余诸宗虽皆为出世论,而同出于吠陀,亦有比较。就承接吠陀以论,弥曼差为最,吠檀多稍次,余如数论、瑜伽、胜论渐远。前二为婆罗门正统,余非正统。

非正统中数论竟已持无神论。余犹依违其间。印土哲学本于宗教中求之。诸宗中富于哲学理论者为吠檀多、数论、胜论,余则昧略。六派彼此之关系,弥曼差殆可附于吠檀多,瑜伽可以附于数论,尼耶也可以附于胜论。又六派较核当推吠檀多、数论为最胜出。然吠檀多人思想之受影响于人者宁多于其影响于人者。数论则未尝有所受于人,而影响于他派者至巨也。又六派之孰前孰后殊难判定。就思想古近之顺序言,则弥曼差、吠檀多、数论、瑜伽、胜论、尼耶也,以次相差。然学派成立、经典整备为时均不甚相远。其最早建设者当为数论,次瑜伽,次胜论、尼耶也、弥曼差,吠檀多乃最后也。

第二章　诸宗概略

一、弥曼差派（Puarra Mimansa）

弥曼差之义为训释,谓训释《吠陀》圣典也。有先后两派。此所谓弥曼差派即先弥曼差派,而后弥曼差派即吠檀多。盖吠陀有事分、理分之判。其释祠祭仪式行法,即吠陀事分者,为前派。释梵天性理即吠陀理分者,为后派。由此弥曼差宗教性质重而乏思辨,不脱多神论之域,可谓婆罗门教系之纯正统派。

此派创立之期最迟亦与佛教同时。即纪元前五世以前。其作《弥曼差经》者曰阇弥尼（Jaimini）,生存年代及为人皆不详。后之为之注释者颇不乏人。著称者曰婆提伽论师（Vavttika）,则七世纪人也。其经凡十二卷。第一论婆罗摩中品类名字意义,第二论仪式行法差别,第三论圣传教意文义轻重,第四论诸仪式之互相为用,第五论仪式行事讽诵圣典次第,第六论行祭之人,第七第八论互用祠祭仪式之法,第九论因事讽引赞诵之法,第十论仪式行废得失,第十一论并行数法及一法数行,第十二论因一事特行法。即此可知此宗所论,皆祠祭仪式之事,几难称为一宗哲学。惟祠祭仪式之事甚与印度人民思想行事有关,故印土言哲学宗派者,多以弥曼差列为一宗。而欧西之研求此学者,亦仍列之为六宗哲学之一也。

弥曼差人,执《吠陀》中言句以为定量,其声是常。中国所传之声论师,即今所述之弥曼差人也。依《成唯识论》说,有偏执《明论》声常,能为定量,表诠诸法。《述记》云:彼计此论声为能诠定量,表诠诸法,诸法楷量,故是常住,所说是非,皆决定故。梵王诵者而本性有。盖弥曼差人,立论明《吠陀圣典》一言一句,决定非谬。有难者言,能诠文句,与所诠之义,初无定属,依人约成。故文句所诠,非决定义,能起迷谬。《吠陀》所说,亦应如是。弥曼差人说《吠陀》言句,梵王自诵,其声是常,故是决定,余声不尔。惟独计《明论》声常,不许余声,难解他难,乃更转计一切声常。即声显、声生论师所计。《毗卢成佛经·住心品》疏云:若声显者,计声体本有,待缘显之,体性常住。若声生者,计声本生,待缘生之,生已常住。《成唯识论》说:有执一切声皆是常,待缘显发,方有诠表。《述记》云:待缘显者,声显也。待缘发者,声生也。发是生义。盖此宗人计声皆是常。然有时闻及不闻者,待缘显发,方有诠表也。此声常论,每为印土论辩之问题。[①]

---

① 此声论之说常见于佛典,性相诸师所数加遮拨者也。其弥曼差之名,殆始见于《般若灯论》第十三云,如弥息伽外道所计韦陀声常者今遮此义云云。又《金刚针论》云,四围陀及弥辖娑,并僧佉论尾世史迦,乃至诸论皆悉了达,名婆罗门云云,意皆是也。其遮拨之词,如《般若灯论》云:汝所分别声者非声自体,何以故?为根所取故,譬如色。复次声非了出法,是可行因故。如言提婆达多将瓶来,即依声将瓶来,不将余物来。譬如头语手语等如是有故。《成唯识论》云:彼俱非理,所以者何?且明论声许能诠故,应非常住,如所余声,余声亦应非常,声体如瓶衣等,待诸缘故。诸论尚多,恐繁不具引。

二、吠檀多派（Vedanta）

吠檀多者，基于《邬波尼煞昙》而厘整发挥以组成之学派也。故吠檀多之徒亦曰邬波尼煞昙斯（Upanishadas），一名后弥曼差派（Uttara Mimansa）。解既见前。其开创者曰婆陀罗衍（Badarayana），即著《吠檀多经》之人也。其人一曰毗耶舍（Vyasa）。其经一曰《梵经》（Bramna Sutra），或《根本思惟经》（Sariraka Mimansa Sutra）。毗耶舍有整理之意。谓其纂集圣典，实通名非专名也。约其时当在西历五世纪后。其后之宏扬其教者有四家为最著。曰乔陀婆陀（Gaudapada），著有《曼陀括耶颂》（Mandukya Karika）。曰商羯罗阿阇黎（Sankaraacarya），著述最富，事功亦伟。畅发教旨，征服异端，以建设一婆罗门正统的哲学。凡今研讨吠檀多学者皆主于商羯罗云。其生年为西历七百八十九年。曰罗摩奴耶（Ramanuja），亦注释《吠檀多经》且有事功于其教者，约当十二世纪顷。曰萨陀难陀（Sadanada），著有《吠檀多精要》。其人疑在十六世纪，则甚后矣。佛典中所称之毗陀论师及自在、大梵、韦纽诸计，命曰一因论者，皆此派之先河也。《吠檀多经》之著作，其时重要诸宗派大抵皆已成立，佛教之兴起已先在千余年，疑《小乘外道涅槃论》之摩陀罗论师即婆陀罗衍其人，其思想所自来，恐于诸家之说亦有所融会，似于数论为尤多也。《曼陀括耶颂》之制，亦即其时，或稍后。清辨菩萨造《般若灯论》第一卷所述外道言，唯是一我，如一虚空，瓶等分别，皆是其假云云。殆即指此颂（第三章）而言耳。此外《大乘掌珍论》《辨焰论》之所驳诘亦可考见。然绎其立说，窃之佛教者盖不少。而此颂实开商羯罗之先。商之释经释颂,其摹取性相诸师以自饰者,尤不难谛察焉。
如所分立真谛俗谛二门,本佛家所有事,而马鸣、龙树以来沿用之
根本论式也。所谓主观客观,则唯识家之能所见分相分之类也。
其因果不异论之论法,亦极与《中论》《回诤论》之论法相似。其
梵之亦有亦无,言思路绝,亦犹佛家之说本体也。然夷考其实则
绝不相蒙耳。盖其立言无论若何变化,终不能脱有神论。至罗摩
奴耶而其本色益著,当于后诸篇详之。

三、僧佉派(Samkhya)

僧佉派即数论派,梵云僧佉,此翻为数。《唯识述记》云:即
智慧数,数度诸法,根本立名。从数起论,名为数论。论能生数,
亦名数论。《百论疏》云:僧佉此云制数论,一切法摄入二十五谛
中名为制数论。此僧佉之云,《邬波尼煞昙》中已见。知其源出
上古,浸浸演为一宗。迨其学说完成,乃与当初教旨颇相违远。
故数论有二流别,其一为有神数论,其一为无神数论。盖前者因
仍婆罗门思想之旧,后者则否也。数论典籍曰《僧佉颂》
(Samkhya Karika),西纪四五世纪始出。曰《僧佉经》(Samkhya
Sutra),十四五世顷所辑。两典相去千载,为说盖多出入矣。又
有《谛论》(Tattva Samasa),未审何时,或云最古亦最略云。疏释
最杰出者为摩诃提婆(Mahadeva),在十七世纪末。中土有《金七
十论》三卷即经《僧佉颂》之释论。然今欧西所传与此长行有异。

数论之祖劫比罗仙人(Kapila),古云迦毗罗。此翻黄头或金
头。以此仙人鬓发面色皆黄赤故。其出世年代,依《因明大疏》
云,成劫初出,或又谓梵天化身。窃疑是由《吠陀》中金卵之神话

演出，未必实有其人也。传说由劫比罗一传阿修利，再传槃尸诃，三传优楼佉，四传跋婆利，五传自在黑。颂即自在黑所造。又依《唯识述记》云，劫比罗后有弟子名筏里沙，是弟子中上首。筏里沙此云雨，雨时生故。其徒名雨众外道。此筏里沙或云即跋婆利。①

　　数论之二流别，自以非婆罗门教之数论为足尚。其教旨虽与婆罗门违远，而其实渊源所自仍出于《吠陀》。《吠陀》思想本蒙昧而复杂，吠檀多人绎其一端以为吠檀多。数论者绎其一端以为数论。循而各标宗极矣。此如古《吠陀》中之金卵开辟宇宙说，《黎俱吠陀》第十卷《非非有赞诵》言万有本原为么匿，则其物质实在论之端也。又同《赞诵》中言神后乎宇宙而有。又《黑耶柔》之《陀特利阿书》开卷言尔可怜之牝牛牺牲，则其无神主义非祭祠主义之端也。其神我则古之补罗沙。其三德、自性、胜因、变异、非变异诸术语则黑耶柔之《素陀婆陀》书亦已见之矣。虽来历仍出《吠陀》而思想实甚新颖。其倡导多苦观、无神观、非祠祭主义、非杀生主义、人类平等主义，似皆足为佛法开俗蔽之榛途，

---

①　《金七十论》云：昔有仙人名迦毗罗，从空而下，自然具四德：一法，二慧，三离欲，四自在。总此四德以为其身，见此世间沉没盲暗，起大悲心，咄哉生死，遍观世间。见一婆罗门姓阿修利（Asuri），千年一祀天。迦毗罗在虚空中不现其身，唯现赤色。语阿修利：汝戏耶？答云：戏。如是至千年已，复来。至第三千年语云：汝能修清净住梵行以不？答云：能。即舍家修出家行，为迦毗罗弟子，因为说二十五谛。从是以来有数论，以传至自在黑（Isvarakrishna）。自在黑婆罗门种，姓拘式。初，阿修利为《槃尸诃说》，广有六十千颂。自在黑见难可受持，故略抄七十颂，即今《金七十论》之颂语。《唯识述记》云：有外道入金耳国，以铁鍱腹，顶戴火盆，击王论鼓，求僧论议。因净世界初有后无，谤僧不如外道，遂造七十行颂，申数论宗。王意朋彼，以金赐之。外道欲彰己令誉，命所造名《金七十论》。此颂实自在黑造，经录中题迦毗罗仙人造者从其本也。

而为其先驱云。

四、瑜伽派（Yoga）

瑜伽（Yoga），有结合或抑制之意。中土向译云相应，盖身心相应之谓也。《奥义书》中数数见之。如《伽特伽书》云：诸根调御坚定，是名瑜伽。《薄伽梵歌》云：宁静曰瑜伽。《瑜伽经》云：心之机能抑制是为瑜伽。其名谊不难睹矣。印土诸宗于本体既极尽其研讨，复肆力以求契合证诣，其道率不外寡欲摄心。故瑜伽之云非瑜伽派所得专。又彼土率尚苦行，故苦行师（Tapasvin）与习瑜伽者（Yogin 瑜祇）名称恒可通用。溯其源流，由来已古。如其所持之唵字（Om），盖传自《吠陀典》。《黑耶柔》中尤委悉讲说修习之法，如所谓贤者端首平胸，摄心静虑，以乘梵船（指唵字言）而渡险流。又云鼻息幽通，意马调御。又颇言修习之道场与功德与所获之境界等。其《阿闼婆》诸书亦时多言之。

此所谓瑜伽派者，谓自钵颠阇利（Patanjali，或译跋陀阇利）于数论教义之下所辑之《瑜伽经》，而建立之宗派也。彼方旧传，有说此宗与僧伽是一，有说为二者。今欧西学者亦无定论。或以为即所谓有神数论，以其不废梵神也。大要取数论诸谛与婆罗门之梵为观行境，而侧重于修禅，是此宗面目，于哲学上初无自成一家之思辨。《摩诃止观》明一师得法有三种不同：一得一切智法，二得神通法，三得韦陀法。此宗当是僧佉等外道之得神通法也。

钵颠阇利或云亦称波尼（Panin），或色沙（Sesha）。此云圣龙，其年代未详。或云在西历纪元前二世纪时。然《瑜伽经》之制作殊不类甚古，亦不过与《吠檀多经》《僧佉颂》相等。斯二者固皆纪元后五世作也。故钵颠阇利或不能甚早,否则此经必不成于一手。龙树菩萨《方便心论》有云:有八微,所谓四大:空、意、明、无明。八自在:一能小,二为大,三轻举,四远到,五随所欲,六分身,七尊胜,八隐没。是名瑜伽外道。此必即此宗。龙树是纪元二世人,则此宗之兴立,为时谅不相远也。①

《瑜伽经》(Yoga Sutra)内容分四品。第一《三昧品》,第二《方法品》,第三《神通品》,第四《独存品》。其注释最早者为毗耶舍(Vyasa)之《瑜伽注》(Yoga thasyam),是纪元后七世作。次之则十世之般若罗阇(Bhojaraja)之注。其后更有注释前注者。此外著作尚多,版籍极繁云。

五、吠世史迦派(Vaisesika)

吠世史迦,旧云卫世师或鞞世师,皆音讹略,即胜论派也(Visesha)。译意为殊胜。《唯识述记》云:造六句论,诸论罕匹,故云胜论。或胜人所造,故名胜论。《百论疏》云:卫世师此云异胜论。异于僧佉,故称为异。明义自在,破他令坏,故称为胜。今日所传又有说此宗善说万有差别,因以殊异见称。又有说由六句义中异句义而名之者。此宗缘起与数论出路多同。盖亦为非吠陀主义、多元主义性质相近也。其所立实句九谛古《奥义书》中固已有之,德句二十四谛亦散见。但胜论始画立范畴耳。又此宗与顺世派及佛教之说一切有部亦复密接,皆建立极微以完其实在论也。

————————————

① 古所谓外道十八大经之《课伽论》。《百论疏》云:明摄心法,是即习定之谓。其课伽必瑜伽之讹矣。其书或即《瑜伽经》初本之类。

《成唯识论述记》述此宗之祖名嗢露迦,此云鸺鹠,旧云优娄佉讹也。或名羯拿仆,翻称食米齐仙人。旧云蹇尼陀讹也。传道于般遮尸弃即所谓六句义法。[①]《吠世史迦经》传说亦此仙人造。其人与书皆不能定其年代。但提婆造《百论·破神品》所述优娄佉言实有神常一段词句,与今传之经文相仿佛。提婆约在四世纪,疑或见此经也。又马鸣造《大乘庄严经论》举此与数论并说。马鸣在纪元前后,则此宗兴起必在纪元前世,其经籍整备谅亦如数论等之在后耳。其后有慧月(末抵旃陀罗,Maticandra)造《十句义论》亦不能详其年代。唯此方译本是玄奘法师于贞观二十二年译,则西纪六百四十八年也。

羯拿仆今译迦那陀(Kanada)。欧西传此名有极微论者之意。所造经疏释者有多家。最著者为商羯罗密色罗(San Kara Misra)所造释论。《百论》及《成唯识论》破此宗唯破六句,慧月十句是后出故不及。依《因明疏》,慧月是胜论十八部上首。欧西近日所传则于本师六句外加无说一句为七句。又有别说二谛:

---

① 《成唯识论述记》云:成劫之末人寿无量,外道出世名嗢露迦。此云鸺鹠,昼避色声,匿迹山薮,夜绝视听,方行乞食,时人谓似鸺鹠,因以名也。谓即獯猴之异名焉。旧云优娄佉讹也。或名羯拿仆。羯拿云米食,仆翻为食。先为夜游,惊他妊妇,遂收场碾糠粃之中米齐食之,故以名也。时人号曰食米齐仙人。旧云蹇尼陀讹也。多年修道遂护五通,谓证菩提,便欣入灭,但嗟所悟未有传人。愍世有情,痴无慧目。乃观七德授法令传。一生中国,二父母俱是婆罗门姓,三有般涅槃性,四身相具足,五聪明辨捷,六性行柔和,七有大悲心。经无量时无具七者。后住多劫,婆罗尼斯国有婆罗门名摩纳缚迦,此云儒童。其儒童子名般遮尸弃,此言五顶。顶发五旋,头有五角。其人七德虽具,根熟少迟,既染妻孥,卒难化导。经无量岁,伺其根熟。后三千岁因入戏园与其妻室竞华相忿,鸺鹠因此乘通化之。五顶不从,仙人且返。又三千岁化又不得。更三千岁两竞尤甚,相厌既切,仰念空仙。仙人应时神力化迎腾虚,迎往所住山中,徐说所悟六句义法。此皆彼土神话也。

一舍支(Sakti)，即十句中之有能。二舍陀利沙(Sadrisya)，似即十句之俱分。而慧月之十句转无述者云。

六、尼耶也派(Nyaya or Naiyayaka)

尼耶也，旧云那耶，此翻正理。因亦称正理派。此宗所说以决择智识内藏及其方法为多，故得此名。后世因明之学导源于此。故近人称为论理学派。唯此宗亦同他宗说有解脱法。以身心解脱为最后祈求，非即以论理研究为究极也。西方学者颇推重之，欲证明希腊论理学自此传递而来，有世界唯一之论理学源泉之目。顾此宗哲理在印土诸宗中非能矫然自成一家，而宗旨尽多依放胜宗也。故二家或传为一派。论辩是印土风尚，论理早萌固其所宜，是兴此宗。其始祖曰乔答摩(Gotama 或瞿昙与释迦佛同名)，又名恶叉波陀(Aksapada)，此云足目。《因明大疏》云：劫初足目创标真似。盖旧传其生于劫初。又或传是梵天化身。故《百论疏》云：摩醯首罗天说十六谛义，实即足目所说者也。其人之生存年代无实说，唯就其学说略能推想大致。如所立论量为四量，视弥曼差人立六量为约，而比余宗立二量三量者为繁，料其出必在弥曼差后而或先于诸宗也。又其论式之五支或三支作法所谓悟他门，视余宗止于立量自悟者为开创。其后余宗当是取法于此。此种辩论术之产生必出于辩论盛行之际，则《奥义书》时代，原始佛教时代也。又其所持人生观即所量中之十二，前半似依仿胜宗，后半似摹取佛教，当去佛教不甚远。由上三点推之，皆当在纪元前三世顷已建始，而理论整备固亦必在后也。此宗典籍即传为足目所作之《尼耶也经》，共五卷。内容组织略同《吠世师迦经》。其第五卷第二章与世亲菩萨造《如实论》之《堕负品》全符合。其余尚有符合处。疑世亲时已见之。又龙树造《回诤论》《方便心论》亦与有关合。察其体裁立说当非成于一手一代者。草创以纪元前三世为最早，完整仍在纪元后四五世顷耳。注释者盛有多家，以第五世顷婆差耶那（Vatsyayana）之注为最先。其后注家多依据于此，或又从而注此注也。今有取与胜论糅成一书者。①

七、余宗

余宗者谓六宗以外之宗派。东西文之印度哲学书籍多讲六宗而止，今书兼及余诸宗计。不成宗者随后散见。此所取者三家。一尼犍子，二若提子。此二者居佛典中四大外道之二，经论间数数见之，不可置而不说。三顺世外道，在印土思想界彩色特异，不当忽视。然三家之学，今可考见者殊无多。

尼犍子（Nirgrantha），或云尼乾、尼健、尼虔子，具云尼乾陀弗怛罗。译言离系、不系、无继、无结等。又名那耶修摩。尼此云不，乾陀云系，谓此外道修习苦行，离世间衣食束缚，故云不系。又以露形，故佛法中毁之曰无惭外道。亦云露形、裸形外道。依《维摩经》注，尼犍陀是外道出家之总名，如在佛法中出家者皆名沙门。《法华文句》亦云：出家外道通名尼乾。由是可知佛典中之尼犍子时或为出家外道之通称，或为一类外道之专名。其为一类殊别之外道者，如《外道四宗论》《百论》等之尼乾子是。其祖名勒沙婆（Drasva），此云苦行，以算术为圣法，造十万偈经名《尼

---

① 此宗印度因明论之先河也。足目之名，或谓足下有目，或谓其眼目多。

乾子经》。据《止观辅行传》云：此人断结用六障四浊为法。《方便心论》则云：五智六障四浊，皆名尼乾子法。《成实论》则云：那耶修摩有十六种义。《瑜伽论》十六计云：宿作因论，是无系外道计。《法苑义林》云：无惭外道现所受苦皆宿作为因，苦现精进，便吐旧业。如是于多，不复有漏。观此尼乾当以宿作苦行为教。①

若提子及尼乾陀若提子若为一类外道。诸书中或单名若提子，或合称尼乾陀若提子。由是尼乾子、若提子亦且相混。察其宗义相近而亦有异。盖尼乾是外道总名，若提子当是尼乾之一类也。《涅槃经》六师中云：尼乾陀若提子为诸弟子说如是言。无施无善，无父无母，无今世后世，无阿罗汉，无修无道。一切众生经八万劫于生死轮自然得脱。有罪无罪悉亦如是。如四大河悉入大海无有差别。一切众生亦复如是。得解脱时悉无差别。《维摩经注》又云：其人起见，谓罪福苦乐尽由前世，要当必偿，今虽行道，不能中断。且解其名字云：尼犍陀字，若提母名也。如此所说，若提子乃颇类自然外道。又各书多言前宗计亦一亦异亦有亦无，而此宗计非一非异。《成唯识论》之邪命外道亦同。恐是一类。《述记》云：邪命等者，即是阿时缚迦外道。应云正命，佛法毁之，故云邪命。《百论疏》云：寂默者，若提子论师说，一切法非有非无，故默然无言。

---

① 尼犍子法，如《方便心论》等说五智六障四浊。五智者：闻智，思智，自觉智，慧智，义智。六障者：一不见障，二苦受障，三黑痴障，四命障，五姓障，六名障。四浊者：一嗔，二慢，三贪，四谄也。如《百论疏》说十六谛，闻慧修慧各八。闻慧八者：一天文地理，二算数，三医方，四咒术，及四韦陀。修慧八者，修六天行为六，及事星宿天行、修长仙行而为八也。若提子法，如《百论疏》说六障六自在。六障即尼犍之六，而翻六障即六自在云。

又今传尼犍陀若提子者(Nirgrantha Juatiputra),本贵种姓,家居有妻子。父母没后三十岁,忽有所悟。出家禀波奢婆(疑即勒沙婆)之遗教,求解脱道。十二年独身游履,备行苦行。第十三年廓然大悟,得出离道。后此三十年间,广布道法于恒河流域。所度多出家行者。亦有俗士,禀信其道。武士特多。西历纪元前四百七十年顷死波婆城(Pava)。其徒称之曰大人(Mahavira),或胜者即耆那(Jina)。其徒自称曰耆那之徒(Jaina),即后日之耆那教(Jainism)也。教宗有二别:其一曰云衣宗,其一曰白衣宗。云衣宗即裸形者,盖犹守其旧云。

顺世外道,梵云路伽耶(Laukya),或路迦底迦(Laukyatipa)。《慧琳音义》云:此则顺世外道随顺世间凡情。所说执计之法是常是有等。《翻译名义集》云:顺世本外道,缚摩路伽也。天台谓此云善论。慈恩谓此云恶对答。逆路伽耶则左世或恶论之义。又称为斫婆伽派(Karvaka),为毗诃拔提(Brihespati)所传。据云斫婆伽盖毗诃跋提教义之历史的先导。又名纳底迦派(Nartika),谓除觉官亲证者外,余《吠陀》证示均非实。佛法亦不信吠陀,故亦同享此名。此派思想,极端与印度土风相反。不信梵神,不信三世,不信灵魂,不厌世,不修行,排神秘,尚唯物,其坚确不易或叹为西土唯物家所希见。据考证,此种思想实与对方思想同时起于古初。往古之经籍皆见纪载,然年代则不能指证。或疑在西纪元前五世顷云。

第三章 佛教概略

一、佛陀(Buddha)

释迦牟尼佛(Sakyamuni)一代所说之教法曰佛教。佛者觉义。自觉觉他,觉行圆满,故名为佛。如《义林章纂注》说,天竺九十六种外道,盖皆自谓曰佛。今所谓者特指释迦牟尼佛而言。释迦牟尼佛者,中印度迦比罗婆兹都(Kapilavastu)王净饭之太子。族释迦,姓瞿昙。其曰甘蔗,曰日种,曰舍夷者,并族姓之异称。幼名悉达多,后曰牟尼。印土四民之中属刹帝利。母曰摩耶夫人。太子生七日,摩耶夫人命终,姨母摩诃波阇波提乳养太子。太子稍长,凡诸世间技艺、典籍、议论、天文、地理、算术、射御皆悉涉猎通达,力又超健,降伏一切。

太子出游,看诸耕人,赤体辛勤,被日炙背,尘土坌身,喘呷汗流。牛縻犁端,时时捶掣,犁楇研领,靷绳勒胸,血出下流,伤破皮肉。犁场土拨之下皆有虫出,人犁过后,诸鸟雀竞飞吞啄取食。

太子见已,生大忧愁。思念诸众生等有如是事。语诸左右:悉各远离,我欲私行。即行到一阎浮树下,于草上踟跌而坐。谛心思惟,便入禅定。先是太子生时,有相士言太子有出家成佛之相。王以为忧。至年十七,王为太子纳妃耶输陀罗。其后生子曰罗睺罗。寻又为纳鹿王瞿夷二夫人。兴四时温清之宫室,多集彩女以羁之。

太子驾车出游。于城东门见一老人,齿缺鬓疏,形容黑皱,伛偻傍行,唯骨与皮,四肢颤掉,上气苦嗽,喉内吼鸣犹如挽锯。太子见已,即问驭者:此为何人? 此为是独一家法,为当一切世间悉皆如斯? 驭者报言:如此人者,世名为老。一切世间皆有是法。太子复问:我今此身亦当受此老法耶? 驭者答言,如是如是。太子便敕回驾。还入宫中,坐念思惟。王闻其事,更增五欲以娱太子。既而又出游南门。见一病人,羸瘦痿黄,少色喘气,腹肿连骸,宛转呻唤,不能起举。太子见已,还问驭者。趣归宫中,思惟不舍。既又出城西门。见一死尸,众人舆行。无量姻亲围绕哭泣,或有散发,或有捶胸,悲咽叫号。太子见已,心怀酸惨,还问驭者。驭者白言:此人舍命,从今已后不复更见父母兄弟妻子眷属,如是恩爱眷属生死别离更无重见,故名死尸。一切众生无常至时,等无有异。太子闻语,命车回宫,默然系念如前。终于城北门更见比丘。须发毕除,着僧伽黎,偏袒右肩,执杖擎钵,威仪肃整,行步徐详。直视一寻,不观左右。太子前问。答言:我是比丘,能破结贼,不受后身。太子闻说出家功德,会其宿怀。便自唱言:善哉善哉! 天人之中此为最胜,我当决定修学是道。时年十九。二月七日,太子自念出家时至。于后夜中,内外眷属悉皆昏睡。车匿牵马,逾城北门而出。尔时太子作狮子吼:我若不断生老病死忧悲苦恼,不得阿耨多罗三藐三菩提,要不还此。

太子行抵雪山之麓,斩发染衣。遣车匿还谢父王,遂独入山访道。先值跋伽婆并林中诸仙人,行诸苦行以求生天,备陈其说于太子。太子谓终不离苦,停一宿辞去。王知太子出家学道,即遣王师大臣往劝太子。太子立志不动,乃留憍陈如等密侍太子。太子复行诣阿罗逻仙人所,请说断生老病死之法。阿罗逻盖数论派之婆罗门。乃为说数论本性、变化、我知之道。菩萨闻言谓非究竟,又去之。闻大导师优陀罗之名,渡恒河访之。其说以非想非非想处为最上解脱。菩萨既证其法,以为报尽还回,仍非究竟果。

菩萨调伏二仙人已,进伽阇山苦行林中,尼连河侧。苦行静虑,净心守戒,垂满六年。菩萨自念苦行非道,我当受食,然后成佛。即从座起,入河洗浴。有牧牛女奉施乳糜,即取受食,心力充足,堪任菩提。憍陈如等五人见惊谓退转,舍菩萨去。菩萨独诣毕波罗树。尔时帝释化人,献软净草。菩萨受已,敷座而坐。如过去佛不成正觉不起此座。坐树下思惟四十八日。于二月八日晓,明星出时,霍然大悟,成最正觉。

世尊既成道已,尚坐道场三七日,住于海印三昧说《大方广华严经》。不契机。于是从树下起,初至波罗奈鹿苑中憍陈如等五人住处,为说四谛法轮。阿若憍陈如最初悟解。乃重为四人广说。五人依佛法出家修道。于是世间始有三宝:佛是佛宝,四谛法轮是法宝,五人是僧宝也。次为长者耶舍子说法。复度耶舍父为优婆塞。耶舍之母及妻亦得闻法,皈依三宝,为优婆夷。又度耶舍友五十人。世尊谕其游方教化，以慈度物。

在鹿苑说法已，即往摩揭陀国（Magodha）国王舍城（Rajagriha）中。度事火外道优楼频螺迦叶兄弟三人，及其弟子千人。又为频婆娑罗（Bimbisara）王说法。度舍利弗目犍连即目犍连夜那及大迦叶等。次还迦比罗城为父王说法，及度诸释种。又自迦比罗往王舍城附近之耆阇崛山（即灵鹫山）。自后即往来诸处，说法教化，广利人天。成道后第四十四年二月十五日，世尊入拘尸那城（Knsinagara）娑罗双树间，敷置床座。集无量天人，唯除阿难迦叶。现身有疾，右胁而卧。受最后供养。说法明三宝常住。以大法付属文殊师利：乃至迦叶阿难等来，当复如是付嘱。尔时世尊即逆顺入诸禅定，入般涅槃。

世尊出世入灭午时，有多种传说。最早之年，中国、日本所传，为西历纪元前一千零二十七年出世，至西历纪元前九百四十九年入灭之说。又有锡兰所传西历前五百四十六年入灭，缅甸所传西历前四百八十一年入灭，西藏所传西历前五百四十四年入灭诸说，纷纭难定。据考核似西历前五世内外为近实云。

二、乘藏教相

世尊所说，有乘藏十二分分别。乘者，运载义。教理行果，总名为乘。通途教义说有三乘：一菩萨乘，二独觉乘，三声闻乘。或说五乘。前三如前，后加人乘、天乘。人天善根教理行果，为人天乘。四谛相应教理行果为声闻乘。十二缘起相应教理行果为独觉乘。六度相应教理行果为菩萨乘。又说二乘：即菩萨乘、声闻乘。亦名大乘小乘、上乘下乘。此诸乘者，皆是如来随众生意欲，方便安立,示教利喜,成熟世间出世间善根也。

藏者,含摄义。谓由能诠教,能摄一切所应知义,令不失也。通途教义说有三藏:一《素呾缆》,此名契经。有贯穿、摄时、缝缀诸义,即经藏也。二《毗奈耶》,此云调伏。调者和御,伏者制灭,调和控御身语等业,制伏灭除诸不善行,即律藏也。三《阿毗达磨》,有对法、数法、伏法、通法及无比法、大法诸义,即论藏也。亦名邬波题铄,此云议论。亦名摩坦理迦,此云本母或智母。教母有二:一教本母,即佛经是。二义本母,即此是也。又明开示三学,名素呾缆。开示戒定,名毗奈耶。开示慧学,名阿毗达摩。或说四藏,加杂藏。又依二乘以立二藏。一菩萨藏,二声闻藏。独觉摄入声闻。此依机缘半满以分藏也。大小二乘各有三藏。小乘三藏:佛涅槃后摩诃迦叶于王舍城集五百大阿罗汉,命阿难集经论二藏。优波离集律藏。有说迦叶自集阿毗达磨藏。又有四藏(即加一杂藏),皆是阿难结集。此即声闻藏也。大乘三藏是弥勒文殊诸大菩萨将阿难于铁围山间结集,即菩萨藏也。

十二分者,亦称十二部经。一契经,二应颂,三记别,四讽颂,五自说,六缘起,七譬喻,八本事,九本生,十方广,十一希法,十二论议。一契经者,即诸经中长行。略说所应说义。契经有二义,一总一别。总者即摄十二部尽。别者准摄长行略说。二应颂者,即诸经中或中或后,以颂重颂前长行义。三记别者,即诸经中记诸弟子未来生事因果及菩萨当成佛事。四讽颂者,谓诸经中非长行直说。然以句结成二句三句四句五句六句等,并为讽颂。五自说相者,谓诸经中不显请者不请而说。六缘起者,谓依有请或有因缘而说诸法。七譬喻者,谓诸经中所有诸比况说。八本事者,除佛本生,说余一切前际之事,名为本事。九本生者,说世尊往世苦身苦行,是名本生。十方广者,宣说广大甚深法,故名为方广。谓说菩萨道不共佛法等依比义故。唯在大乘。亦有义可通小乘。说四谛理。极真正故名方。广陈包含名广。十一希法者,谓诸经中宣说诸佛及诸弟子最胜殊特惊异甚深之事。十二论议者,谓诸经中循环研核广明法相,是名论议。

教相者,就如来所教说法,第其先后,判其别致,罄尽无量而总释一贯,明佛本心者也。先天台智者大师以五时八教判释。五时者:一华严时,二鹿苑时(说四《阿含》),三方等时(说《维摩》《楞伽》《楞严》《金光明》《胜鬘》等经),四般若时(说《摩诃般若》《大品般若》《金刚般若》诸般若经),五法华涅槃时。是为五时,亦名五味(乳味、酪味、生酥味、熟酥味、醍醐味)。言八教者,顿、渐、秘密、不定、藏、通、别、圆。顿等四教是化仪,如世药方。藏等四教名化法,如辨药味。顿者《华严经》也。说圆满修多罗故曰顿。渐者,鹿苑为渐初,方等为渐中,般若为渐终。渐初说四谛十二因缘事六度等教,破见思烦恼。渐中弹偏折小,叹大褒圆,四教俱说。已得道果,心渐淳淑。渐终融通淘汰,不说藏教。带通别二,正说圆教。秘密者,如前四时中,如来三轮不思议故。或为此人说顿,或为彼人说渐,彼此互不相知,能令得益,故言秘密教。不定者,亦由前四味中佛以一音演说法,众生随类各得解。于渐得顿益,于顿得渐益,故言不定教。然二教教下义理只是藏通别圆。化仪四教齐此,次说法华会入非顿非渐。故言开权显实,又言会三归一。华严一粗一妙,谓别与圆。鹿苑但粗无妙谓藏教。方等三粗一妙谓藏通别与圆。般若二粗一妙谓通别与圆。

来日法华会上,总开会废前四味粗,令成一乘妙。所谓十方佛土中,唯有一乘法。无二亦无三,正直舍方便,但说无上道。次说《大涅槃》者,一为未熟者更说四教。具说佛性,故名捃拾教。二为末世钝根设三种权,扶一圆实,故名扶律谈常教。与《法华》同当第五时。下明化法四教。第一三藏教者,一修多罗,二阿毗昙,三毗尼。三藏名通大小,今取小乘三藏也。大师依《智度》《法华》等文,称小乘为三藏教。其间修行证果虽则不同,然同断见思,同出三界,同证偏真。第二通教者,通前藏教,通后别圆,故名通教。又从当教得名。谓声闻缘觉菩萨同以无言说道,体色入空,故名通教。经云:诸法实相三道皆得,亦不名佛是也。此教三乘因同果异。证果虽异,同断见思,同出分段,同证偏真。然于菩萨中有利钝之二。钝则但见偏空,不见不空。止成当教果头佛。行因虽殊,果与藏教齐。故言通前。利则非但见空,兼见不空。不空即中道。分二种,谓但、不但。若见但中,别教来接。若见不但,中圆教来接。故言通后也。第三别教者,此教明界外独菩萨法教理智断行位因果。别首二教,别后圆教,故名别也。诸大乘经广明菩萨历劫修行,行位次第亘不相摄,此并别教之相也。第四圆教者,圆名、圆妙、圆满、圆足、圆顿,故名圆教也。所谓圆伏、圆信、圆断、圆行、圆位、圆自在庄严、圆建立众生。诸大乘经论说佛境界不共三乘位次,总属此教也。《法华》中开示悟入四字,对圆教住行向地此四十位。《华严》云:初发心时,便成正觉。所有慧身,不由他悟,清净妙法身,湛然应一切。《维摩》明入不二法门。《般若》明最上乘。《涅槃》明一心五行。如是等类是也。五时八教略知如此。(台宗之奥具在判教)

　　后华严贤首国师则明三时五教。其三时略同五时，而五教非同八教。天台说时本《法华》，此则本《华严》。三时者，第一日先照时。为圆顿大根众生，转无上根本法轮，名为直显教。《华严》经云：譬如日出，先照须弥山等诸大高山。如来智轮，亦复如是。成就无边法界智轮，常放无碍智慧光明，先照菩萨诸大山王，其经即是《华严》《梵网》等也。第二日升转照时。此转照时为下中上三类众生转依本起末法轮。一为方便教，令彼三种人等，转三成一。此中照有三转，谓初转中转后转时也。初转时者，谓佛初于鹿苑为钝根下类众生，转小乘法轮，名为隐实教。令彼凡夫外道，转凡成圣。《华严》云：次照黑山。如来智轮次照声闻缘觉，其经即是《提胃》《阿含》等也。中转时者，谓佛次于中时，为中根一类众生，转三乘法轮，名为引摄教。令彼二乘人等，转小成大。《华严》云：次照高原。如来智轮次照决定善根众生。随其心器，示广大智，其经即是《深密》《方广》等也。后转时者，谓佛次于后时，为利根上类众生，转大乘法轮，名为融通教。令彼权教三乘，转权成实。《华严》云：然后普照一切大地。如来智轮然后普照一切众生，其经即是《妙智》《般若》等也。第三日没还照时。为上上根众生，转摄末归本法轮，名为开会教。令彼偏教五乘人等转偏成圆。如日没时，还照高山。如来智轮最后还照诸菩萨诸大山王，其经即是《法华》《涅槃》也。

　　又说有五教。初小乘教，亦名愚法二乘教，说有七十五法。唯明人空不明法空。纵说法空，少不明显。但依六识三毒建言染净根本。《阿含》云：贪恚愚痴，是世间根本。未尽法源，故多诤论。二大乘始教，广谈法相，少及法性。其所云性，亦与相类。说有百法，抉择分明，故少诤论。又说一切诸法皆空，不说不空中道妙理。三终教，亦名实教。多谈法性，少及法相。其所云相，亦会归性。尽大乘说，故无诤论。由明不空真如中道，不但说空，以为至极。四一乘顿教，总不说法相，唯辨真性。一切所有，唯是妄想。一切法界，唯是绝言。五法三自性皆空，八识二无我俱遣。生心即妄，不生即佛。不依地位渐次，故名顿教。五圆教，所说唯是无尽法界。性海圆融，缘起无碍，相即相入，如因陀罗网，重重无际。微细相容，主伴无尽。其后圭峰禅师（华严五祖）又判五乘教。一人天乘教，二小乘教，三大乘法相教，四大乘破相教，五一乘显性教。亦称简当浅易。由上所言，可知佛法教门自有无量，渊微宏广，难以具明也。

三、宗传部别

大乘小乘固是教相上之分判，亦可谓宗派上之流别。所传乖违，争论甚烈。小乘至以大乘为非佛说，大乘之视小乘亦侪于外道。是为佛教第一大分画。教下宗门虽同属大乘而截然两事，是可谓第二大分画。性宗相宗虽同属教下，而为学异脉，是可谓第三大分画。其间分部开宗传递流布，约述其略。

先说小乘之分部。初小乘三藏之结集，有上座、大众二部。上座部者，摩诃迦叶于罗阅祇城洞中所结集。以迦叶为僧中上首，故以为名。大众部者，婆师迦于毕波罗洞外所结集。以凡圣同会，因号大众。如是二部虽复结集异处，宗义无乖，自迦叶、阿难至优婆掬多五世亦无改。优婆掬多有弟子五人，于毗奈耶各执一见。于是律藏分为五部：曰昙无德，曰萨婆多，曰弥沙塞，曰迦叶遗,曰婆粗富罗,亦翻犊子。去佛灭百余年时,有大天者(Mahade-va)始倡异义,[1]分小乘为二派。佛法中宗义之分此为滥觞,而乃袭往时结集二部旧名。大天为一派,曰大众部。长老宿德为一派,曰上座部。自是以后,小乘中频分支派。至于四百年顷,上座部分为十一。曰萨婆多,亦翻说一切有,或省称有部,则又袭往时律藏分部之名者。曰雪山,曰犊子,亦袭旧名者,曰法上,曰贤胄,曰正量,曰密林山,曰化地,曰法藏,曰饮光,曰经量。大众部分为九。曰大乘,曰一说,曰说出世,曰鸡胤,曰多闻,曰说假,曰制多山,曰西山住,曰北山住。合称小乘二十部。是时小乘最胜。二十部之异见著于《异部宗轮论》。慈恩尝判为六宗。[2]

一、我法俱有宗。犊子部、法上部、贤胄部、正量部、密林山部、经量之根本部属之。谓不唯法有,虽我亦有。

二、法有我无宗。说一切有部、多闻部、雪山部、饮光部属之。谓我体无而唯法有。

三、法无去来宗。大众部、鸡胤部、化地部、制多山部、西山住部、北山住部、法藏部属之。谓过未之法皆无体,现在法及无为法皆有体。

四、现通假实宗。说假部及经量之末部属之。谓现在法通于有体无体。

五、俗妄真实宗。说出世部属之。谓世间法虚妄无体,唯出

---

[1] 大天五异义:一余所诱,二无知,三犹豫,四他令入,五道因声故起。如《部执异论》《大毗婆沙论》等所叙。其《部执异论疏》所释近真,《婆沙》则近诬。《婆沙》盖即其反对之上座系也。

[2] 大要各部意思如慈恩判。其详如《十八部论》《部执异论》《异部宗轮论》说。同本异译以后以为准。

世法为真实。

六、诸法俱名宗。一说部属之。谓一切法唯有名而无体。

是概以有空为差降者。凡上座之所出多在前,大众之所出多在后。盖上座大众之违异即在有空也。然其间说一切有部特盛①,从有部而出经部。去佛灭九百年时,世亲菩萨本有部《婆娑论》造《阿毗达摩俱舍论》,而援经部义以正之。陈真谛、唐玄奘各有译本。中土遂以立俱舍宗。同前时,诃黎跋摩论师以经部不善空义,简诸部所长而造《成实论》。秦鸠摩罗什译之。中土遂以立成实宗。《俱舍》之于有部、《成实》之于经部皆从有稍进即空者,而《俱舍》之与《成实》犹对鸣有空之义。从《俱舍》而接入大乘《瑜伽》,从《成实》而接入大乘《般若》,其迹盖甚明著。

次说大乘之教下。去佛灭后五百年时,马鸣菩萨出世。造《大乘起信》等论,复兴大乘。后有坚慧菩萨造《法界无差别论》,祖述马鸣之旨。后人谓为如来藏缘起宗。② 去佛灭六百年时,龙树菩萨出世。造《中观》等论。九百年后,无著菩萨出世。诵出弥勒菩萨《瑜伽师地》等论,自造《摄大乘》等论。大乘振盛后之分派开宗皆导源于此,而当时实无异见。③ 兹分宗比述如次。

---

① 有部最盛。《集异门足论》,舍利弗造。《法蕴足论》,目连造。《施设足论》,迦陀衍那造。《识身足论》,提婆设摩造。《品类足论》《界身足论》,并世友造。《发智论》,迦陀衍那造。与前异人,世称曰《六足发智》。又有《婆沙杂心》等论,世亲援经部释《婆沙》而造。《俱舍》为有部之别致。众贤纠正《俱舍》造《顺正理论》,亦未全合。《婆沙》号新萨婆多。

② 《法界论疏》谓一代圣教总有四宗:一随相法执宗,二真空无相宗,三唯识法相宗,四如来藏缘起宗,即是《楞伽》《密严》等经,《起信》《宝性》等论。按此分法,如来藏缘起宗之名为后所加,与余宗派非一事。

③ 无著造《金刚般若论》,天亲造《金刚般若经论》,龙树造《十住毗婆沙论》。龙树造《顺中论》,无著为之释,其亦无异见之证欤?

三论宗。从所主《中》《百》《十二门》三论得名。宗本诸般若经,亦曰般若宗。对后相宗亦曰性宗或空宗。此宗远奉文殊,始自龙树。龙树造《中论》《十二门论》,传提婆。提婆造《百论》。龙树高弟二人,一即提婆,一为龙智。龙智寿七百岁,传龙树密宗,而又传其空宗于清辨。清辨盖于佛灭千一百年时与护法论师同时出世。护法传唯识之学,造《唯识释论》驳空宗。清辨亦造《大乘掌珍论》驳之。于是大乘法海始生波澜,由乃歧为二宗。继清辨而宏之者曰智光论师。提婆三传为鸠摩罗什而入中国,大译经论。高弟八人,肇公最著。所造四论犹诒中土之净。其后有嘉祥疏三论,制作繁多。此方此宗之宏在于此师。

唯识宗。从所主唯识之学得名。宗本《解深密》等经,《瑜伽师地》等论,因亦曰瑜伽宗。对前性宗亦曰相宗。凡大乘学理要以此二家言为中坚。此宗远奉弥勒,始自无著而实兴于世亲。世亲亦翻天亲,无著之弟,造《唯识》等颂论。护法承其学,下传戒贤。唐玄奘游学天竺时,戒贤、智光两大论师各提撕数千众,讲学甚盛,咸欲传道于奘公。奘公受学戒贤之门,遂传唯识因明之学于中国,大译经论。有高弟窥基即慈恩大师,汇订唯识十家之释以为《成唯识论》,遂集大成而定于一。斯学之立,功在此师。(印土大乘分宗止于此二)

摄论宗。从所主《摄大乘论》得名。陈真谛三藏译本,中土初所传之相宗学也。陈隋之间称盛。唐玄奘大宏相宗,此遂入于唯识,无别立者。

华严宗。从所主《华严经》得名。此经为龙树传诵。中土有三译本。一东晋译称《六十华严》,二唐译《八十华严》,三唐译

《四十华严》。此宗成立于贤首国师法藏，而以终南杜顺为祖。杜顺作《华严法界观》传智俨。俨传法藏。藏作经疏最有名。后百年清凉澄观承其旨作疏记四百余卷。

地论宗。从所主《十地论》得名。《十地论》者，《华严》第六会《十地品》别行《十地经》之释论也。释论非一，此北魏菩提流支所译世亲之释论。陈隋唐称盛。中唐遂入华严宗。

天台宗。从智者大师所栖天台山得名。此宗以《法华经》为本，而以《智度论》为指趣，以《涅槃经》为辅翼，以《大品经》为观法，专习禅定。先是北齐惠文悟一心三观以授南岳惠思。惠思传智颛即大师。大师以为道有传行，亦必有说。于是由一《法华》说为三部，一《玄义》以判教相，二《文句》以解名义，三《止观》以示观行。中唐有荆溪作《释签疏记辅行》，如次第以释三部。大振其宗。

涅槃宗。从所主《大涅槃经》得名。此经有南北二本。北本北凉昙无谶译，十三品。刘宋惠严、谢灵运更加补定为南本，二十五品。隋兴天台，此宗遂属之。

真言宗。一曰密宗，以秘密真言为宗故名。奉《大日经》等为本。大日如来传金刚萨埵，再传龙树。龙树授之龙智，再授之金刚智。金刚智唐时来中国，偕来者有不空。不空能汉语，共译经论。既受其传，更还天竺亲接龙智。密宗之弘在此师也。（善无畏先来未开宗）

律宗。从所主律藏得名。远祖为优婆离尊者。此方开宗者唐道宣。律有大小二乘。宣公以小乘律释通大乘，立为圆宗戒体。所弘通者为《四分律》。著述甚多，其《行事钞》等称五大部。

宋有元照复作《资持记》等释之，中兴律宗。

　　净土宗。从其归依净土得名。以《无量寿经》《观无量寿经》《阿弥陀经》为本。在天竺则马鸣造《起信论》劝修净土，龙树造《十住论》而宏念佛，世亲造《净土论》而乐往生。中土则有二流。一为晋之远公结莲社于匡庐，一为唐之善导化俗众于长安。中间昙鸾、道绰制作最宏。后有永明、慈云、元照、莲池宏扬行布，盛过余宗。

　　次则说宗门。宗门者，谓禅宗为教外别传。对教下以为称也。禅者禅那为定之一称，而此实异乎习定。世尊拈花示众，摩诃迦叶破颜微笑，遂领正法眼藏而传衣钵。二十八代为菩提达摩而至中国。中国六传至慧能而止衣钵不传。衍为五宗：曰临济，曰沩仰，曰曹洞，曰云门，曰法眼。其迹著于《传灯录》等书。以直指本心不立文字为尚。经论几非所习，而别有语录相流传。自唐宋以来行布最盛，掩盖一切。入后又倡禅净兼修，固教法之变亦由两宗并盛故也。

　　以上皆就印度中国而言。日本朝鲜复由中国传之，不能外是。① 印度自回教徒侵入，佛教遂以衰歇。今世唯锡兰岛、暹罗、缅甸、尼泊尔、西藏、蒙古、中土、高丽、日本等地行之。锡兰、暹罗、缅甸所行为小乘，通称为南部佛教。尼泊尔、西藏、蒙古、中土、高丽、日本等地所行为大乘，通称北部佛教。就中以中土传授亲切。曰宗，则达摩西来衣钵独诒。曰教，则性相两学皆秉嫡派。阐扬之著，敷演之隆，过其本土。如上所列，多于此方乃始开宗播化也。

_____

① 日本日莲宗自天台出，本愿寺则净土之变。

第四章　印度各宗与宗教

一、诸宗与宗教

　　印度无一个一个之哲学者，而但有一宗一宗之宗教。所谓印度哲学者，皆于其宗教求之。此人之常言也。顾此一宗一宗者，果皆为宗教否，犹未易言。如一一皆谓言宗教，则宗教之云，必将异乎通常之所谓。宗教之云，本不一其界说。然通常之所谓，殆必具一种宗教式之信仰。此信仰大抵有三端：一、神秘不容以常理测。二、尊上绝对人所仰赖。三、有束缚力，不容同时为二信仰，亦不易迁变。盖宇宙以不可知为之根柢，而宗教强为生解，即以常理不测为遮拦。人之情感意志有弗宁，恒欲得所归依，夫后即安。而宗教立之主宰，群氓遂一心托命。其不许怀贰者，则所以自固，亦即所以安人也。求三端之一致，归于诎抑人之己性。宗教虽繁，此致无改。若以此为衡，则印土各宗亦有不属宗教者。否则必不具如斯信仰，亦得谓宗教，例如近世所谓一元教之类,而后乃可以兼容。又此种己性之诎抑,人类幼稚时代之社会为尤重。其强为生解者至为广漠,而所谓主宰者亦至威重。迨人类渐臻成长则非所能堪,宗教因亦随之迁进,而渐申复其己性。故宗教可以此分高下。向之既抑而复申之者,非宗教至高不能也。若以此为衡,则印土各宗多已迁进甚远,复乎非他土之所有。

　　如第一衡度,则自《吠陀》所传之种种宗计,弥曼差、吠檀多与其部类,次及有神数论、瑜伽、胜论、尼耶也,并属宗教。姑不细论。独若顺世外道、无神数论则不复有一宗教式之信仰矣。顺世非毁《吠陀》之辞云:祠火三《吠陀》、提三杖、投灰(皆诸外道行法)诸行法,皆为无知怯懦者而作。如祠祭时所供之牲能升天者,则曷不自杀其父以祠? 如供物能充祖先之饥,远行之人可不赍糇粮。如地上之供物能养天上之人,则屋下之食何不饱屋上之人? 三《吠陀》之作者为妄人,为妖恶。其不信神如是。不独不信神,凡宗教所有事举不之信,只认五根所接之物质而已。数论则虽三世轮回等说犹为其教理之一,修行出世犹为教旨所归,视顺世之一切不信者有异;然已不信有创造主宰之大神,深以祠供为非。观其大体于宗教为远,亦无妨谓为一学派矣。(其无神论见第二篇)如第二衡度,则自《吠陀》以来其宗教之逐渐迁进明白可睹。最后至于商羯罗则已以神纳诸俗谛。且以持泛神论之故,其神格消融殆尽。又富有理论,凡所以申发人类思辨之性,而敛抑其宗教式之信仰者甚至。他如胜论、瑜伽、尼耶也,于至高神之有无均不明了。即不废亦非所置重,较他土宗教盖甚高。其间唯弥曼差之多神为最下耳。

　　大抵宗教多少必有出世倾向，然其间甚有分判。寻常宗教恒别辟一神之境地，如天堂之类，为人生最后希望所归。不过为世人广其意，而济世间之穷。虽教之出此世而彼固犹是一世，不得为真出世教也。他土宗教大都如是。印土宗教则多为真出世教。盖寻常宗教并不反对世间生活，不过不以此世间为究竟。印土则根本反对世间生活，故其出世匪独超乎斯世而已，乃举一切生活而废之，即所谓断灭是也。自吠檀多、数论、瑜伽、胜论、尼耶也诸大宗派以至各种宗计，殆罔不如是。此为印土宗教之殊观。又其对于世间既为出离，其所归将胡在？乃在其哲学辨证所得之宇宙本体。如吠檀多则归于梵，数论则归于自性神我之类。即彼土盛道之还灭论是也。故印土宗教可以谓之哲学的宗教。以其宗教建于哲学故，此其高明过乎他方远矣。

　　然宗教虽极高明，容思想之活动，其持论立言终有所牵。于种种问题皆可见之。最著即有神无神之问。譬如数论号无神，而犹别有所谓有神数论。又如《瑜伽经》说修三昧，有念神之偈句。欧西学者乃盛传此宗为有神论。叙其要义有二。一、于自性外别立大神，自性所作神实主之。二、摄心正受，期与神性冥合。近日研精者多。方知归命自在实非此宗要义，所求出离亦非与神性冥合。所以称道此神乃随世俗说，期不与婆罗门教迕。又藉神之观念为一种之方便也。注家之解经，亦言经中之说自在非以为最上本因，乃众神我中之一神我。特已离系缚者耳，与他宗之立大神迥异。又如胜论，自其哲理而观，原无神之可立。而如《百论疏》及今《吠世史迦经》，颇说祠天奉神种种行法，谓由此修积善业可以转生天上。盖犹婆罗门教之古风焉。尼耶也等宗[①]亦皆有无难决,并由于此。又则一宗之宗教与一个之哲学者不同。一个哲学者当不致为对反之立言,而宗教则尽有歧殊之二说于一宗也。故有神无神不妨并称。僧佉、商羯罗之说梵与罗末奴耶之说梵不妨同在吠檀。此又诸宗以是宗教故而现特征于其哲学者。(余于次章中说)

二、佛法与宗教

如来一代大教,普摄众生。随缘应机,示教利喜。成熟世间出世间善根。慈悲心重,殆不欲有一众生漏而未逮。众生根有千差,如来法亦千别。其间权实不齐,粗妙殊致,显密无定,顿渐多方,盖未易数。如前所叙天台贤首之所判释,约见其概。尽可有将世界高下不等、理路各别之宗教而备于一宗之势,而又自有其精神一贯之处,则欲相衡度其事匪易。兹先统言之以明一贯,次分别言之见其层叠,更交会而作结。先统言一贯者。如来教法万般而有其原理与通致。通致者要出生灭,原理者生灭本空。有见即除,何况过情之执。离言是归,讵更强为生解。是故佛法者固不虞其图建宗教式之信仰,而世间宗教之所由建固且先世人而知之、先世人而辟之矣。如《瑜伽》辟自在等作者论云:由如有一或沙门或婆罗门,起如是见,立如是论。凡诸世间所有士夫补特伽罗所受彼一切,或以自在变化为因,或余丈夫变化为因。诸如是

---

① 尼耶也宗于所立十六句义中所量句中列十二种。其一曰我。原说人各一我,而又说最上之我为一。此一为实、智之源,一切物之主。以有此最上之我一义故,或亦谓尼耶也派为有神论也。

等谓说自在等不平等因论者作如是计。问何因缘故起如是见立如是论。答由教及理，教如前说。理者，犹如有一为性寻思，为性观察，广说如前。彼由现见于因果中世间有情不随欲转，故作此计。所以者何？现见有情，于彼因时，欲修净业，不遂本欲，反更为恶；于彼果时，愿生善趣乐世界中，不遂本欲，堕恶趣等。意谓受乐不遂所欲，反受诸苦。由见此故，彼作是思：世间诸物必应别有作者生者及变化者，为彼物父，谓自在天或复其余。其破之之词并与诸论之破，备于有神无神一章中，此姑省。又辟妄计吉祥论云：如有一若沙门若婆罗门，起如是见立如是论。若世间日月薄蚀，星宿失度，所欲为事皆不成就。若彼随顺，所欲皆成。为此义故，精勤供养日月星等。祠光诵咒，安置茅草，满瓮频嘬果及饷佉等。谓历算者作如是计。问彼何因缘起如是见立如是论？答由教及理故。谓如有一为性寻思，乃至广说。彼由获得世间静虑。世间皆谓是阿罗汉。若有欲得自身富乐所祈果遂者，便往请问。然彼不如实知业果相应缘生道理，但见世间日月薄蚀星度行时，尔时众生净不净业果报成熟。彼则计日月等作，复为信乐此事者建立显说。今应问彼：汝何所欲？世间兴衰等事为是日月薄蚀星度等作，为净不净业所作耶？若言日等作者，现见尽寿随造福非福业，感此兴衰苦乐等果，不应道理。若净不净业所作者，计日等作，不应道理。如是日等作故。净不净业作故，不应道理，是故此论非如理说。此外有辟妄计最胜论，妄计清净论两节，皆辟属于宗教之信仰者。然最要者只在辟大神。大神不辟，执迷不开。大神既辟，余不待辟而自渐即于辟。是以虽在藏教小乘悉反《吠陀》梵天之论，而劣根初机难承无相无生之大法，则但说十二因缘、四谛法等依六识三毒建言染净根本，避宇宙原理而不谈。观小乘经论非不繁博，于形而上学之问题鲜有所言，其用心盖至委婉矣。因缘之说倡则理解之门开，自求之志立。向之所谓遮拦所谓仰赖，皆适得其反。衡诸常例，则谓其出乎宗教可也。度其高下，则其开明过乎寻常既甚远也。此犹佛法初阶。自此以上不益可知欤？

次分别层叠者。佛法虽统以破执为归，而自有其缓急次第方便区处。盖理本织妄，学问之为物殊无可讲，唯以化度众生而有言说。其言无意于通玄，而用心于导愚。化度固要于开明，而导愚宜有方便。由是随缘应机，教法遂有层次类别。质言之，佛法中固不建立一种迷执即所谓宗教式之信仰者，以增益众生之执。而次第开导犹不无宗教式信仰之遗留，逐渐蜕化以至于无执。观其改革之点，宗教式信仰之精神全亡，根本已摧，而安俗顺序之迹又般般可考。凡本土固有之思想、学术、传说、风俗、习惯，皆一意容留而不相犯。《僧史略·序》云：佛之设教统应群机，其真也诠妙理之格言，究死生之出要，其济俗也奖善罚恶罪福报应。至于治世之书亦诸佛之遗化也。《金光明经》云：一切世间所有善论皆因此经，若深识世法即是佛法。《大涅槃经》佛告摩诃迦叶：善男子，所有种种异论、咒术、言语、文字，皆是佛说，非外道说。《悉昙藏释》云：问言：所有咒术文字皆是佛说者，为是佛口所说，名为佛说，为非佛口所说耶？解云：不必尽是佛口所说名为佛说。如《大论》云如是我闻中明佛法有五种人说。一者佛自说，二者弟子说，三者诸天说，四者仙人说，五者化人说等，皆名佛说。然说于众生有益者皆是佛说，若无益者则是外道。《大乘入楞伽

经》第五佛告大慧:我于娑婆世界有三阿僧祇百千名号,诸凡愚
人虽闻虽说而不知是如来异名。其间所举多为外道所奉神或其
本师。如是等文可见,开拓千古之事却从宏纳众流作去。于是初
有人天乘教,接最下机,绝近其方旧风,宗教之质分极重。然虽贵
天,其所谓天非复自在作者之义、主宰之义、绝对之义、常住之义。
此执一融,根本易向。去当前之碍,登开明之途矣。次有小乘教
接初机。凡佛之身世化迹皆小乘说。其间颇敷演神话,宗教之质
分不少。然所谓佛绝不含神之意味,且教旨归在无为。生天非所
屑,又进一层。其避形而上学而不谈,正为从锢蔽不通之宗教的
形而上学之头脑中辟一契会本真之形而上学,非先开理解之门不
可。固将以理解开锢蔽,尤重在以理解取消理解。盖契会本真之
形而上学便是理空解绝,而非理解自身不能使理空解绝。又则对
锢蔽不通者为理空解绝之言,无论无从相喻。且因锢而益锢,是
故理解必先,理空解绝必后,即是不得不避形而上学而不言也。
其理解之门又云何开? 尽宇宙是一生灭,理解即于生灭上见。而
生灭尽在因缘,是故理解者起于因缘尽于因缘。藏教擅说因缘
者,开理解之门也。又次有大乘。大乘之中唯净土教含宗教之质
分。然此种法门普接一切,凡夫无所不及,菩萨不能有过。高下
匪定,外人未容轻议也。如所谓自性念佛念自性佛者,不亦玄解
之极致,宁迷执之可睹耶? 自此以上,衡诸前举通例,虽已未合而
犹属宗教。即所谓宗教式信仰之精神全亡,根本易向,而形体尚
具也。自此而后,神形俱非。相宗则说一切唯识,性宗则说一切
皆空,圆教则一法不立,顿教则直指本心。即此四言亦迥离言思,
信仰二字且无处著得,何有于宗教式之信仰? 即此四言打破一

切,直为己性过量之发挥,讵可语与诎抑人之己性者耶? 然其间有为藏教通教之所说,圆教虽不说而不能外者。如六趣之称、三世之理、神通之谈等,世人或以迷信为疑。典籍流传,原不必无失。沿袭旧俗,亦非无可商。(凡此尽佛以前本土所固有者)但中覆至理。自是至通之论,非不可通之说。第为今世学术所未及证白,绝不以不测为遮拦。容第四篇中别论之。况此尽属世间生灭所有事,不特非教旨所归,抑且将所泯除。其事果虚,早与自在吉祥同破,何必先从而为之说。前既言之,有见即除,何况过情之执。离言是归,讵更强为生解。如佛法者,固不虞其图建宗教式之信仰耳。

后交会作结者。佛法本是一法,教虽多别,循枝归本,用自有体。则是权即实,无粗不妙,层次固分,而无所论于高下也。盖当其设教之初,于教法之迁进,世界之开明,已先为之地。此所以为方便,此所以无高下,而为一般宗教所绝不可及。如西方宗教以科学之发明,哲学之推论,而摇动其根本教理信仰者,使在佛教则绝无其事。无神论于彼则危及上帝,于此适符主张。进化论于彼则破其创造之谈,于此正可融取于缘起说中。即假设如科学家之预想宗教至于澌灭,犹且无与于佛教。以所谓生灭本空之原理与出生灭之宗旨,无论何时不受变动影响故。一般宗教所以不能图存者,以彼之教化不复适于现代思潮,即现代思想已迈过之。其诎抑人之己性已为渐臻成长之人群所不能堪。而佛之教化任思想界变迁至何地步,只在其中,无由相过。其为己性过量之发挥,但虑非过量英豪不能承当,无所谓诎抑使不能堪也。佛法之实体虽在无尽之未来可以无变,即是无时而变。佛法之权用即方便教则不待至今日而已屡变不一，即是无时不可变。方便教之所说多关涉世间。在当时既出于因袭本土之俗传，在今日即不妨符顺今日世界之通义，在将来又不妨符顺将来世界之通义。初无关乎根本教理，则所以为佛法者固犹是也。此尽不可以期诸通常诸宗教者。

　　佛法与通常宗教既殊，又非学术之比。称之为佛教或佛学皆觉未适，故余恒称之为佛法。然佛法实宗教也。审诸宗教常例，诚恒具前所谓宗教式信仰者，而稽之印土各宗则已不然。又推想后此世界将如世俗所料宗教终且废灭乎？抑或不尔？以余所测，盖必不尔。而其不复容此诎抑己性之信仰，则亦既审。然则所谓宗教，固以不具此式信仰者为正则，而向之所见，殆非宗教之真欤。然又非如所谓一元教者。设只余宗教如一元教者，即等于宗教之废灭，以一元教宗教之特质已亡也。余观于佛教而得宗教之意义与哲学之界画，于所作《东西文化及其哲学》著其说，此不录。①

————————

①　此段文字与初版本于义有殊。又初版本于此段后有一段文字。——编者

第五章　印度各宗与哲学

一、诸宗与哲学

前章言印土各宗可谓哲学的宗教，此章将言印土各宗为宗教的哲学。所谓宗教的哲学者，谓其哲学自宗教出。兹设为二条言之：一、方法之出自宗教者，二、问题之出自宗教者。

印土宗教恒有一种出世间之修养，于他方为特出，于本土为通行者，所谓瑜伽即禅定者是也。此纯为宗教所有事，而其哲学思想恒得之于此。《百论疏》释数论立诸谛所由，有云："所言冥谛者，旧云外道修禅得五神通，前后各知八万劫内事。自八万劫外冥然不知，但见最初中阴初起。以宿命力恒忆想之，名为冥谛。"《智度论》云："觉谛此是中阴识。外道思惟此识为从因缘得，为不从因缘得。若从因缘，因缘是何物？若不从者，哪得此识？既思惟不能了知，便计此识从前冥漠处生，故称冥谛。亦名世性，一切世间以此冥谛为其本性。"又《止观辅行传》释诸见境明众生或因禅中观慧,推研道理,谓诸法因中有果。此解明利,洞见远意,发迦毗罗见。又或因闻因中有果心豁开悟。洞明邪慧,百千重意,愈深愈远,犹如石泉。是为从闻发得迦毗罗见云云。又《楞严》说此最详,节录之:"阿难当知,是得正知奢摩他中诸善男子,凝明正心,十类天魔不得其便,方得精研穷生类本。于本类中生元露者,观彼幽清圆扰动元,于圆元中起计度者,是人坠入二无因论。一者是人见本无因。何以故?是人既得生机全破,乘于眼根八百功德,见八万劫所有众生,业流湾环,死此生彼。只见众生轮回其处,八万劫外冥无所观。便作是解:此等世间十方众生八万劫来无因自有。由此计度亡正遍知,堕落外道,惑菩提性。二者是人见末无因。何以故?是人于生既见其根。知人生人,悟鸟生鸟,乌从来黑,鹄从来白,人天本竖,畜生本横,白非洗成,黑非染造,从八万劫无复改移。今尽此形,亦复如是。而我本来不见菩提,云何更有成菩提事?当知今日一切物象皆本无因。由此计度,亡正遍知,堕落外道,惑菩提性。是则名为第一外道立无因论。阿难是三摩中诸善男子,凝明正心,魔不得便,穷生类本。观彼幽清常扰动元,于圆常中起计度者,是人坠入四遍常论。一者是人穷心境性二处无因。修习能知二万劫中十方众生所有生灭咸皆循环,不曾散失,计以为常。二者是人穷四大元,四性常住。修习能知四万劫中十方众生所有生灭咸皆体恒,不曾散失,计以为常。三者是人穷尽六根,末那执受,心意识中本元由处,性常恒故。修习能知八万劫中一切众生循环不失本来常住,穷不失性,计以为常。四者是人既尽想元,生理更无流止运转。生灭想心今已永灭,理中自然成不生灭。因心所度计以为常。由此计常,亡正遍知,堕落外道,惑菩提性。是则名为第二外道立圆常论。又三摩中诸男子,坚凝正心,魔不得便,穷生类本。观彼幽清常扰动元,于自他中起计度者,是人坠入四颠倒见,一分无常一分常论。一者是人观妙明心遍十方界,湛然以为究竟神我。从是则计我遍十方,凝明不动。一切众生于我心中自生自死,则我心性名之为常,彼生灭者真无常性。二者是人不观其心,遍观十方恒沙国土。见劫坏处名为究竟无常种性,劫不坏处名究竟常。三者是人别观我心,精细微密,犹如微尘,流转十方性无移改,能令此身即生即灭,其不坏性名我性常。一切死生从我流出,名无常性。四者是人知想阴尽,见行阴流。行阴常流,计为常性。色受想等今已灭尽,名为无常。由此计度一分无常一分常故,堕落外道,惑菩提性。是则名为第三外道一分常论。又三摩中诸善男子,坚凝正心,魔不得便,穷生类本。观彼幽清常扰动元,于分位中生计度者,是人坠入四有边论。一者是人心计生元流用不息,计过未者名为有边,计相续心名为无边。二者是人观八万劫,则见众生八万劫前寂无闻见。无闻见处名为无边,有众生处名为有边。三者是人计我遍知得无边性。彼一切人现我知中,我曾不知彼之知性。名彼不得无边之心,但有边性。四者是人穷行阴空。以其所见心路筹度,一切众生一身之中计其咸皆半生半灭,明其世界一切所有,一半有边一半无边。由是计度有边无边,堕落外道,惑菩提性。是则名为第四外道立有边论。又三摩中诸男子,坚凝正心,魔不得便,穷生类本。观彼幽清常扰动元,于知见中生计度者。是人坠入四种颠倒不死矫乱遍计虚论。一者是人观变化元,见迁流处名之为变,见相续处名之为恒,见所见处名之为生,见不见处名之为灭,相续之因性不断处名之为增,正相续中中所离处名之为灭,各各生处名之为有,互互亡处名之为无。以理都观,用心别见。有求法人来问其义。答言:我今亦生亦灭,亦有亦无,亦增亦减。于一切时皆乱其语,令彼前人遗失章句。二者是人谛观其心,互互无处因无得证。有人来问,唯答一字,但言其无。除无之余,无所言说。三者是人谛观其心,各各有处因有得证。有人来问,唯答一字,但言其是。除是之余,无所言说。四者是人有无俱见,其境枝故其心亦乱。有人来问,答言亦有即是亦无,亦无之中不是亦有。一切矫乱无容穷诘。由此计度矫乱虚无,堕落外道,惑菩提性。是则名为第五外道四颠倒性不死矫乱遍计虚论。(中略)阿难当知,是善男子穷诸行空。于识还元,已灭生灭,而于寂灭精妙未圆。能令己身根隔合开,亦与十方诸类通觉。觉知通洮,能入圆元,若于所归立真常因,生胜解者,是人则堕因所因执。婆毗迦罗所归冥谛成其伴侣。迷佛菩提,亡失知见。是名第一立所得心,成所归果,违远圆通,背涅槃城,生外道种。阿难又善男子,穷诸行空已灭生灭,而于寂灭精妙未圆。若于所归览为自体,尽虚空界十二类内所有众生,皆我身中一类流出生胜解者,是人则堕能非能执。摩醯首罗现无边身成其伴侣。迷佛菩提,亡失知见。是名第二立能为心,成能事果,违远圆通,背涅槃城,生大慢天我遍圆种。又善男子,穷诸行空已灭生灭,而于寂灭精妙未圆。若于所归有所归依,自疑身心从彼流出,十方虚空咸其生起。即于都起所宣流地,作真常身无生灭解。在生灭中早计常住,既惑不生,亦迷生灭,安住沉迷生胜解者,是人则堕常非常执。计自在天成其伴侣。迷佛菩提,亡失知见。是名第三立因依心,成妄计果,违远圆通,背涅槃城,生倒圆种。又善男子,穷诸行空已灭生灭,而于寂灭精妙未圆。若于所知知遍圆故因知立解,十方草木皆称有情,与人无异。草木为人,人死还成十方草树,无择遍知生胜解者,是人则堕知无知执。婆吒散尼执一切觉成其伴侣。迷佛菩提,亡失知见。是名第四计圆知心,成虚谬果,违远圆通,背涅槃城,生倒知种。又善男子,穷诸行空已灭生灭,而于寂灭精妙未圆。若于圆融,根互用中已得随顺,便于圆化一切发生求火光明,乐水清净,爱风周流,观尘成就。各各崇事,以此群尘发作本因,立常住解,是人则堕生无生执。诸迦叶波并婆罗门勤心役身,事火崇水,求出生死,成其伴侣。迷佛菩提,亡失知见。是名第五计著崇事,迷心从物,立妄求因,求妄冀果,违远圆通,背涅槃城,生颠化种。"

原经前后各为十种。兹恐繁广,各录其五。又原经系讲次第破五阴与此至有关系,亦未及录,宜取原经寻绎。《释禅波罗密》中有从禅起教一门,其文不传,不知是否谓此也。《瑜伽》叙十六异论。每云何因缘故,彼诸外道起如是见?答由教及理故。理者即彼沙门若婆罗门为性寻思,为性观察,住寻思地,住自辨地,住异生地,住随思惟观察行地。彼作是思,若何云云。即所谓有寻有伺等三地不如理作意,施设建立也。要之,印土哲学思想与其禅定互为因果。初由如是思想故修禅定,后则思想乃从禅定中得,更后则思想高下视乎禅定,禅定高下视乎思想。故曰其哲学自宗教出,而此所从出之途术所谓禅定者即其特辟之方法也。为立其名曰证会。今西土治哲学者亦尚直觉,与此非一事而未尝无合。禅定为世间与出世间之通介,证会为可知与不可知之通介。

故证会之所得,当以不落思惟为本性,而其由之以生解者皆失之者也。况修禅之屏视听念虑不由,则是证会既已不凭依概念以为知,奈何其复有所立?审其所以然,盖现前世间以上又未达不生灭即出世间,尚有生灭即世间位乎其间。匪但云尔,抑出世间本无此物。现前世间亦非是他,举在此生灭。如如不动即是出世间,历历在目即是现前世间。其范围皆极狭。此外尽属此世间此生灭。禅定虽屏远现世回向出世,而长途所历毕在生灭世间。所以妄有所见。此犹无为正定。若其有为邪修,则迷执横兴尤所必至者矣。然譬犹思索必合理,亦有不合理之思索,而其过不在思索。如是证会必契真,亦有不契真之证会,其过不在证会之方法也。

印土诸宗如前所说悉属宗教,即无一不以出世间的修养为事。由是其思想上之问题无不应此种要求而来,则虽举谓之自宗教出亦无不可,然为一般哲学所有之问题终多,其的出于宗教者即关于修行解脱之问题。东西文之印度哲学书籍恒别立修行解脱论一章以容之。今亦为开章于第四篇世间论中。又宗教欲示人以宇宙最后归宿,则势必说宇宙当初缘起。印土各宗对此问题咸各有说,而通常哲学例不究问及此也。今亦为开一章于第四篇世间论中。印土思想于宇宙与宇宙本体分别极清,由于世间出世间分别最真之故。所谓世间即万相纷然生灭变化者,宇宙人生举在包括。所谓出世间即本体绝对不生不灭者,宇宙人生举不相涉。今即应此要求开为本体论与世间论,而不设形而上学。形而上之问题在印度人视之,或为本体上问题或为世间上问题,不能聚处也。故有此世间篇以尽其宇宙人生之观察。其观察乃在讲说,而论断含于其中。譬如《数论》五大、五唯诸谛则其对物质世界之讲说。五知根、五作根、心根则对人体之讲说。而自性、神我、大、慢诸谛三德变化等说则统说之者。其他宗亦各有其说。此盖人智未进时,学术未备而概以宗教说明之之故。在今日则属科学之域,非哲学之所事矣。对于知识之讨究,印土亦颇有之。然亦被宗教之形色,如圣教量之类是。此外种种不复枚举。诸篇中皆多方收容、务存其说云。

又印土极著意讨究有我无我问题。此亦从宗教上来。盖不安之情感辄引起此疑,而若不得所归,无以自慰者。宗教以情感之安慰为事,故各宗于此亦咸各有说。自《吠陀》以来即倡大我之义,各宗亦大致均倾向于此。为说仍各为一义耳。其存人我即个人小我者亦有之,如《数论》等。今以在本体上立我者于本体论开一章,讨究人我之有无者于人生论中开一章。

二、佛法与哲学

佛法之为物若以为哲学而研究之,实失其本意。其本意初不以哲学为事,抑实归在哲学之亡。即前章所谓匪言可表,所谓出世间。申言之,哲学之所事在知,佛法之所事在亡知。禅家所谓这张嘴只堪挂在壁上。又云举念则天地悬殊,况动这两片唇皮。此不独不立语言文字之宗门为然,即经教亦尔。《般若》云:一切法一性非二,即是无性。不可以心知,不可以一切法知。又云:一切相智非取相得。此不独破相之教为然,即妙谈法相者且尔。《解深密》云:我说胜义是诸圣者内自所证。寻思所行,是诸异生展转所证。又言:胜义无相所行,寻思但行有相境界。胜义不可言说,寻思但行言说境界。胜义绝诸表示,寻思但行表示境界。胜义绝诸诤论,寻思但行诤论境界。其本性相乖可见。佛法之所事唯在禅,唯禅为佛法。本以哲学言佛法,所言均佛法外事。不可不明此义也。如前节说,印土各宗哲学恒得之禅定,名为证会。佛法亦如是。凡佛之哲学悉出于佛法之禅。佛法之禅外道之禅何以有辨?佛之哲学外道之哲学何由以异?证会者如何证会?何所证会?于哲学方法上有何价值?此为印度哲学对哲学界之最大问题。余他日将别为文论之,此暂阙。①

哲学之本性为从无可知中向知之方面开展。而由上观察,佛法虽亦从亡知处(禅)不妨予人以知,而所事实在亡知而不在知。故佛之哲学殊未为尽哲学之性,其长处唯在说不生灭。次则说生灭之八识、五蕴等。此外若现前世间则少所说,即说亦不足重,如前章所论因袭其土风者是。盖佛本不以哲学为事也。即今之所谓佛之哲学者亦第为吾人从流传下来佛的宗教教训搜得,在佛初无是物。其为哲理抑非哲理亦非可定,世之治哲学者但以佛所示之方法与材料以从事焉可已。

---

① 初版本于此后有文论述证会诸问题。——编者

第二篇　本　体　论

第一章　一元二元多元论

一、诸宗

有情于世间之致思，其第一步恒欲推索万有以何为体，与夫本原所自。由体达用，由本之末，而人生归命所在可得也。故本体论为哲学所自始，亦哲学之中坚。东土哲家犹未察及认识论之切要，其所反复而道者尤在乎是。然古代思理粗浅，每就目前一物，举为众象本原。如希腊哲学始祖闳利史（Thales）说水为本体之类。在印度则有地、水、火、风、虚空、方、时诸外道。

地、水、火、风、虚空、方、时诸外道乃依一有形之物质或外物之分位，立万有之原理。盖皆客观之一元论也。地论者，《大日经·住心品》三十种外道中地等变化外道，以一切众生万物皆依地得生。因计地为万有之真因，供养地者当解脱。水论者，《住心品》亦摄在地等变化中。此类外道计水能生万物，宜应供养。又《外道小乘涅槃论》第十八服水论师说水是万物根本。水能生有命无命一切物，水能生物，水能坏物，水是常，名涅槃因。此殆与闷利史之说大同矣。火论者。《住心品》亦摄在地等变化中。此宗计火能生万物，火为真实。希腊之赫拉克来图（Heracleitus）亦说火为万物之因，与此亦同。斯多噶派（Stoic）始祖讱那（Zeno）说太初生火是生风（空气），风生水，水生地，归世界之本原于火。亦可谓火论之一种也。佛典中更时见有事火外道及事火婆罗门之名。韦陀中亦有火祠法。此则以火为神圣。应供养承事，可得福利，与火论外道又有殊。风论者，《住心品》亦摄在地等变化中。《外道小乘涅槃论》中有风仙论师，其说曰：风能生长万物，能坏万物，故风为万物之因。希腊哲学中安那克西梅纳（Anaximenes）以空气为万物之本体，与此风论亦仿佛也。

空论者，此外道计万物从空而生，空是真解脱因。《外道小乘涅槃论》第十九口力论师曰：虚空是万物因。最初有空，从空生风，从风生火，从火生暖，从暖生水，即冻结作地。从地生种种药草，从种种药草生五谷生命，故说命是食，后时还没虚空。《住心品》亦摄在地等变化中。

方论者，谓世界万物生于上下四方之方位，万物灭尽后归于方。故方位为万物之因。《外道小乘涅槃论》第二方论师说：最初生诸方，从诸方生世间人，从人生天地，天地灭没还入彼处。故方是常，名为涅槃。《唯识论》十三计中亦列方计。

时论者，此外道以时为一切之因。《外道小乘涅槃论》第十七时论师说：时作一切物。譬如百箭射，时不到不死，时到则小草触即死。一切物时生，一切物时灭。故时是常，名涅槃因。《住心品》三十种外道第一即时论外道。疏解有二义。前义谓一切天地好丑皆以时为因。偈云:时来众生熟,时至则催促,时能觉悟人,是故时为因。此即同《外道小乘涅槃论》所说。后义谓一切人物虽非时所作,然时是不变不灭之法,为不变因,是实有法。此以时为不变因非能生因,又异于前计也。又《住心品》第八别有时论。疏解云此时计与前计小异,是自在天外道之一种。至其宗义则未详也。以空、方、时为万有之真因,此印度所特有。他土哲学中未之见云。

自《吠陀邬波尼煞昙》以来,弥曼差、吠檀多及其部类所传之超神论或泛神论皆一元主义也,佛典中谓之一因论。《吠陀》本祝神之作,然其思想之进,则厌多神而求一神。更进则觉此有人格有专名之神,仍未足以当万有本源独立绝待之位也,乃更求之于无人格无形相之中。故赞诵中有曰:世间为谁所作,其彼有未现形之一乎。又有曰:彼一无生息而自生息,自彼外无一物。①此出《黎俱吠陀》第十卷一百二十九赞诵名《非非有赞诵》者。此赞诵述原始混沌之形,而言其非有非非有。此混沌玄冥之初,由热意与爱欲而动。诸神之有,后于宇宙之辟。此其自神话宗教而入于哲学思考彰彰见矣。

又《吠陀》中有金卵大神(Hiranyagrbha)称为化成天地一切事物之本,是曰金卵化成说。与此方佹谚颇相类也。

《吠陀邬波尼煞昙》之属原以颂说梵天为主。为吠檀诸宗所自出。所称波罗吸摩者(Brahman)即梵。常赞之以无初无终,始形万物,为一切之因。波罗吸摩本谊为祈祷,而《吠陀》作者乃以

---

① That One breathed breathlessly by Itself; other than It there nothing since has been. (R. V. X. 129. 2)

当造化之本原,形色所自出。其字谊变迁之迹已难尽详,然用思之进可概见也。又有普鲁莎(Purusha)者,译意为大丈夫。《黎俱吠陀》第十卷九十章普鲁莎赞诵述宇宙化成之状,而言其皆出于普鲁莎之身。又有阿德摩(Atman)者,译意为自己。又为一己及宇宙之真体。其字本谊为出入息,引申为生命为己身,终乃为一切之真体也。其后《邬波尼煞昙》即由此立意,以宇宙之本原归梵。命吾人之本体为阿德摩,而说梵即阿德摩。盖即宇宙现万象而言之,其第一原理为梵。即吾人之本体而言之,此第一原理为阿德摩。而此二者本一体也。故《邬波尼煞昙》中有二格言。曰彼即汝(彼指梵汝指自己)。曰我即梵。识此二语,即知其大凡矣。

吠檀多人之说梵乃益有理致。《梵经》中为梵之定义曰:彼之生等所于存。[①] 注释家解之云:彼者宇宙万有之全之谓,生等者生住灭等也。其义即言梵者万有生之所从,住之所在,灭之所归是也。此殆与数论人之说自性相似。故《梵经》自为辩白,以为梵为有意志者,为万有之动力因。同时又万有之质料具备,由其自己之发展而形成万有,而又为其质料因也。《数论》之自性,但为无知之物质原因。湿婆派之大自在天,又为质料因以外之人格神。皆不能相拟。兼斯两者庶乎近之云。[②]

然现象界为染污,为烦恼,为流转,为缚碍,梵自体为清静,为妙乐自在,何以相因。吠檀多人解之云:唯梵唯一不二之实在,世

---

① Ganmadi asya yata iti(梵经一一二,此为音译)。
② 动力因:Nimitta 音译,Efficient Cause 义译。质料因:Prakrti 音译,Material Cause 义译。

间有情,特其自体一毫之分画来。万有之生灭,是其风舒光耀。而其自体犹是永恒妙乐,绝体自由。现象界之种种,与之曾无关涉。染污云烦恼云缚碍云,皆吾人自己迷妄之结果,特实在界(即梵)之一波澜。原来平等一味,无染无净。迨梵之真境吾人之真我照见到达,自尔相契。由斯成立梵我同一论。《曼陀括耶颂》第三章有所谓《不二论》(Advaita)为一元主义之说明,而设譬云:大我之梵如大虚空,小我则如瓶中之虚空。瓶中之空来自大空,为大空之一属性,本质全同。小我发乎大我,而为大我之一属性,本质了不相异,亦复然也。瓶中之空暂为瓶所制限(Upadh),以别于大空。小我亦暂为身所制限,而恍若外于大我。瓶破则瓶中之空融于大空。身体之制限而解,小我直冥合于大我。即瓶未破时瓶空亦岂判乎大空。身体之制限但似有非有之幻影。初无小我大我之区画也。故现象界有我他彼此之分,根柢上万有悉普遍同一之我。

商羯罗之释梵,设为上梵(Param Brahman)下梵(Aparam Brahman)之分。然梵实非有上下别,其别由观者之异。上智所见为上梵,下智所见为下梵。真谛门中为上梵,俗谛门中为下梵。上智者无分别见,为能证知真体,由于明悟,是即真谛。下智者有分别见,为能察知现象,由于经验,是即俗谛。然现象本无,由于分别。俗谛本无,由于经验。分别与经验则无明之事也。虽为吾人所分别,而梵自体远离分别。故梵体唯一。此真谛也。就俗谛言乃有下梵,得言下梵受无明。至上梵仍为净体。吾人现所言说之梵,以为吾人所识知故,吾人之识知乃蔽于无明者,故此梵即为可量。如吾人之真我本不受一切限量,然为无明所蔽,现受差别境。梵亦不受一切限量,唯为蔽真我之无明所蔽亦现异相。故吾人与梵实互相因。受无明之梵为吾人之因,受无明之吾人亦即为梵因。世间之生起为梵之力,亦可谓为无明与受无明而有所识知之吾人之力也。然所谓上梵下梵果何若？上梵无德(Nirgunam)无形(Nirakaram)无差别(Nirvisesam)无属性(Nivupadhikom),不可以识知。但可以反显,言梵非若是,非若彼。其仅可为肯定之言者第有二点,存在性(Satta)与知性(Caitauya Bodhalna)耳。换言之即非不在非无知是也。质言之,梵实在而精神的实在也。盖否定之词原为不住,则梵不且将为空无之异名。由其非空无而实有所谓梵,故曰梵实在而精神的实在也。然由其非无,故曰梵在。而与此世间之所谓在又皆不类,故亦可曰非在(Asat)。下梵为有德梵(Saguna Brahman),为有制限者(Sa-upadhikam),为有形者(Sa-akaran),其征种种。而为人格有意志,造作世间而宰制有情其要也。此上梵下梵之不同。不同之立,就俗谛立。真谛中梵一而已,种种征象皆非有。

吠檀多人之一元论略如是。然宇宙不出一梵,梵为净体,无明何来？若无明别有所自,则一元之说破。故吠檀多人不许无明别有。其说无明云:由于无明,遂有吾人所认之世间。唯此所谓无明,非吾人一时之迷谬,乃与生俱来。举世间皆此无明冒网。其性自有,如有光时即有暗生。唯一切之本体为梵,自梵外无所有,故此无明亦依梵有。除梵外别无无明体。梵之创作世间亦本此无明力。

佛典中恒说数论人计一。如《外道小乘涅槃论》云:僧佉人说一切法一。《入大乘论》云:迦毗罗说有计一过。《方便心论》

云:计一外道说言一切诸法尽是有故,当知是一。又一切法从冥初生,根本一故当知是一。《成唯识论》云:外道执有法与有等性其体定一,如数论等。《百论·破神品》云:数论计神觉是一。如是等文颇多,由是有说此宗为一元论者。实则诸论所说各有问题,多不关本体论。其云根本一故当知是一者,由此宗计万有出于自性(Prakrti)有似一元,而不知其于自性外别立神我(Purusha)与之相对,不得为一元也。

数论人说二十五谛:一自性,二大(Buddhi),三我慢(Ahamkara),四、五、六、七、八五唯(Tanmatra)即色声香味触,九、十、十一、十二、十三五大(Mahabhutas)即地水火风空,十四、十五、十六、十七、十八五知根(Buddhindriyas)即眼耳鼻舌皮,十九、二十、二十一、二十二、二十三五作根(Karmendriyas)即舌手足男女根大遗根,二十四心平等根,二十五神我。而约之为三义:一自性,第一谛也。二变易,中间二十三谛也。三我知,第二十五谛也。或约之为四句:一本而非变易,谓自性。二变易而非本,谓十六,或云但十一根。三亦本亦变易,谓七谛或云十二法。四非本非变易,谓我知。

要言之,举世间一切法归纳于二十三谛。其间十一根属人,十法属物。而大与我慢则所以阶于自性者,皆是从自性变易而来,故曰变易。变易非真,仍当还没于自性。唯自性与神我为实。自性能生发,神我能受用。二十三谛依于自性为作者,神我为受者。从自性中次第开发转变得生,而自性与神我无所自生。以此二者为本元,则是物心二元论也。兹先述自性。

自性有种种之异名。由其命名之意,可以窥见其所谓。如

Prakrti 则有原质之意，Pradhana 有本因或胜因之意，Avyakta 则非变异之意，Tamas 则冥然之意，又时为根本原质（Mulaprakrti）、根本原因（Mula Karanam）之呼。此盖谓冥然无知之物质本原，体含一切，但除我知，宇宙万有自此出生也。中土译名有众生性、世性、胜性、冥谛等称。《唯识述记》云：今名自性，古名冥性，今亦名胜性。未生大等，但住自分，名为自性。若生大等，便名胜性，用增胜故。

然所谓变易者皆可见，自性不可见，则云何知有自性？《金七十论》偈云：

  别类有量故 同性能生故 因果差别故 遍相无别故

此四句含五理由，反证自性之必存。首云别类有量故者。论云：是世间中若物有作者，此物有量数。譬如陶师从有量土，聚作有数量器。此器若无本，器应无数量，亦应无器生。见器有数量，是故知有本。此法中大等变易亦有数量，决知有自性。次同性故者。譬如破檀木，其片虽复多，檀性终是一。变易亦如是，其性是一，故必有本，决知有自性。三能生故者。若是处有能，是处则可生。譬如陶师，有瓦器能，能生瓦器，不能生衣等。是能生者依能故得成。此能必有依，谓依于陶师。变易亦如是，变易者有生，是生依能成。是能有依处，自性是其依。决知有自性。四因果差别故者。譬如土聚为因，瓶等为果。瓶等能盛水油，土聚则不能，是为因果差别。变易是果，见此果知有差别因。决知有自性。五遍相无别故者。此宗计劫坏时，宇宙悉破坏为平等无差别之浑沌状态，即所谓遍相无别。迨世界再生者，为有自性故。决知有自性。

又自性与变易有九种不相似。偈云:

　　　　有因无常多　不遍有事没　有分依属他　变易异自性

九种者,一有因。变易皆有其因,自性则否。二无常。变易悉从变灭,自性则否。三多。变易是多,自性是一。四不遍。变易有空间之制限,自性遍一切。五有事,即有业。变易有业,自性则否。六没。大等诸变易转末还本,则不可见,是名为没。自性无没。七有分。变易可分,自性不可分。八依。如我慢依大,大依自性,而自性无依。九属他。如变易统属于自性,自性无属。凡此皆所以说本体异乎万象也。

变易与自性复有六种相似。一变易有三德(三德详后),自性亦有三德。二变易与三德不可分离,自性亦然。三变易为我知所受用,自性亦然。四变易为一切我所共用,如一婢使有众多主共同驱役,自性亦然。五变易诸法皆无知,自性亦无知,知为我所独有故。六变易诸法能生,自性亦能生。是说万象虽变而不离本体也。

外人问:自性既一,云何能生诸法? 譬如一人不生子,一缕不成衣。答:有三德故。三德者,曰萨埵(Sattva)。此云有情,亦言勇健,今取勇义。曰剌阇或罗阇(Rajas)。此名为微。如牛毛尘等皆云剌阇,亦言尘坌,今取尘义。曰答摩或多摩(Tamas)。此名为暗即暗钝之义。故此三德应名勇尘暗。若傍义翻,或为染粗黑,或为喜忧暗,或为贪嗔痴,或黄赤黑,或苦乐舍。如是三德有更互相依相伏相生相双相起之五法(详第四篇),万有由此变出。故外人又问:世间相生有二。一转变生,如乳转变酪生。二非转变生,如母生子。自性生变易是何生耶? 则答是转变生也。

要之数论师之说,世间(即变易二十三谛)为自性之转变,而所谓转变者,不外三德更互依伏生起双之五法。换言之,即三德之不平均状态也。故《僧佉经》中言三德之平均状态(Samyavasti)即是自性之体相。盖以宇宙生起之原动力归之三德倚伏,而自性或本因则指其保持于未发动之位而言云。

次述我知。我知亦曰神我,以思为体。《百论疏》云:知者是我,我以知为体,亦名总御。《唯识论》云:数论执我是思,受用三德所成大等二十三法。盖物心二元之特性,在心则思考,在物则广袤。在心则常住不变,在物则变化多端。数论之立我知,殆有见于此。然由何证神我之存?《金七十论》偈云:

> 云何知我有　聚集为他故　异三德依故　食者独离故

此四句含五理由,反证必有我知。一聚集为他故者。世间一切聚集并是为他。譬如床席等聚集必皆为人设,有他受用故聚集。大等亦如是。五大五知五作根等聚集成身,非是自为,决定知为他,他者即是我。二异三德故者。自性与变易六种相似,我翻似不似,以是知有我。三依故者。若有我依此身者,此身则有作用,若无依者身则不作,以是知有我。四食故者。如世间见六味饮食知有别能食,如是见大等所食,必应有别能食者,能食即是我。五独离故者。若唯有身,圣人所说解脱方便即无所用。故知必有独离于变易者即是我。盖此宗本以解脱一切变易,而达于独离之我为指归也。

我者何相? 为多身共一我,为身身各一我? 答曰我多。随身各有我,以生死根别故,作事不共故,三德别异故。一生别者,一人生时非一切皆生。二死别者,一人死非一切皆死。三根别者,一人聋盲喑哑非一切俱聋盲喑哑。四作事不共者,一人作事非一切作。五三德别异者,若一人喜乐非一切同喜乐。以此五义知有多我。

外人问:我为作者为非作者? 答:非作者。偈云:

> 翻性变易故 我证义成立 独存及中直 见者非作者

前说我者异于自性,亦殊于变易,翻异二相故。二相皆具三德,三德是能作,翻此故非能作。外人曰:若非作者,用此何为? 答:为立证义故,我证义成立,我是知者故,余法不如是。独存者若异,自性与变易,清净故独存。中直者,与三德异故,三德伸缩不同故。是故为中直。譬如一道人独住于一所,不随他去来,唯见他去来。如是三德者能伸缩生死,唯有一我人能见如是事,是故为中直。是故为见者而非作者。此盖说知体超然于物质变化之外也。

向者外人问为多身一我,为身各一我,而述其问题云:有说一我者,遍满一切身,如贯珠绳,珠多绳一。复有余师说,身身各有我,是故我生疑。而数论师不许我遍多身。然《金七十论注》(会本下三五丁)于我有无边大之说。《僧佉经》又有能遍满者(Vyapaka)之称。本论于答无轮转时亦有遍满一切处之言。论云:外曰世间及聪明同说此言,人缚人解人轮转生死,此言实不实? 答曰此言不实。如偈所说:

> 人无缚无脱 无轮转生死 轮转及系缚 解脱唯自性

人无缚无脱者,人我不被缚。云何如此,无三德故。以遍满故,无变异故,无有事故。系缚者由有三德,人我无三德,故无自性缚。以遍满者。缚义有彼此,在此不出彼,是故名为缚,人我无彼此,是故无有缚。无变异者。从觉乃至大,此变异属自性,不属我,是故人我无变异缚。无有事者。我非作者故,故不能作事。施等诸事皆属自性,故我非施缚,若非被缚,故非被脱,义得自然脱。无轮转生死者。遍满一切处,云何得轮转?行所未曾至,是乃名轮转。我无处不遍,故无轮转义。外曰:若尔谁被缚及轮转?答曰:轮转及系缚解脱唯自性。自性由自性变易及施等能自缚身。是五唯细身与十三具相应,为三缚所系(三缚义详第四篇),轮转三世间生。若得正遍知生能解三缚,舍离轮转则便解脱,不更生身。外人问我者遍满,自性亦遍满,是二和合恒有不可离,从此和合云何不更生身?答曰:自性我离合,无用故不生(无用义后详)。是虽不许一我贯多身,而亦许其遍满,以示二元对峙也。

数论师之说本体者略如是。近世西欧研寻印度哲学,吠檀多外,首重此宗。有谓僧佉所说已尽具印度哲学中之形而上学者。其言虽过实,亦以见其崇挹之情也。彼方学者于此犹有二净。一谓数论是纯物质论,一谓是纯唯心论。实则其物心二元之意固甚显也。凡二元论支离割裂之失,此宗皆不免。其破绽尤易见者,既立神我独有知,余法并皆无知。而自性诸法(皆应属于物),大谛有觉或智之意,我慢有谓我可爱之意,心根又以能分别为体,此岂无知之物所应有耶?盖彼欲说由自性成宇宙,则不得不于物质界言于萌动生起之序,而有觉智慢爱等言也。不知宇宙动机与现前之觉思原非二物,贸然割裂而终未能耳。

　　吠檀多之学有似斯宾诺莎，僧佉之学有似笛加尔，吠世师迦之学其六句义无所似，其极微论则近于希腊之分子论与后世拉勃尼兹之木那特也。其六句义亦若类数论之二十五谛而不可以等观。二十五谛归本自性我知，可以谓之二元论。六句义无所归本，而更有其分目。实有九，德有二十一，业有五。迨慧月十句视此益繁。虽未尝不可谓之一种多元论，然本体论者谓将即万象而讨其本元。今如胜论之说，与其谓之讨究本元，毋宁谓之剖画宇宙，则殆非本体论也。兹举六句义之名于此，次则略辑其极微论。其详待宇宙论中说。

　　一实——陀罗骠（Dravya），即主谛或所依谛。

　　二德——求那（Guna），即依谛。

　　三业——羯摩（Karma），即作谛。

　　四有或大有——三摩若（Samanya），即总相谛或总谛。

　　五同异——毗尸沙（Visisa），即别相谛或别谛。

　　六和合——三摩婆夜（Samavaya），即无障碍谛。

实、德、业三者犹云体相用。实即诸法之实体，德即实体具有之性质现象等，业即实体之作用动作等。其大有、同异、和合三者，则示实、德、业相互之关系。实有九种：一地、二水、三火、四风、五空、六时、七方、八我、九意。此九实中地水火风四者体是极微。此宗说意与身心别体而相属，空方时我中无极微。此九有遍不遍，地水火风意五不遍，空时方我则遍一切处。地水火风极微圆而且常，能生粗色。是为极微论。然中土所译《胜宗十句义论》不详其说，唯佛典中略见一斑。《二十唯识述记》卷三云：其地水火风是极微性。若劫坏时此等不灭。散在处处，体无生灭，说为常住。有众多法，体非是一，后成劫时，两两极微，合生一子微。子微之量等于父母，体唯是一。从他生故，性是无常。如是散极微皆两两合生一子微，子微并本合有三微。如是复与余三微合生一子微。第七其子等于六本微量。如是七微复与余合生一子微。第十五子微其量等于本生父母十四微量。如是展转成三千界。其三千界既从父母二法所生，其量合等于父母量。其子粗微名为有分，有细分故。其本细微但名为分，不有他故。

顺世外道与小乘萨婆多部等并持极微论与此相类。如两《唯识论》《观所缘缘论》等皆合破之。《成唯识述记》卷六言顺世外道唯执有实常四大，生一切有情。一切有情秉此而有，更无余物。后死灭时，还归四大。其胜论师更许论余物。执实执常执能生粗色，此是因也。所生之色不越因量，量只与所依父母本许大，加第三子微，如一父母许大，乃至大地与所依一本父母许大。本极微是常，子等无常亦是实有。《二十唯识述记》卷三言如执实有众多极微各别为境，此古萨婆多毗婆娑义。此师意说如色处等体是多法为眼识境。所以者何？其一一极微体是实有，合成阿耨，阿耨是假故，此以上皆非实有。如执实有众多极微皆共和合和集为境。经部师说多极微和合，正理师说多极微和集。经部师实有极微非五识境，五识上无极微相故。此七和合成阿耨色以上粗显，体虽是假，五识之上有此相故为五识境。其正理师恐违自宗眼等五识不缘假法，异于经部若顺于古，即有陈那五识之无微相故非所缘失，遂复说言色等诸法各有多相，于中一分是现量境。故诸极微相资各有一和集相。此相实有，各能发生似己相识，故与五识作所缘缘。如多极微集成山等，相资各有山等量相。

《唯识演秘》云有义顺世极微有其三类。一极精虚,二清净,三非虚净。所生之果亦有其三:一心心所,二眼根等,三色声等。是则有机无机精神物质并起于极微矣。又关于极微有八种异说。《百论疏》卷十二云释微尘不同,今略明八种。一、卫世师云:微尘至细无十方分、四相不迁,故名为常。二、毗昙人云:明亦有十方亦无十方,以其极细不可分为十方,在尘东则尘为西,故亦有十方。问邻虚尘为碍不碍,答亦碍亦不碍。不碍于粗而碍于细,若细细不相碍,则多亦不碍,则终无碍也。又若不碍,重则不高,并则不大,而实不尔,故知碍也。数论师答《释论》难云:以无十方分故名微尘。以体是碍故名为色。三、经部人明有十方分,明穷此一十方分。四是达摩郁黎明无十方分而具八微。共相合著,此尘极细亦动则俱空而具有三相所迁。五是大迦旃延造《毗勒论》,此云假名论,明邻虚尘亦有八微而不相著,若相著则成一,虽有八微而不相碍。六、开善云:析析无穷故有十方分。引《释论》云:若有极微色则有十方分,若无十方分则不名为色。《释论》实是破微尘义,而谬引证释微尘。七、庄严明无十方分与前数义不同。八、建初明有邻虚方,只有一方无有十方。

其他散见各籍者尚多,不能具引。① 大要胜宗、顺世虽同以四大极微立说,而胜宗四大之外别有五实,实句复与德等并举。设定四大为本元,则空时方等亦且为本元。设定九实为本元,则二十一德五业等亦且为本元。是殆鲜于探讨本体之意,于本体论

① 除既引各籍外,有若《法苑义林》《中论疏》《广百论》《瑜伽师地论》《智度论》《俱舍颂疏》《俱舍论》《唯识图解》《对法抄》等。

中无所归类。至于顺世则限立四大,固多元主义也。极微论中有方分说近于分子论,无方分说近于木那特。然皆随情虚妄计度,在哲学中视余者为尤浅也。佛典于此致驳诘者所在多有,此不尽录。①《楞严》之色犹可析,空云何合二语,其最简明者。色犹可析则极微终不可得。若许极微有终,必谓更析则空。色析而空,则色由空合。然空云何合?反复穷之,其说不立。

此外如瑜伽宗本以修持为尚,其言外袭僧佉,内依吠檀,殊无可称。尼耶也以因明为事,十六句义与此本体论无涉。皆略而不述。

二、佛法

小乘七十五法色心并举,亦可曰物心二元。然细加核考,复未可定。自其极微成色、色与心彼此不相属、亦无所共属以为言,则宜为物心二元。唯色心与相应不相应四者并曰有为,有为有漏而不常则非真实,非真实则不可以为本体也。又印土所谓修行解脱要皆以契合本体为旨归。小乘归于无为,而所欲解脱以去者正在色心。则色心不可以为本体审矣。归在无为,无为是常,则宜若为本体;而又不说无为为万有所自出,且说无为离色心而定有。则无为亦非本体。求所谓本体不可得,是亦鲜于探讨本元之意也。又三法印中其一为诸法无我,谓一切法不出有为无为。有为法虽有作用而刹那生灭无常,无为法虽常而无作用,故无常一主宰之我。此常一主宰之我之有无,原为宗教上之问题而与此本体

---

① 《楞严经》卷三开示地大一段,《成唯识述记》卷六破外道、卷七破小乘,《百论疏》
　　破尘品、破常品及《大智度论》等。

论似有关。所谓无常一主宰云者,殆含有无一真以为万法本之意,则宜七十五法无所归一也。

大乘亦不取一法以为万法本。盖万且不睹,何要求一?末尚无在,乌从立本?然教义所关,其为言有毗于哲学家之说本体者。唯是迥出常情,远离拟比,未可轻率相议。强为之言,则对二元多元可云一元论,而非二元非多元。对一元论则又非立有一元者。兹约略述之。

佛典中如来藏、法身、法界性、真如、圆觉、圆成实性、心、识、菩提、涅槃类此等称,虽异文别用,而大要皆以表本体者。故说三界唯心,万法唯识,无不从此法界流,无不还归此法界。《楞严》中说如来藏忽生山河大地诸有为相。《起信论》说心真如者即是一法界大总相法门体。又说依如来藏故有生灭心,不生不灭与生灭和合名为阿赖耶识,此识能摄一切法生一切法。如是等文不可胜举。要而言之,万法无体,此其体;万法奚自,此所自。是说本体之初步也。

云何是本体形相?本体离一切相。《摄大乘论》云:此中何者圆成实相?谓即于彼依他起相,由似义相永无有性。又云:由何异门即此自性成圆成实,如所遍计,毕竟不如是有故。《起信论》云:言真如者亦无有相。又云:从本已来一切染法不相应故。谓离一切法差别之相。以无虚妄心念故。当知真如自性非有相,非无相,非非有相,非非无相,非有无俱相,非一相,非异相,非非一相,非非异相,非一异俱相,乃至总说,依一切众生以有妄心,念念分别,皆不相应,故说为空。若离妄心实无可空故。《楞严》中说:如来藏本妙圆心非心非空,非地水火风,乃至非常乐我净,以是俱非世出世故。如是等文不可胜举。大乘教旨归无所得，谓离一切相也。是说本体之第二步。

然则何者是本体？本体即一切法。《楞严》中克就根性直指真心。乃至五阴六入十二处十八界七大一切世间诸所有物，皆即菩提妙明元心。法法皆真，当体即是。故云：即心即空，即地水火风，乃至即常乐我净，以是俱即世出世故。语所谓全妄即真，全真即妄。事法界外无别理法界，理法界外无别事法界。《摄大乘论》说三性非异非不异。谓依他起自性由异门故成依他起，即此自性由异门故成遍计所执，即此自性由异门故成圆成实。如是等文不可胜举。盖本体者原非异物，即此一切法也。是说本体之第三步。离一切相，即一切法。如来大教略尽于此，妙义重重由斯可拓。本体上既无相可得，而即一切法以为本体，则一切法亦安得有相？一切法无相，则安得有一切法？尽大地是常寂光。就俗而言，只有本体更无现象。相相无相，复何待离。法法非法，不劳相即。说本体上着不得一字，不知一字本无。说当前便是法性，不知法性宁有当前也。《起信论》说真如最好，所谓如来藏缘起宗是。论云：心真如者即是一法界大总相法门体。所谓心性不生不灭。一切诸法唯依妄念而有差别，若离心念则无一切境界之相。是故一切法从本以来离言说相，离名字相，离心缘相，毕竟平等，无有变异，不可破坏，唯是一心，故名真如。以一切言说假名无实，但随妄念不可得故。言真如者亦无有相，谓言说之极因言遣言，此真如体无有可遣，以一切法悉皆真故。亦无可立，以一切法皆同如故。当知一切法不可说不可念故名真如。精圆希有，虽欲赞叹而不知所以为词。

由上所说,则一元论云二元论云者,夫岂可以相加。而世或有以一元相拟者,此殊不可。《华严》云:法性本无二,无二亦复无。《般若灯论》破《曼陀括耶颂》大虚空、瓶中虚空一体之喻云:若有说言我所立义,唯是一我。如一虚空,瓶等分别皆是其假。论者言:彼不善说。此义云何?以虚空无生故,如虚空华体不可得。如是而言一虚空者,此义不成。《起信纂注》云此心真如体融摄万法为一法性,故云即一法界。此非算数之一,为破诸数强言一耳,故曰对二元多元可云一元论,对一元则又非立有一元者也。

且一元云何可立?若立万有出于一元者,何因缘故出?汝若不知所答者,此说不立。汝若得其所答者,此说亦不立。何以故?一元之出生万有复以因缘故。

一之不立,况可说二?而世或有以二元相拟者,此更不相应矣。其说以忽然念起名为无明,由无明而幻起世间。《起信》所谓一者净法名为真如,二者一切染因名为无明。真如为净,无明为染,故必为二元。不知无明即就此念起之起字而说。非离真如而有自体,云何可说二元?更进一步言,即此念起之起亦了不可得。所谓自性涅槃当体即寂。则无明非有,何有二元?以就离言法性而有言说,由是有无明之名,所谓本师假施设句也。《圆觉经》之说无明最好。经云:云何无明?善男子,一切众生从无始来种种颠倒,犹如迷人四方易处。妄认四大为自身相,六尘缘影为自心相,譬彼病目见空中华,及第二月。善男子,空实无华,病者妄执。由妄执故,非唯惑此虚空自性,亦复迷彼实华生处。由此妄有轮转生死,故名无明。善男子,此无明者非实有体。如梦中人梦时非无,及至于醒,了无所得。如众空华灭于虚空,不可说言有定灭处。何以故?无生处故。一切众生于无生中妄见生灭,是故说名轮转生死。善男子;如来因地修圆觉者,知是空华即无轮转,亦无身心受彼生死。非作故无,本性无故。经旨盖在本无生死,何有无明,妄而有体,则非妄也。

核诸大乘教理,岂唯离乎一二,抑且不落有无。空宗破相,无非遮止名言。如《中论·观有无品》中说:若人见有无则不见佛法真实义。《删陀迦旃延经》中佛为说正见离有离无。类此等文可证。相宗唯识,要明识外非有,而识亦不执。如《成唯识论》言若执唯识真实有者亦是法执。又言空无我所显真如,有无俱非,心言路绝。类此等文可证。斯岂知不出乎思虑、情唯尚于辞辩者之所及知耶?

此有无论在佛学中酿成空有问题,如第六章中述。唯识家举万法归纳于识,非二元主义最明。以关系心物问题,故于次章中详之。

第二章 唯心唯物论

一、诸宗

如前章所详，地水火风空方时诸外道并可纳之唯物一类。次如《邬波尼煞昙》《吠檀多》所谓汝即彼我即梵者，则唯一主观不立客观者。僧佉所谓自性与我知则物心双立。胜论于此不加核定，殆物心并许。

《吠陀》中之金卵化成说亦属唯物观，虽托始于吠陀，而是安荼论师所计，一名本际计或本生计。《外道小乘涅槃论》最后第二十计此外道揭。略云：本生安荼论师说，本无日月星辰虚空及地，唯有大水。时大安荼生，如鸡子周匝金色。时熟破为二段，一段在上作天，一段在下作地。彼二中间生梵天，名一切众生祖公，作一切有命无命物。又《唯识述记》释此云：本际者即过去之初首。此时一切有情从此本际一法而生。《华严玄谈》云其安荼计亦似此方计天地之初形如鸡子，浑沌未分。即从此生天地万物。

此类唯物观皆无大意味。其后之传此思想实在数论。其自性盖当此本际也。而乃别立我知，不可云唯物。其正确之唯物论唯顺世外道，则非出于《吠陀》者矣。

顺世之极微论如前章述。印土之物质实在论者，类皆持极微论。然余宗虽认物质实在或同时亦认有精神。顺世则声言精神出于物质，不能别有。如前章所述《唯识演秘》说顺世极微有其三类，所生之果亦有其三，首列心与心所，其明证也。又《华严玄谈》所记与《演秘》亦似。其言云：路伽耶此云顺世外道，计一切色心等法皆用四大极微为因。然四大中最精灵者能有缘虑，即为心法。如色虽皆是火，而灯发光。余则不尔。故四大中有能缘虑。其必无失故。

又马克弥勒(F. Max Müller)《印度六派哲学》所述此宗之言云：人身中无有神。所谓神者即身。觉者、视者、声者、思者皆即此身。身何以有觉？解之曰：身四大合成，知觉即自此四者出。譬如谷水等造酒。谷水等本无醉性，合和成酒，即有醉性。四大亦如是。本无觉性，和合成身即有觉性。此与中土所传有异。此谓虽本不能缘虑而和合则能之，如《演秘》《玄谈》则谓极微中有能者，有不能者，不一也。如《演秘》所云极精虚云，《玄谈》所云最精灵云，绝似希腊哲学得莫克利他(Democritus)所说灵魂之元子平滑而圆、于诸元子中为最精之说。如马氏述以酒之醉性比身之觉性，又仿佛开柏尼斯(Cabanis)所谓脑髓分泌思想之言。二者未知孰所传为真，要之皆极明确之唯物论也。

马克弥勒又述云：世间常说我肥我瘠。肥者何？即我也。瘠者何？即我也。我与肥瘠二者不异，无分别相。肥瘠在身，故我即身,不可分别。世间又常言我身(My body),此言不实。何以故? 我即身,不可以身与我为二,而谓言身为我所有也。此盖由不许物质外更有精神,故不许身外更有一我在也。身外无我,故人死则形败而非有。《瑜伽论》因以属断见论。论云:我有粗色,四大所造之身任持未坏,尔时有病有痈有箭。若我死后断坏无有。又云:我身死已,断坏无有。犹如瓦石,若一破,已不可还合。此亦与西土持唯物论者拨死后不有精魄,升坠天狱,转生来世,同一调也。

余宗略无可论。

二、佛法

小乘诸部多持极微论。《俱舍》七十五法亦以色法居首,次乃及心。物心并许之意甚显。成实之意稍胜,亦但在明空。于心物无所是定。故无可述。

大乘教典每每说心,宗门参悟尤在于此。世之论者由是莫不目佛为唯心论,举《华严》三界唯心万法唯识以为诚证。实则此事切宜细辨。今试问此所谓心者为有心之自相,抑无心之自相? 若许有自相则非佛法。佛法中不见一法有其自相,色无色自相,心无心自相故。若更举一有自相之心而指为佛法中之本体,此尤非所敢闻也。何以故? 离一切相故。若所谓唯心之心者并无心之自相,则何所谓唯心? 无心相而曰心,一切无心相者无不是心,则物亦是心,则唯物亦即是唯心。唯心反唯非心,唯心之云乃全无意义矣。盖从离一切相而言,则心物并非。故《楞严》说言非心非空乃至种种俱非。从即一切法而言,则心物皆是。故《楞严》说言即心即空乃至种种俱是。必以佛法为唯心论者抑何攸据也？又则问世所谓唯心论者如其所明，有能舍六尘缘影外以认心体者否？恐未能也。认六尘缘影以为心，有认贼作子之喻，正佛所斥。[①] 顾欲比佛说以同之，此非所敢闻也。彼其所谓心与佛所谓心既属两事，而同号唯心，斯正学者所宜严以别之者。乃从而淆乱之，误尽天下苍生矣。夫自佛法言之，何有一法之非心，六尘缘影者亦岂能独外？所以精辨之者为其迹似。迷心于似，则失心于真。故不妨说瓦砾芥子是心，而必不容许六尘缘影是心。瓦砾芥子六尘缘影原同是心，而瓦砾迹乖，缘影迹似。说迹乖者为心，则人从迹乖处，悟出本心。说迹似者为心，则人从迹似处，迷入非心。知六尘缘影之不可以不辨，则拟佛于唯心论者之不可不辨犹斯旨矣。又则问佛所谓心者果何谓，如其所谓，犹得以世俗之心等例之否也。如《起信论》言：心真如者即是一法界大总相法门体。一切法从本以来离言说相唯是一心。又言：心体离念相者等虚空界，无所不遍，法界一相，即是如来平等法身。《楞严》七处征心俱无所在。待佛种种开示，而后阿难大众各各自知心遍十方。见十方空如观手中所持叶物。一切世间诸所有物，皆即菩

---

① 一切众生从无始来种种颠倒，犹如迷人四方易处，妄认四大为自身相，六尘缘影为自心相。（《圆觉经》文殊问）
四缘假合妄有六根，六根四大中外合成。妄有缘气于中积聚，似有缘相假名为心。善男子，此虚妄心若无六根则不能有，四大分解无尘可得，于中缘尘各归散灭，毕竟无有缘心可见。（《圆觉经》普眼问）
佛告阿难：无始生死根本，则汝今者与诸众生用攀缘心为自性者。又阿难言：如来现今征心所在，而我以心推穷寻逐，即能推者我将为心。佛言：咄！阿难。此非汝心。阿难矍然避座，合掌起立。白佛：此非我心，当名何等？佛告阿难：此是前尘虚妄相想，惑汝真性。由汝无始至于今生，认贼为子，失汝元常，故受轮转。（《楞严经》）

提妙明元心。心精遍圆，含裹十方。反观父母所生之身，犹彼十方虚空之中吹一微尘，若存若亡。如湛巨海流一浮沤，起灭无从。了然自知获本妙心常住不灭。世俗之见正如阿难之举七处，此若非心我将无心。而后此佛所开示之心固所不及知。①则佛所谓心原不是世俗所谓之心，辄贸然加佛以唯心论之名，此非敢闻也。然世俗之所谓心既遍于俗习，佛之本体观既非俗所谓心，而必袭心之名以为说何也？盖当时外道诸宗之言本体，有神论者则以为在梵天大神，无神论则以为在自性冥谛。佛则告之以不在余处，只此心是。若《起信》释摩诃衍，一者法，二者义。所言法者谓众生心之类皆是也。当其未知何者是本体，则不惜方便，就切近处令其体认，又即其体认之时而诲之。如若所谓之心则非是。而当于是外认出一体遍十方不生不灭之心乃是也。诚知佛慈悲巧示不得不就心之名以即指示月，则愈不得不就心实非心之旨而严是指非月之辨。此则不佞之微意也。

　　或言万相森然，起于生灭，则本体之求固在生灭心，原不在不生灭。六尘缘影之心，正是万相森然所于存。然则即世俗所谓之心而言唯心者为有合，必取体离一切寂然不动以当之者义乃乖也。斯言虽似而不然。若见有万相，自属心生种种法生，一切法总不出八识三能变之生灭心。若不见有万相，则生灭心尚不可得，更何能取以作本体也？此一义也。纵许万法有相，生灭有

---

①　七处者：初执心在内，二执心在外，三计潜根，四开合明暗，五随所合处，六在中间，七一切无著。如《楞严》第一卷说。自下举拳验见征说客尘垂光观河等要在开示心性不生不灭。佛说五阴六入十二处十八界七大，要在开示心体无所不遍。如卷二卷三说。

心,然舍体离一切,寂然不动者外将何为体? 万法依于生灭,生灭依于不生灭,此真言也。此又一义也。故生灭心不可以当究竟。

核实而言,世所谓唯心论者,岂独不识不生灭心,抑并未识生灭心。生灭心者,所谓八识三能变。彼其所知只六尘缘影而已,安知八识哉。心之不达,由何能唯心? 故展转设计,而计总不圆。此其重重隔越,拟佛法于唯心论者其知之耶? 必明佛非唯心论而后可与言佛之唯心论。兹述唯识家义。

唯识即唯心。《二十唯识》云三界唯识,以契经说三界唯心。心意识了,名之差别。识通有为无为有漏无漏。有为即生灭心。无为即不生灭心。《成唯识》说第八识或名无垢识。《述记》云无垢先名阿末罗识或阿摩罗识,古师立为第九识者非也。《枢要》云依《无相论·同性经》无垢识是自性识心,即真如理。又《述记》云《楞伽经》中兼说识性,或以第八染净别开,故言九识。非是依他识体有九,亦非体类别有九识。所谓识者与最后本体之关系大要如是。《成唯识》云八识自性不可言定一。行相所依缘相应异故。又一灭时余不灭故。能所熏等相各异故。亦非定异,经说八识如水波等无差别故。定异应非因果性故。如幻事等无定性故。如前所说识差别相,依理世俗,非真胜义,真胜义中心言绝故。如伽他说心意识八种,俗故相有别,真故相无别,相所相无故。所谓八识者,其彼此间之关系如是。次当说由何成立唯识,于中初总叙唯识。次明色不离识,于中先破外执,后释内教。

由何成立唯识? 一切法五种摄尽,所谓心法、心所有法、色法、心不相应行法、无为法。(百法当于第四篇讲)如是诸法皆不离识，识自相故，识相应故，识所变故，识分位故，识实性故。① 识言总显一切有情各有八识、六位心所、所变相见、分位差别及彼空理所显真如。唯言但遮愚夫所执定离诸识实有色等。色等等取余法。色执特强，是故偏说。（唯识之云遮无外境，故此特就色法申说，又本篇原为心物之诤也。）

　　云何色法离识非有？诸所执色，不应理故。有外道执地水火风极微实常，能生粗色。所生粗色不越因量。虽是无常而体实有。彼执非理。所以者何？所执极微若有方分，如蚁行等。体应非实。若无方分，如心、心所，应不共聚生粗果色。既能生果如彼所生，如何可说极微常住？又所生果不越因量，应如极微不名粗色。则此果色应非眼等色根所取，便违自执。若谓果色量德合故，非粗似粗，色根能取。所执果色既同因量，应如极微无粗德合。或应极微亦粗德合，如粗果色处无别故。若谓果色遍在自因，因非一故，可名粗者，则此果色体应非一。如所在因处各别故。既尔此果还不成粗。由此亦非色根所取。若果多分合故成粗，多因极微合应非细。足成根境何用果为？既多分成应非实有，则汝所执前后相违。又果与因俱有质碍，应不同处如二极微。若谓果因体相受入，如沙受水，药入镕铜。谁许沙铜体受水药？或应离变非一非常。又粗色果体若是一，得一分时应得一切。彼此一故，彼应如此。不许违理，许便违事。故彼所执进退不成，但是随情虚妄计度。余乘所执色总有二种。一者有对极微所成，二者无对非极微成。彼有对色定非实有，能成极微非实有故。谓诸

---

① 小乘七十五法亦判列五种，但不知其不离识。故《成唯识论》一一破之，而成立其皆不离识。如《成唯识论述记》卷七八九十一等文。

极微若有质碍,应如瓶等是假非实。若无质碍应如非色,如何可集成瓶衣等? 又诸极微若有方分,必可分析,便非实有。若无方分,则同非色,云何和合承光发影? 日轮才举照柱等时,东西两边光影各现。承光发影处既不同,所执极微定有方分。又若见触壁等物时,唯得此边,不得彼分。既和合物即诸极微,故此极微必有方分。又诸极微随所住处必有上下四方差别,不尔便无共和集义,或相涉入应不成粗,由此极微定有方分。执有对色即诸极微,若无方分应无障隔。若尔,便非障碍有对。是故汝等所执极微必有方分。有方分故必可分析,定非实有。故有对色实有不成。五识岂无所依缘色? 虽非无色,但是内识变现。发眼等识,名眼等根。此为所依,生眼等识。此眼等识外所缘缘理非有故。决定应许自识所变为所缘缘。谓能引生似自识者汝执彼是此所缘缘。非但能生,勿因缘等亦名此识所缘缘故。眼等五识了色等时,但缘和合似彼相故。非和合相异诸极微有实自体,分析彼时似彼相识定不生故。彼和合相既非实有,故不可说是所缘缘。勿第二月等能生五识故。非诸极微共和合位可与五识各作所缘。此识上无极微相故。非诸极微有和合相,不和合时无此相故。非和合位与不合时,此诸极微体相有异,故和合位如不合时色等极微非五识境。有执色等一一极微不和集时,非五识境。共和集故展转相资有粗相生为此识境。彼相实有为此所缘。彼执不然。共和集位与未集时体相一故。瓶瓯等物极微等者。缘彼相识应无别故。共和集位一一极微各各应舍微圆相故。非粗相识缘细相境,勿余境识缘余境故。一识应缘一切境故。许有极微尚致此失,况无识外真实极微。由此定知自识所变似色等相为所缘缘,见托彼生带彼相故。然识变时随量大小顿现一相,非别变作众多极微合成一物。为执粗色有实体者,佛说极微令其除析。非谓诸色实有极微。诸瑜伽师以假想慧,于粗色相渐次除析,至不可析假说极微。虽此极微犹有方分,不而可析。若更析之便似空现,不名为色。故说极微是色边际。由此应知诸有对色皆识变现,非极微成。余无对色是此类故,亦非实有。或无对故如心心所定非实色。诸有对色现有色相以理推征离识尚无,况无对色现无色相,而可说为真实色法。

云何色由识变?谓识生时内因缘力变似眼等色等相现。即以此相为所依缘,眼等五根为所依色,眼等五识依之而生,是第八识变。色等五尘为所缘色,眼等五识之所缘。此有二种。一第八识变,是疏所缘。二五识自于本识色尘之上变作五尘相现,是亲所缘。虽有似能缘相,似所缘相,然譬蜗牛头生起两角,如是识体变似相见二分。实非有二。故契经言无有少法能取余法,但识生时,似彼相现名取彼物。由是色等即于识现不在余处。

有执色香味等非彼物如是有,但自神经由彼刺激而反射。然譬辛烈等味鼻舌神经上反射有,彼姜桂等不如是有。余色等尘类此应知。原无间离而作远近等想,是后分别,非眼耳知。譬生盲等乍得开朗,物无远近咸若目前,是其征验。[①] 应知神经即此识体,反射似色即此相分。见相同时唯一心故。论说内识生时似外境现故。又说识生时无实作用非如手等亲执外物,日等舒光亲照

① 西土唯心家据科学上之所明以为此论。始如洛克(Locke)立第一性质第二性质。其第一殆当本质尘,其第二殆当后五尘。后柏克雷(Berkeley)不立二别。第二性质固心有而非物具,即第一亦然。因举生盲为验。

外境。但如镜等似外境现，名为了他，非亲能了，亲所了者自所变故。又说识变时随量大小顿现一相，非别变作众多极微合成一物故。又说色等境现量证时不执为外，后意分别妄生外想故。又论说若与能缘体不相离，是见分等内所虑托，应知彼是亲所缘缘。若与能缘体虽相离，为质能起内所虑托，应知彼是疏所缘缘。此亲缘者应知是自反射色。此疏缘者彼物略当。

设许彼物，宁非识外有色。是本质尘，第八识变故，非识外有。前五识变是异熟生，是别果。此八识变是真异熟，是总果。论说异熟习气为增上缘，感第八识酬引业力恒相续故，立异熟名。感前六识酬满业者，从异熟生不名异熟。有间断故。（《述记》云：此是别果故业名满引如作模满如填彩）又说眼等六识业所感者犹如声等非恒续故，是异熟生，非真异熟，定应有真异熟心酬牵引业，遍而无断，变为身器，作有情依。若无此心谁变身器？复依何法恒立有情？如是等文非一。云何此识变起身器？谓异熟识由共相种成熟力故，变似色等器世间相。即外大种及所造色。虽诸有情所变各别，而相相似，处所无异。如众灯明，各遍似一。由不共相种成熟力故，变似色根及根依处。即内大种及所造色。有共相种成熟力故，于他身处亦变似彼。不尔，应无受用他义。有义唯能变似依处，他根于己非所用故。故生他地或般涅槃，彼余尸骸犹见相续。余乘外道不知有第八识为真异熟心，变为身器作有情依，由是执有恒实外色。若了第八，当知色法总不离识。

且第八行相所缘云何（八识三能变义第四篇中自当广详）？谓不可知执受处了。了谓了别，即是行相。处谓处所，即器世间。是诸有情所依处故。执受有二，谓诸种子及有根身。诸种子者，谓诸相名分别习气。有根身者,谓诸色根及根依处。此二皆是识所执受,摄为自体同安危故。执受及处俱是所缘。阿赖耶识因缘力故,自体生时内变为种及有根身,外变为器。即以所变为自所缘。行相仗之而得起故。此中了者谓异熟识,于自所缘有了别用。此了别用见分所摄。然有漏识自体生时,皆似所缘似能缘相现。彼相应法应知亦尔。似所缘相说名相分,似能缘相说名见分。如契经说一切唯有觉,所觉义皆无,能觉所觉分,各自然而转。相见所依自体名事,即自证分。此若无者应不自忆心心所法。如不曾更境,必不能忆故。心与心所同所依根,所缘相似。行相各别,了别领纳等作用各异故。事虽数等而相各异,识受等体有差别故。然心心所一一生时,以理推征各有三分。所量能量量果别故。相见必有所依体故。若细分别应有四分。三分如前,复有第四证自证分。此若无者谁证第三? 心分既同,应皆证故。又自证分应无有果,诸能量者必有果故。不应见分是第三果。见分或时非量摄故。由此见分不证第三,证自体者必现量故。此四分中前二是外,后二是内。初唯所缘,后三通二。故心心所四分合成,具所缘,无无穷过。非即非离,唯识理成。如是四分或摄为第三,第四摄入自证分故。或摄为二,后三俱是能缘性故,皆见分摄。此言见者是能缘义。或摄为一,体无别故。如《入楞伽》伽他中说:由自心执着,心似外境转,彼所见非有,是故说唯心。如是处处说唯一心。此一心言亦摄心所。故识行相即是了别,了别即是识之见分,处所即是识之相分。不可知者,谓此行相极微细故,难可了知。或此所缘内执受境亦微细故,外器世间量难测故,名不可知。云何是识取所缘境行相难知? 如灭定中不离身识应信为有。然必应许灭定有识,有情摄故。如有心时无想等位当知亦尔。

其第七等行相所缘云何?谓第七即以所依第八为所缘。应知此意但藏识见分非余。彼无始来一类相续,似常一故,恒与诸法为所依故,此唯执彼为自内我。思量是其自性。即复用彼为行相,能审思量名末那故。前六识以六尘为所缘,粗显不说。以了境为自性故,即复用彼为行相。

由所缘不同,当知境有三种。颂曰:性境不随心,独影唯从见,带质通情本,性种等随应。性境者,性是实义,即前五识实根尘四大及实定果色等相分境。言不随心者,此根尘等相分皆自有实种生,不随能缘见分种生故。独影境者,影谓影像,无种为伴,分有质无质二种。有质独影谓六识缘五尘过去影事所变相分境,无质独影谓六识缘空花兔角及过未等所变相分境。此二但从能缘见分变生,故云独影唯从见。带质境者,谓以心缘心,从中带质生起相分境。此分真似。一真带质,谓第七缘第八见分境,其相分无别种生。一半与本质同种生。一半与能缘见分同种生。情即能缘,本即本质,故言通情本。二似带质,谓第六以心缘色,带彼外尘本质。拟议其长短方圆等相分境。性种等随应者,谓三境各随所应有性种界系三科异熟等差别不定。

有设难言:

若识无实境　即处时决定　相续不决定　作用不应成

此说何义?若离识实有色等外法,色等识生,不缘色等。何因此识有处得生?非一切处。何故此处有时识起,非一切时?同一处

时有多相续,何不决定随一识生。如眩翳人见发蝇等,非无眩翳
有此识生。复有何因诸眩翳者所见发等无发等用。梦中所得饮
食刀杖毒药衣等无饮等用。寻香城等无城等用。余发等物其用
非无。若实同无色等外境,唯有内识似外境生,定处、定时、不定
相续,有作用物,皆不应成。答言非皆不成。

> 处时定如梦　身不定如鬼　同见脓河等　如梦损有用

谓如梦中虽无实境,而或有处见村园男女等物,非一切处。即于
是处或时见有彼村园等,非一切时。由此虽无离识实境,而处时
定非不成。说如鬼言显如饿鬼,河中脓满故名脓河。谓如饿鬼同
业异熟,多身共集,皆见脓河,非于此中定唯一见。等言显示或见
粪等,及见有情执持刀杖遮捍守护,不令得食。由此虽无离识实
境,而多相续不定义成。又如梦中境虽无实,而有损失精血等用。
由此虽无离识实境,而有虚妄作用义成。

　　若诸色处亦识为体,何缘乃似色相显现,一类坚住相续而转。
名言熏习势力起故,与染净法为依处故。谓此若无,应无颠倒,便
无杂染,亦无净法。是故诸识亦似色现。如有颂言:

> 乱相及乱体　应许为色识　及与非色识　若无余亦无

乱相者所变色相。乱体者能变心体。色识者所变乱相。非色识
者能变乱体。若无余亦无者,谓若无能变即无所变,若无所变亦
无能变。

　　色等外境分明现证,现量所得,宁拨为无。现量证时不执为
外,后意分别妄生外想故。现量境是自相分,识所变故,亦说为
有。意识所执外实色等妄计有故,说彼为无。又色等境非色似

色，非外似外，如梦所缘，不可执为实是外色。若觉时色皆如梦境不离识者，如从梦觉知彼唯心，何故觉时于自色境不知唯识？如梦未觉不能自知，要至觉时方能追觉。觉时境色应知亦尔。未至真觉位不能自知，至真觉时亦能追觉。未得真觉恒处梦中，故佛说为生死长夜。由斯未了色境唯识。

外色实无，可非内识境。他心实有，宁非自所缘。谁说他心非自识境，但不说彼是亲所缘。名了他心，非亲能了，亲能了者自所变故。既有异境，何名唯识？岂唯识教但说一识。若唯一识宁有十方凡圣尊卑因果等别。谁为谁说？何法何求？故说一切有情各有八识。识虽各有而体非一异。凡诸难言如理可答。唯识之义理善成立。

上方就两《唯识论》节录，杂以所见，大意具此。唯识家以第八识为宇宙大根本，而西土唯心家于此全所不及知，大为相左。唯识家之识是识自体，非识上能缘之用。西土唯心家于识体又不及知。唯心云者正在其能缘之用，彼所谓以思惟为自性者也。是又大相左。唯识家之简单说明，在唯识所变。西土唯心家则云观念结成。亦成异趣。故唯心家言恒展转自困，诘难之集如矢。而一一诘难皆不可以诘唯识。试略举之。

如唯心家言一切无客观上之存在，然何以物不因人之不见而遂失？若物无关于意识而恒在，云何说唯心？此一切无客观上之存在之言原未尝误。然唯心家所知止于前六识。六识不起缘用，色声等六尘相诚无。然此时非无八识所变尘。此尘离八识固无有，离前六犹恒在。唯识家既析言之，故不可以相诘。

又难唯心者言：如近今生理解剖学之所明，精神作用必有藉乎身体。纵不说精神出于物质,然二者必相依相待未可诬也。唯心论者于此颇难解答。此由不知八识变起根身也。唯识家既言根身是识变,故不可以此相诘。

又唯心家言物体不过观念之结合。纵斯言不诬,然观念之起必有所自。虽不能离观念而直观物体,而其体非无。此亦非所以难唯识,唯识家既言离六尘相而本质尘非无也。眼等各识,于本质尘上变色等各尘,观念之起此其所自也。又唯识所变非物是无,但非是物也。唯识无谓物无体之意。

又难唯心者言:无广袤之精神何以能为有广袤之物质之本?经验上精神只有作用可见,无体量可得也。唯识家之识固不可说有广袤,有体量,然说无体亦非。尽法界是一识,故此亦不可以相难。

又难唯心者言:吾人经验所得,浑然一体,主观客观未尝判别。及加之思辨始发见主观客观概念上之区别,是乃抽象作用之结果也。唯物论以抽象作用所得之物质为宇宙之究竟实在固非,而精神之云,同为抽象所得,则亦非也。盖唯物是执所分别者为本,唯心是执能分别者为本。唯识家以分别、所分别归于识自体,固不受此难也。所云唯识之识,正指此浑然一体以为言也。

西土唯心论原是随情虚妄计度。乍聆其说,犹觉其与唯识未尝无似处。稍加推征,乃处处乖舛,罅漏如环之连,一口不可顿说,十指不可顿指。夫何可以相拟?然唯识之说亦可破否?唯识亦不难破,而唯识家则不被破。云何唯识亦不难破?眼前见得相相森然,生生不已。而实则说其无相无生易,说其有相有生难。一识体犹不可得,况说什么二分三分四分?能所犹不可得,况说什么因变果变？相相非有，名句安立不得。生生不生，言说其如何可措。虚妄计度者如同说白作黑，黑自是妄。妙谈缘起者如同说白作白，白亦非有。无论邪计正知但立一说，即可随破。离言法性本来如是也。云何唯识家乃不被破？唯识家实不唯识故。佛法中无不以不生灭为归。若但为八识三能变之说，则但是善说生灭，非究竟故。佛法中无不以破二执为归，若定唯有识则是法执。论已说故。

由生灭不生灭问题以是有有性无性论。由最后本体之有无问题以是有空有论。如第六章述。

第三章　超神泛神无神论

一、诸宗

印土奉神,对于神之观念次第进化。所见于《吠陀》《邬波尼煞昙》者其迹甚著。至于吠檀多之泛神而造其极。初时为礼祀多神非此所论。关于哲学之思致,其间盖甚复杂。约得四式。①泛神一义特所广道耳。

一、唯物主义之神观。物质独立于神而实在,宇宙开辟归诸物质自身。神造之谈遂置。传此脉者为后之数论宗。数论虽云有有神数论无神数论之二,然其有神者特无违于故旧风教,与其形而上学无关。故就此而论,数论实为无神论家。《僧佉经》及其注释颇富于有神之驳论。总其难端有四。一、论量有失。通常

---

① 此四式之神观,本之 *The Religion and Philosophy of India*, *The Upanishads*, Deussen。其书讲吠陀学甚详。取诸《邬波尼煞昙》书,分作神论、宇宙论、心灵论、解脱论四篇述之。此在神论篇神与宇宙章第五第 159 页。

主有神者辄以世间事物之有制作者而例证宇宙之有制作者。然如生物皆自体发长,不由制作。则比量不能立也。盖数论于宇宙论上本持发展说,不持创造说,故其言如此。二、神性两不立。说有神者此神为已解脱为未解脱?若未解脱则不自由,何有于创造宇宙?若已解脱者何犹有此创造宇宙之欲望?三、动机不可得。若云神之创造出于慈悲,则创造前固无有情。设言对创造后之有情而兴慈悲,则是以有有情故而慈悲,以慈悲故而有有情。相为因证无复因证之力矣。四、因果不相类。以神为宇宙之因,神为精灵而宇宙则冥然无知之物云。何为因果?盖数论本持因中有果论而又认宇宙为物质的实在也。

此处有附及者,则顺世外道亦为唯物主义而无神论者。唯非自《吠陀》中出耳。其说排拨一切之神略见前篇。特辟创造主者无考。

二、超神观。神始既创造宇宙,宇宙乃实在自存,而神常宰临之。其后弥曼差吠檀多及其部类皆有此意趣。其宗计名目繁不可数。佛典中触处可见。其著者如所谓自在天、韦纽天、那罗延天等计是。然总其说,类云一法出生,不言别取造作。《曼特迦书》中常有喻云:有如一蜘蛛,引丝而布网。世界锦罗开,还即自身出。此其间固伏泛神论之端矣。

三、泛神观。神之创造但是神体转变以为宇宙,故全宇宙即神。神不在宇宙外,而与宇宙为一。此唯吠檀多传此嫡脉。

四、唯心主义之神观。唯神为实,神外更无实。宇宙者从神而为有体量之现出,但为现象而非实者也。此现出为真常神性之一种变异。故神非宇宙之他面,以神不属空间故。亦不可说在前在后,以神不属时间故。亦不可说神为宇宙因,以神不属因果故。

神者独实,抑实者尽于神矣。是吾人所不与知,唯解脱于现象世界,双离理论与实际者,唯能证之。此一脉亦吠檀多传之。如前第一章因一元论所述商羯罗之梵说,其唯心主义已具显。

此三式之神观,皆备于吠檀一宗。然其间亦有分辨。《曼陀括耶颂》与商羯罗派富于泛神之意趣而以观念论之方法出之。其神格销融于宇宙本体处即泛神主义之发挥。其说宇宙为现象而现象由于迷误之认识即观念论之妙用。而商羯罗设为俗谛门下梵为人格有意志,造作世间,宰制有情,则更将超神一义摄入矣。至于罗摩奴耶则异是。罗摩奴耶为室利吠舍那婆派(Sri-Vaishnrva)之祖,奉毗纽(或毗湿拿,Vishnu)梵天为至高神。如商羯罗谓上梵不可拟量,德无能名。罗摩奴耶则谓梵天有智、力、仁诸德,满中慈爱。商羯罗谓众生之差别自己及客观之世间皆为无实。罗摩奴耶则言差别自己及器世间皆梵于诸德外随有之实而为之内主,而人与世间永存不灭。惟人与世间有隐显二位(Avyakta,Vyakta)。当劫初时一切差别人物皆隐于一实中,此为梵之因位。依梵之乐欲,人与世间出生。初有物尘,后有差别众生。揽物受身所谓显也。于此,梵实为其创造宰制之者,是为梵之果位。无有可量不可量之别。毗纽天即上梵,非在现象中。此其说但为超神论,无复泛神主义与唯心之高调矣。

此外诸宗与本题之关系如第一篇已说。

二、佛法

佛法为明确之无神论。如上有神论中虽或拙巧不同,而皆执一法实常,能生一切。佛家目之为一因论。以彼宗大自在一法为因故。又谓之不平等因计。平等因者谓因能生果，因复从因，故名平等。自在天等但能生他，不从他生。故非平等因。《成唯识论》《十二门论》《瑜伽师地论》皆有破神之词，录以实此。

《成唯识论》云：有执有一大自在天，体实遍常，能生诸法。彼执非理。所以者何？若法能生，必非常故。诸非常者，必不遍故。诸不遍者，非真实故。体既常遍，具诸功能。应一切处时顿生一切法。待欲及缘方能生者，违一因论。或欲及缘亦应顿起，因常有故。余执有一大梵、时、方、本际、自然、虚空、我等常住实有，具诸功能，生一切法，皆同此破。

《十二门论》云：实不从自在天作，何以故？性相违故。如牛子还是牛。若万物从自在天生，皆应似自在天，是其子故。复次，若自在天作众生者，不应以苦与子。是故不应言自在天作。（疏云作伤慈破）问曰：众生从自在天生，苦乐亦从自在所生。以不识乐因故与其苦。（疏云正通伤慈之难）答曰：若众生是自在天子者，唯应以乐遮苦，不应与苦。（疏云犹提捉前无慈难）亦应但供养自在天则灭苦得乐，而实不尔。但自行苦乐因缘而自受报。非自在天作。复次，若彼自在者不应有所须，有所须而作不名自在。若无所须何用变化作万物如小儿戏？复次，若自在作众生者，谁复作是自在？若自在自作则不然。如物不能自作。若更有作者则不名自在。复次，若自在是作者则于作中无有障碍，念即能作。如《自在经》说：自在欲作万物。行诸苦行，即生诸腹行虫。复行苦行，生诸飞鸟。复行苦行，生诸人天。若行苦行，初生毒虫，次生飞鸟，后生人天。当知众生从业因缘生，不从苦行有。复次，若自在作万物者，为住何处而作万物？是住处为是自在作，为是他作？若自在作者，为住何处作？若住余处作，余处复谁作？如是则无穷。若他作者，则有二自在。是事不然。是故世间万物非自在所作。复次，若自在作者，何故苦行供养于他？欲令欢喜从求所愿。若苦行求他，当知不自在。复次，若自在作万物，初作便定，不应有变。马则常马，人则常人。而今随业有变，当知非自在所作。复次，若自在所作者，即无罪福善恶好丑，皆从自在外故。而实有罪福，是故非自在所作。复次，若众生从自在生者，皆应敬爱，如子爱父。而实不尔，有憎有爱。是故当知非自在所作。复次，若自在作者何不尽作乐人，尽作苦人，而有苦者乐者。当知从憎爱生故不自在，不自在故非自在所作。复次，若自在作者，众生皆应无作。而众生方便各有所作。是故当知非自在所作。复次，若自在作者，善恶苦乐事不作而自来。如是坏世间法。持戒修梵行皆无所益。而实不尔。是故当知非自在所作。复次，若福业因缘故于众生中大，余众生行福业者亦复大。何以贵自在？若无因缘而自在者，一切众生亦应自在。而实不尔。当知非自在所作。若自在从他而得，则他复从他。如是则无穷。无穷则无因。如是等种种因缘当知万物非自在生。亦无有自在。

《瑜伽师地论》十六计中叙自在等作者论而破云：嗢陀南曰：

> 功能无体性　　摄不摄相违　　有用及无用　　为因成过失

自在天等变化功能为用业方便为因、为无因耶？若用业方便为因者，唯此功能用业方便为因，非余世间，不应道理。若无因者，唯此功能无因而有，非世间物，不应道理。又汝何所欲？此大自在为堕世间摄、为不摄耶？若言摄者，此大自在则同世法，而能遍生世间,不应道理。若不摄者,则是解脱。而言能生世间,不应道理。又汝何所欲? 为有用故变生世间、为无用耶? 若有用者,则于彼用无有自在。而于世间有自在者,不应道理。若无用者,无有所须而生世间,不应道理。又汝何所欲? 此所出生唯大自在为因、为亦取余为因耶? 若唯大自在为因者,是则若时有大自在,是时则有出生。若时有出生,是时则有大自在。而言出生用大自在为因者不应道理。若言亦取余为因者,此唯取乐欲为因,为除乐欲更取余为因? 若唯取乐欲为因者,此乐欲为唯取大自在为因,为亦取余为因耶? 若唯取大自在为因者,若时有大自在,是时则有乐欲。若时有乐欲,是时则有大自在。便应无始常有出生。此亦不应道理。若言亦取余为因者,此因不可得故,不应道理。又于彼欲无有自在,而言于世间物有自在者,不应道理。如是由功用故,摄不摄故。有用无用故,为因性故,皆不应理。是故此论非如理说。

有疑佛家法身佛之说为近似泛神论者。法身但本体之异称,而佛初无神之意义。是有辨也。

第四章　因果一异有无论

一、诸宗

此亦印度哲学中关系本体之一问题。始于宇宙一般事物之观察，而推及本体。颇为一时诤讼。彼此思想有于此分途之观。所谓因者，在宇宙中盖指一般之体原，而果者则其相用。在此本体论中，盖谓宇宙本体与现前宇宙矣。诸宗所争在因中为有果为无果，因果为一为异。佛家则穷论因果本身之立不立也。

因中有果论者是数论师说。《金七十论》颂云：

　　　无不可作故　　必须取因故　　一切不生故　　能作所作故
　随因有果故　　故说因有果

一无不可作故者。世中若物无造作不得成，如从沙出油。若物有则可作，如压麻出油。若物此中无，从此不得出。今见大等从自性生，故知自性有大等。二必须取因故者。若人欲求物必须取物因。譬如有人计明日婆罗门应来我家食故，我今取乳。若乳中无酥酪何故不取水？求物取因故。故知自性中有大。三一切不生故者。若因中无果者则应一切能生一切物。草沙石等能生金银等物。此事无故，故知因中有果。四能作所作故者。譬如陶师具足作具从土聚作瓶瓮等，不从草木等以作瓶瓮。自性能作大等，故知自性有大等。五随因有果故者。谓随因种类果种亦如是。譬如麦芽等必随于麦种。若因中无果者果必不从因。是则从麦种豆等芽应成。以无如此故，故知因有果。《百论》有《破因中有果》一品。其间亦陈叙僧佉计。大意总不外此。不须广引。又持因中有果则亦持因果为一。盖相因而至。《百论》《破一品》《破神品》之神觉一论，《成唯识论》破有法与有等性其体是定一，提婆《破外道四宗论》破一切法一计，皆僧佉宗计也。其说云何？如《四宗论》云：譬如白迭，不可说言此是白此是迭。二法差别如白迭。一切法因果亦如是。举一可例，余不繁征。盖此宗说自性转变以生一切，故计本体中有万法，而全宇宙即是本体也。

然吠檀多人虽计因果为一，而非议因中有果，其立义曰因果不二，无分别相。商羯罗以《吠陀》言句为证外，复推论之曰：惟有因存，故有果现。因如不存，即无果现。如聚缕为布，除聚缕外于何求布？求诸粗缕复细缕成，细缕之中复有极细。故所见形色。推穷其本皆与因同，即因相续。不可见者如因种子成树。当见树时亦即种子因树而现。非有异物。当树坏时亦即种子之隐而不现。故唯本因存，更无其他。所谓果者并非新成，惟因之现。因果二者，形色不同，实体不异。世间之因为梵，故世间与梵不异。其泛神论即依止此而成。而《曼陀括耶颂》第四章对于数论因中有果、胜论因中无果则皆加驳论。其义与其论辩法并采之于佛家。其所以如是者，盖此宗之初所谓大梵自在等计，实为因中有果论之形势。因果不异即其本义。厥后融取佛化外蒙一观念论之面目。说宇宙但出于迷误之认识，不同昔之梵天生一切。故不欲复比之于从因生果也。因果不异，犹无碍于观念论，故不废。

　　胜论师持因中无果论与因果为异论。然《十句论》无说。《百论》《破因中无果品》《破异品》《破神品》之神觉异论，《成唯识》之破有法与有等性其体定异，《外道四宗论》破一切法异计，略可考见。唯《破因中无果品》主于破生相，无果之义未见广陈。据今世所传约有七义。一何有见土块便作瓶想，见线缕便作布想者。二何有名土块为瓶名线缕为布者。三何故同一土块因或为瓶果或为砖垒等果不同。四何故因于时为前果于时为后而非一时。五何故因于数为一，果于数为多，如一本多枝。或因于数为多，果于数为一，如多缕成布，而非一数。六何故因形非果形，如土块形不同瓶形。七何故一果待多因成，如一法或四大合和。其意即此可观，无甚深旨。然其所以持如是论者，则胜宗之观察宇宙，本由数多之句义，每句义又含数多之元，而后结构以成。既不说从一法滋生，又非一法变幻。宜其无取于因中有果与因果为一，而转反言之也。

　　计因中亦有果亦无果或因果亦一亦异者，是尼乾子论师。计因中非有果非无果或因果非一非异者，是若提子论师。其义诸书所叙益不多，且审所立殆亦无足重。《四宗论》云：云何尼乾子说一切法俱？譬如灯明得说言一，得说言异？以有此有彼，无此无彼，得言一；灯异处明异处故得言异。如灯明因果白迻一切法亦如是。亦得说一,亦得说异,故言俱也。云何若提子说一切法不俱? 不俱者谓一切法不可说一,不可说异。以二边见过故。以说一异俱论师等皆有过失故。智者不立如是三法。云何过失? 若离白别无迭者,白灭迭亦应灭。若异白更有迭者,应有迭非白有白非迭。是故一异俱等法我俱不立。虽然一异俱等一切法不可言无。大约其说不过如是。此二家之本体论原不可得而闻,则此计亦无甚关系耳。

二、佛法

佛就俗谛解释宇宙生灭之理,广说因果。小乘之十二因缘,大乘之八识异熟,皆是也。此当于后第四篇中述。以佛曾说因果故,昧者或即以而兴迷执。观于《百论疏》于《破因中有果品》中疏云,此论正破于外,傍破于内。佛灭后至八百年时,枝流成五百部,执因有果无果障翳佛经,今破僧佉卫世兼洗上座僧祇故有此品来也。则小乘初部或亦有因中有果无果之谈。然小乘夙略于本体,则无论其说云何总无关耳。

佛法于本体论中空一切见,因果之说自不容立。内典广见。兹举《中论》以示例。《中论·观因果品》云:问曰:众因缘和合现见果生故,当知是果从众缘和合有。答曰:

> 若众缘和合　而有果生者　和合中已有　何须和合生

若谓众因缘和合而有果生,是果则和合中已有。而从和合生者是事不然。何以故? 果若先有定体则不应从和合生。问曰:众缘和合中虽无果,而果从众缘生者有何咎? 答曰:

若众缘和合　是中无果者　云何从众缘　和合而果生

若从众缘和合则果生者，是和合中无果而从和合生，是事不然。何以故？若物无自性是物终不生。复次：

若众缘和合　是中有果者　和合中应有　而实不可得

复次：

若众缘和合　是中无果者　是则众因缘　与非因缘同

问曰：因为果作因已灭而有因果，无如是咎？答曰：

若因与果因　作因已而灭　是因有二体　一与一则灭

问曰：若谓因不与果作因已而灭，亦有果生，有何咎？答曰：

若因不与果　作因已而灭　因灭而果生　是果则无因

问曰：众缘合时而有果生者有何咎？答曰：

若众缘合时　而有果生者　生者及可生　则为一时俱

问曰：若先有果生而后众缘合有何咎？答曰：

若果先有生　而后缘和合　此即离因缘　名为无因果

复次，今当说果。

果不空不生　果不空不灭　以果不空故　不生亦不灭
果空故不生　果空故不灭　以果是空故　不生亦不灭

复次，今以一异破因果。

因果是一者　是事终不然　因果若异者　是事亦不然

> 若因果是一　生及所生一　若因果是异　因则同非因　若
> 果定有性　因为何所生　若果定无性　因为何所生　因不
> 生果者　则无有因相　若无有因相　谁能有是果　若从众
> 因缘　而有和合生　和合自不生　云何能生果　是故果不
> 从　缘合不合生　若无有果者　何处有合法

是众缘和合法不能生自体,自体无故云何能生果? 又前第一《观因缘品》云:

> 若谓缘无果　而从缘中出　是果何不从　非缘中而出

复次:

> 若果从缘生　是缘无自性　从无自性生　何得从缘生
> 果不从缘生　不从非缘生　以果无有故　缘非缘亦无

果从众缘生,是缘无自性,若无自性则无法。无法何能生? 是故果不从缘生,不从非缘生。破缘故说非缘,实无非缘法。是故不从二生。是则无果。无果故缘非缘亦无。

《三论》中处处破生灭,即是处处破因果。其说不限于是也。

说因果一异有无是诸宗各自分脉处,因果可得不可得是诸宗与佛法分脉处。故尼乾子若提子之说亦有亦无非有非无,与佛法于世谛说有真谛说无者不同。又无因外道之无因论与佛法之因果不可得亦不同。(无因论于第四篇见)

第五章　有我无我论

一、诸宗

此我执问题所从来，已如前篇中述。依《成唯识论》我执有俱生分别之二。[①] 俱生我执问题属于人生观中，当在第四篇论之。今所论为分别我执之一种。以不同凡情，故佛法命曰邪教邪分别。譬如《曼陀括耶颂》所谓瓶空之我，商羯罗所谓封执于乌波奇之我，数论所谓人各一我，即凡情所执我。其所谓大虚空我，所谓阿特摩，所谓遍满神我，即邪教所执我。此种思想由来甚古，《邬波尼煞昙》格言所谓彼即汝我即梵者是已。《然陀耶书》中（属《倭马吠陀》）尝设为种种之喻，而皆为之结语云：此即万物自

---

① 《成唯识论》云：诸我执略有二种。一者俱生，二者分别。详后第四篇。

己之所存,即真实,即自己,而彼即汝。① 盖以本体为永在之我也。吠檀多人传此一脉。前在一元论中已见其概。一言蔽之,宇宙唯是一梵,一梵唯是一我。数论之立神我,胜论实句之我,亦见前章。虽则或与自性敌对,或并列九实,与吠檀乖异,然其说神我遍满,说我为无边大,犹是承吠陀之流风。总观一切外道无能破俱生我执者,而除顺世外道外,又无一家不有其修行的鹄为归命所在,即无一家不有其邪计之我。故就诸宗言,可以谓之尽属有我论。唯其间乏哲学思想者每忽于求一本于万有。虽情殷立我,其我与本体论无大关系。确成为本体论上之问题者当以吠檀数论之说为著,而吠檀说尤圆巧。(商羯罗说封执我于第四篇中见)

《成唯识论》于外道执我,先就体量判列三种。一、执我体常

① 《然陀耶》《邹波尼煞昙》中说,有阿路尼教其子湿毗多其都云:士夫(即补卢沙即人)身中有十六分。汝今且断食十五日,独多饮水,汝知息自水中生,汝如饮水息即相续。湿毗多奇都即断食十五日。返见其父。其父曰:为我诵《黎居》《耶柔》《傞马》吠陀。湿毗多奇都曰:我都不忆。其父曰:如大火聚中今唯有如一萤之薪存,故不能烧。汝身十六分今唯有一分存,故不能忆吠陀。且往进食。湿毗多奇都如其教。食已复来见。再命之诵,悉皆不失。其父曰:如大火聚中唯有一萤之薪存,更益以草即能更烧。汝身中十六分唯有一分存,益以食物即能更记诵吠陀。说此语后,湿毗多奇都即悟其父之旨。(此段文以喻有可灭者、有不可灭者。不可灭者存,即所以生者未绝。以此导之,今信身中有己性也。)

其父又曰:如蜂采多树汁而变为蜜,汁入于蜜即不自知我为此树汁彼树汁。如水西行者西流,东行者东流,同入于海。当其入海时不自知为此水彼水。一切众生亦复如是。入于真实时(当其深眠或死后)即不自知入于真实。此诸众生或为狮子为狼为虫蚁,出真入真,无有纪极。此即万物之精,万物之己所存,此即真实,即自己,而彼即汝。又如一人以手击树木,树木破尚能生。又击树干,干破尚能生。击其巅亦如是。其己(Atman)未去,其树终生。如己去此枝此枝败,去彼枝彼枝败,去此树此树败。人亦如是。此己(Atman)去身,身即败死。而此己者终无有死。此即物之精。万物自己之所存即真实,即自己,而彼即汝。

周遍，量同虚空，随处造业受苦乐故。《述记》云，此谓数论胜论等计。我有三义：一常住，无初后故。二周遍，体周诸趣故。三量同虚空，遍十方故。二、执我体虽常而量不定。《述记》谓尼虔子计。三、执我体常至细，如一极微。《述记》谓兽主遍出等计。此中前一计外，余计与本体论颇远。又就即离蕴判列三种。一即蕴，《述记》云世间异生皆为此计。二离蕴，僧佉等计。三与蕴，非即非离，是犊子等计。此中前一计属凡情，余计或与本体有关。然审论中未破及吠檀。吠檀学本晚出也。唯破大自在天计末云，余执有一大梵、时、方、大际、自然、虚空、我计等。常住实有，具诸功能，生一切法，皆同此破。此之我计，可入吠檀部类。吠檀亦同此破矣。

《瑜伽师地论》谓诸计我为实有，远及彼岸不过四种。一者计我即是诸蕴。二者计我异于诸蕴，住诸蕴中。三者计我非即诸蕴而异诸蕴，非住蕴中而住异蕴离蕴法中。四者计我非即诸蕴而异诸蕴，非住蕴中亦不住于异于诸蕴离蕴法中，而无有蕴，一切蕴法，都不相应。依我分别计为有者皆摄在此四种计中。除此更无若过若增。又瑜伽十六计中，有计我论。论云：计我论者谓如有一若沙门若婆罗门，起如是见，立如是论，有我、萨埵、命者、生者、养育者、数取趣者。如是等谛实常住。后方驳论甚长，兼破凡情邪计，容人生论中述。《大日经·住心品》所举外道，其间有多种皆为计有我者，但形式有变。一人量外道，计神我量随身大小。二寿者外道，计一切法乃至四大草木皆有寿命。三摩纳婆外道，即儒童，计我于身心中最为胜妙，常于心中观我可以寸许。四摩奴阇外道，即意生，计人从人生，此人微妙不可闻，见此故贵为我也。五内我外道,计身中离心之外别有我性,能运动此身。六知者见者外道,计能见者即是真我,余五识随事异名。七内知外知外道,或计身中别有内证者即是真我,或计能知外境者是真我。又社怛梵者与知者所计大同。八能执所执外道,或计离识心别有能执是真,或计所执境界乃名真我,此我遍一切处。九识者外道,计识神遍一切处。十阿赖耶外道,计阿赖耶能持此身无所造作,含藏万相,摄之则无所有,舒之则满世界。十一常定生外道,计我自然常生,无有更生,旋转无穷,能生一切法。十二数取趣外道,计数取趣皆是一我。十三建立净、不建立无净者。是中有二计。前句谓有建立一切法者依此修行谓之净。次句谓此非究竟法,若无建立所谓无为乃名真我。亦离前句所修之净,故云无净也。十四瑜伽我外道,学定者计此内心相应之理以为真我。此上就《住心品疏》等列为此数。其间所执有有本体意趣者,有不可考定者。自识者外道以下似从佛教中出。盖虽习佛家义而落计执即为外道。因原经被以外道之名,故入诸宗。

二、佛法

小乘分判六宗,其法我俱有宗为持有我论者,自余不尔。唯所谓我不具本体之意趣,此不置论。

佛教三法印:一诸行无常,二诸法无我,三涅槃寂静。顺此印者为佛说,违此印者即非佛说。故佛法在人生观上为无我论,在本体论上又为无我论。谓一切法不出有为无为。有为法虽有作用而不常住,无为法虽常住而无作用。故无常一主宰之我也。大小乘中处处破我不可胜录。兹录《成唯识论》之所破。论破量同虚空计云：执我常遍量同虚空，应不随身受苦乐等。又常遍故应无动转，如何随身能造诸业。又所执我，一切有情为同为异。若言同者，一作业时一切应作，一受果时一切应受，一得解脱时一切应解脱，便成大过。若言异者，诸有情我更相遍故，体应相杂。又一作业一受果时与一切我处无别故，应名一切所作所受。若谓作受各有所属无斯过者，理亦不然。业果及身与诸我合，属此非彼，不应理故。一解脱时一切解脱，所修证法一切我合故。此下破次二计不录。又破离蕴我云：中离蕴我，理亦不然。应如虚空无作受故。后俱非我，理亦不然。许依蕴立非即离蕴应如瓶等非实我故。又既不可说有为无为，亦应不可说是我非我。故彼所执实我不成。又诸所执实有我体为有思虑为无思虑？若有思虑应是无常，非一切时有思虑故。若无思虑应如虚空，不能作业亦不受果。故所执我理俱不成。又诸所执实有我体为有作用为无作用？若有作用如手足等，应是无常。若无作用如兔角等，应非实我。故所执我二俱不成。又诸所执实有我体为是我见所缘境不？若非我见所缘境者，汝等云何知实有我？若是我见所缘境者，诸我见不缘实我，有所缘故，如缘余心。我见所缘定非实我。是所缘故，如所余法。此中凡情邪计可以通破。又其云不可说有为无为亦应不可说是我非我者，是破犊子计。彼立五法藏三世无为及不可说。我在第五不可说藏中故。然亦可通破余类似计。

　　此无我论在佛法中既成定论。然其后世尊亦复说我。《涅槃经》中外道诸婆罗门言，沙门瞿昙先出家已，说无常苦空无我不净。我诸弟子闻生恐怖，云何众生无常苦空无我不净，不受其语。今瞿昙者复来此娑罗林中，而为诸大众说有常乐我净之法。

我诸弟子闻是语已，悉舍我去受瞿昙语。以是因缘生大愁苦。又《狮子吼品》云：智者见空及与不空，常与无常，苦之与乐，我与无我。空者一切生死，不空者谓大涅槃。乃至无我者即是生死，我者谓大涅槃。见一切空不见不空不名中道。乃至见一切无我不见我者不名中道。中道者名为佛性。盖见有万法生灭者则见有无常苦空无我不净。若初不见有万法生灭，而唯见佛性，则何所谓无常苦空无我不净乎。但是常乐我净而已。佛性谓本体。

然人若问佛法于此之问题为有我论为无我论？则仍答言无我论。庶免落计。

第六章　空有论有性无性论

一、佛法相宗

《宗镜录》《华手经》云:正见者无一切见。何以故? 诸有所见皆是邪见。无一切见即是正见。《佛藏经》云:舍利弗,若作是念。此是正见。是人即是邪见。舍利弗,于圣法中拔断一切诸见根本,悉断一切诸言语道。如虚空中手无触碍。诸沙门法皆应如是。今空有论者有性无性论者,即孰家为有见之本体,孰家为无见之本体之问题也。前章为我执问题,此为法执问题。落见缠者,即法执故。法执无始俱生,范围极宽,层次亦复。此则法执问题最后之问题矣。① 即今之问

---

① 《成唯识论》云:诸法执略有二种。一者俱生,二者分别。俱生法执无始时来虚妄熏习,内因力故恒与身俱。不待邪教及邪分别,任运而转,故名俱生。此复二种。一常相续,在第七识缘第八识,起自心相,执为实法。二有间断,在第六识缘识所变蕴处界相,或总或别,起自心相,执为实法。此二法执细故难断。后修道中数数修习胜法空观,方能除灭。分别法执亦由现在外缘力故,非与身俱,要待邪教及邪分别然后方起。故名分别。唯在第六意识中有。此亦二种。一缘(转下页注)

题亦可约为两层。初现象为空为有,次本体为空为有。初若说现象有者,则落三计。一本体是有,二本体与现象对,三本体上有相。盖计现象有者现象为染则计本体净,现象无常则计本体常。如是乃至计为至美至善至真诸优特相是也。若说现象空者,此中有别。若空是一种见者,或落二计。一本体是有,二为无现象之本体。或落一计,本体亦无。若空不是见者,则总不落计。次若说本体有者,此时若现象未破,则落三计,如说现象有。若现象已破,则落二计,如说现象空。若说本体空者,此中有别。空是一见者,此时现象未破则落本体无而现象有计。现象已破则落双无计。空不是见者,总不落计。如是种种核之唯有其二,即所谓有所见之本体论无所见之本体论。一切外道并属有所见家,其中落前三计者尤多。无始熏习,出于不自知。故无何理论。此无可述。大乘佛法不落见缠,善破法执,尽十二部经无非向此点发挥,理论极丰。故此章中但显佛法中之本体论辨而空有之得失已见。又佛法虽一而性相分途,一若因空有以为别者。争议所及皆入问题深处,为外道所不及知,而无以相过。则虽举一家之教固无异对开两家之论,而各尽其旨耳。

　　初层所谓现象空有之问题,自其关系本体言之,则为本体论上之问题。自其本身言之,原为一种现象世界观。此处既备其说。

　　(续上页注)邪教所说蕴处界相起自心相,分别计度执为实法。二缘邪教所说自性等相起自心相,分别计度执为实我。此二法执粗故易断。入初地时,观一切法空真如,即能除灭。我执法执实际上除灭不除灭,属修证问题。此所问但问我见法见存否耳,此见亦从俱生与分别来。如前章不许本体上立我,是破分别来之我见。范围甚狭,层次初浅。此处不许存少许之见于本体,是并破俱生来之法见。范围极宽,层次居最后。到此层便是一切见俱尽时矣。

第四篇中即从简略。（小乘之破我法二执空有假实之论则皆归世界观区域，不就本体立论，故本章不及。）

　　兹先述相宗义，次述性宗义，更取两家所争持一为分解。

　　相宗义云何？所谓三性三无性。《解深密》云：云何诸法遍计所执相？谓一切法假名安立自相差别乃至为令随起言说。云何诸法依他起相？谓一切法缘生自性。则此有故彼有，此生故彼生。谓无明缘行乃至招集纯大苦蕴。云何诸法圆成实相？谓一切法平等真如。《成唯识论》云：谓心心所及所变现，众缘生故，如幻事等，非有似有，诳惑愚夫。一切皆名依他起性。愚夫于此横执我法。有无一异俱不俱等，如空华等，性相都无，一切皆名遍计所执，依他起上彼所妄执我法俱空，此空所显识等真性名圆成实。《摄大乘论》云：此中何者依他起相？谓阿赖耶识为种子，虚妄分别所摄诸识。此复云何？谓身、身者、受者识、彼所受识、彼能受识、世识、数识、处识、言说识、自他差别识、善趣恶趣死生识。此中若身、身者、受者识、彼所受彼能受识、世识、数识、处识、言说识，此由名言熏习种子。若自他差别识，此由我见熏习种子。若善趣恶趣死生识，此由有支熏习种子。由此诸识一切界趣杂染所摄，依他起相虚妄分别皆得显现。如此诸识皆是虚妄分别所摄，唯识为性。是无所有非真实义显现所依，如是名为依他起相。①

---

① 世亲释云：虚妄分别所摄诸识者，谓此诸识虚妄分别以为自性，诸身身者受者识者。身谓眼等五界。身者谓染污意。能受者谓意界。彼所受识者谓色等六外界。彼能受识者谓六识界。世识者谓生死相续不断性。数识者谓算计性。处识者谓器世间。言说识者谓见闻觉知四种言说。如是诸识皆用所知依中所说名言熏习差别为因。自他差别识者谓依止差别。此用前说我见熏习差别为因。善趣恶趣死生识者谓生死趣种种差别。此由前说有支熏习差别种子。

此中何者遍计所执相？谓于无义唯有识中似义显现。此中何者
圆成实相？谓即于彼依他起相由似义相永无有性。若依他起自
性实唯有识似义显现之所依止，云何成依他起？何因缘故名依他
起？从自熏习种子所生依他缘起故，名依他起。生刹那后无有功
能自然住故，名依他起。若遍计所执自性，依依他起实无所有似
义显现，云何成遍计所执？何因缘故名遍计所执？无量行相意识
遍计颠倒生相故名遍计所执。自相实无唯有遍计所执可得，是故
说名遍计所执。若圆成实自性是遍计所执永无有相，云何成圆成
实？何因缘故名圆成实？由无变异性故名圆成实。又由清净所
缘性故，一切善法最胜性故，由最胜义名圆成实。① 复次，此三自
性为异为不异？应言非异非不异。谓依他起自性由异门故成依
他起。即此自性由异门故成遍计所执。即此自性由异门故成圆
成实。由何异门此依他起成依他起？依他熏习种子起故。由何
异门即此自性成遍计所执？由是遍计所缘相故。又是遍计所遍
计故。由何异门即此自性成圆成实？如所遍计毕竟不如是有故。
若由异门依他起自性有三自性，云何三自性不成无差别？若由异
门成依他起，不即由此成遍计所执及圆成实。若由异门成遍计所
执，不即由此成依他起及圆成实。若由异门成圆成实，不即由此

---

① 此下论文云：复次，有能遍计，有所遍计，遍计所执自性乃成。此中何者能遍计？
何者所遍计？何者遍计所执自性？当知意识是能遍计，有分别故。所以者何？
由此意识用自名言熏习为种子，及用一切识名言熏习为种子。是故意识无边行
相而转，普于一切分别计度故名遍计。又依他起自性名所遍计。又若由此相令
依他起自性成所遍计。此中是名遍计所执自性。由此相者是如此义。复次，云
何遍计能遍计度？缘何境界？取何相貌？由何执着？由何起语？由何言说？何
所增益？谓缘名为境，于依他起自性中取彼相貌，由见执着，由寻起语，由见闻等
四种言说而起言说，于无义中增益为有，由此遍计能遍计度。

成依他起及遍计所执。所谓三性者经论中略如是说。

《成唯识论》颂云：即依此三性，立彼三无性，故佛密意说，一切法无性，初即相无性，次无自然性，后由远离前，所执我法性，此诸法胜义，亦即是真如，常如其性故，即唯识实性。论云：云何依此而立彼三？谓依此初遍计所执立相无性，由此体相毕竟非有如空华故。次依依他立生无性，此如幻事托众缘生，无如妄执自然性故。假说无性，非性全无。依后圆成实立胜义无性，谓即胜义由远离前遍计所执我法性故。假说无性，非性全无。如太虚空，虽遍众色而是众色无性所显。《解深密经》云：胜义生，当知我依三种无自性性，密意说言一切诸法皆无自性。所谓相无自性性、生无自性性、胜义无自性性。善男子，云何诸法相无自性性？谓诸法遍计所执相。何以故？此由假名安立为相，非由自相安立为相。是故说名相无自性性。云何诸法生无自性性？谓诸法依他起相。何以故？此由依他缘力故有，非自然有，是故说名生无自性性。云何诸法胜义无自性性？谓诸法由生无自性性，故名无自性性，即缘生法亦名胜义无自性性。何以故？于诸法中若是清净所缘境界，我显示彼以为胜义无自性性。依他起相亦是清净所缘境界，是故亦说名为胜义无自性性。复有诸法圆成实相亦名胜义无自性性。何以故？一切诸法法无我性名为胜义，亦得名为无自性性。是一切法胜义谛故，无自性性之所显故。善男子，譬如空华相无自性性当知亦尔。譬如幻象生无自性性当知亦尔。一分胜义无自性性当知亦尔。譬如虚空唯是众色无性所显，遍一切处，一分胜义无自性性当知亦尔。法无我性之所显故，遍一切故。善男子，我依如是三种无自性性，密意说言一切诸法皆无自性性。

胜义生,当知我依相无自性性,密意说言一切诸法无生无灭。本来寂静,自性涅槃。何以故?若法无自相,都无所有,则无有生。若无有生,则无有灭。若无生无灭则本来寂静。若本来寂静则自性涅槃。于中都无少分所有更可令其般涅槃故。是故我依相无自性性,密意说言一切诸法无生无灭,本来寂静,自性涅槃。善男子,我亦依法无我性所显胜义无自性性,密意说言一切诸法无生无灭,本来寂静,自性涅槃。何以故?法无我性所显胜义无自性性,于常常时,于恒恒时,诸法法性安住无为。一切杂染不相应故。于常常时,于恒恒时,诸法法性安住。故无为。由无为故,无生无灭。一切杂染不相应故,本来寂静自性涅槃。是故我依法无我性所显胜义,无自性性密意说言,一切诸法无生无灭,本来寂静,自性涅槃。复次胜义生。非由有情界中诸有情类别观遍计所执自性为自性故,亦非由彼别观依他起自性及圆成实自性为自性故。我立三种无自性性。然由有情于依他起自性及圆成实自性上增益遍计所执自性故。我立三种无自性性。《摄大乘论》颂云:①

---

① 世亲释云:伽陀义中如法实不有如现非一种者。如其次第释非法非非法因缘。由实不有故非法,由现非一种故非非法。以非法非非法故说无二义。依一分者谓依一边。开显者说示也。或有或非有者或是有性或是无性。依二分说言非有非非有者取依他起具二分性说为非有及非非有。如现显非有者如现所得不如是有。是故说为无者。由此义故说之为无。由如是显现者由唯似有相貌显现。是故说为有者即由此义说之为有。说一切法无自性意今当显示。自然无者由一切法无离众缘自然有性,是名一种无自性义。自体无者由法灭已不复更生故无自性,此复一种无自性义。自性不坚住者由法才生一刹那后无力能住故无自性。如是诸法无自性理与声闻共。如执取不有故许无自性者,此无自性不共声闻。以如愚夫所取遍计所执自性不如是有。由此意故依大乘理说一切法皆无自性。由无性成者由一切无自性无生无灭等皆成就。所以者何?由无自性故无有生,由无生故亦无有灭,无生灭故本来寂静,本寂静故自性涅槃,后后所依止者是后后因此而得有义。

　　如法实不有　　如现非一种　　非法非非法　　故说无二义
依一分开显　　或有或非有　　依二分说言　　非有非非有　　如显
现非有　　是故说为无　　由如是显现　　是故说为有　　自然自体
无　　自性不坚住　　如执取不有　　故许无自性　　由性无故成
后后所依止　　无生灭本寂　　自性般涅槃

所谓三无性者经论中略如是说。

　　三性三无性,盖唯识家对于万有观察所得之结论也。所结之
旨固于结论始出之。而由何得此结论,则全在前此之种种推征辩
解。故唯识家言自开章处处无非破遍计显依圆。至作结时只能为
简括之词如上录。① 如前第二章、后第三四篇中所见皆其解释也。
述三性者多设喻以明之。② 今亦设一喻。初遍计执者,譬犹暗中旋
转一香炷,炷端燃处,以旋转势速故,若成一赤周圈。童騃乍见,执

_____

① 《成唯识论》对外道小乘我法二执种种破遣,皆为破遍计。遍计之所以非有,皆于此
　等处见之。然亦有别为说明者。如《摄论》云:诸义现前分明显现而非是有。云何
　可知? 如世尊言若诸菩萨成就四法能随悟入一切唯识都无有义。一者成就相违识
　相智,如饿鬼傍生及诸天人同于一事见彼所识有差别故。二者成就无所缘识现可
　得智,如过去未来梦影像中有所得故。三者成就应离功用无颠倒智,如有义中能缘
　义识应无颠倒不由功用智真实故。四者成就三种胜智随转妙智。何等为三? 一得
　心自在一切菩萨得静虑者随胜解力诸义显现。二得奢摩他修法观者才作意时诸义
　显现。三已得无分别智者无分别智现在前时一切诸义皆不显现。由此所说三种胜
　智随转妙智及前所说三种因缘诸义无义道理成就。(所知相分第三之一)
　　　又云何得知如依他起自性遍计所执自性显现而非称体? 此有二颂。由名前觉
　无,多名不决定,成称体多体,杂体相违故。法无而可得,无染而有净,应知如幻等,
　亦复似虚空。(所知相分第三之二)又《三无性论》中有说名义俱客一段,与此略同
　而文浅显,嫌繁不录。
② 讲唯识者有照例之喻。其颂云:白日看绳绳是麻,夜里看绳绳是蛇。麻上生绳犹是
　妄,岂堪绳上更生蛇。麻上生绳是喻依他,绳上生蛇是喻遍计。微觉未剀切。盖于
　麻辫上作绳想正是遍计,非依他之喻,而遍计又非必如骇绳作蛇之妄情也。余喻亦
　不善,以不设喻为妥。

以为真有如是赤圈。不知其但唯旋转之香炷,初无如彼赤圈可得。不达唯识者,于唯识无色上执色,无外执外,无我执我,无法执法。乃至见男作男想,见女作女想,见有情作有情想,见山河大地作山河大地想。无非遍计执有,不知其实不如是有,但为依他缘起之识而已。其致误之由,则以燃端旋转之似形,缘生识上之似义。(《摄论》所谓于无义唯有识中似义显现)彼周圈我法者,全无周圈我法之体相可得。《成唯识论》云:此三性几假几实。遍计所执妄安立故,可说为假。无体相故,非假非实。《述记》云:非兔角等可说假实。必依有体总别法上立假实故。次依他起者。譬犹前旋转势速之香炷。周圈非有而幻现周圈之旋炷非无。我法非有而缘生我法种种之识非无。(此种种言谓《摄论》之身身者等)而此周旋之燃炷亦复非实,核求之但唯香炷而已。此种种之识亦复非实,核求之但唯识上所谓识性而已。故依他起无中有有,假中有实。《成唯识论》云:依他起性有实有假。聚集、相续、分位、性故说为假有,心心所色从缘生故说为实有。若无实法,假法亦无。假依实因而施设故。后圆成实者,譬犹前之香体(不动不燃者),香非是他,妄见(赤周圈)一空,幻象(旋转所现)寂尔,便是香。圆成非他,遍计无相,依他不生,即圆成。妄见托于幻象,幻象生自香体也。《成唯识论》云:圆成实性唯是实有。不依他缘而施设故。三性之义大致如此。其三无性义如唯识家解乃仍是三性之义。《成唯识论》释生无性,胜义无性,必言假说无性,非性全无。且云诸契经中说无性言,非极了义,诸有智者不应依之,总拨诸法都无自性。其说无离众缘有性,言外即为有依众缘生性。故其无性论乃等于有性论。而尤不肯说无生。空有论至此乃达问题之中心矣。三性之中实以依他为

中心。由此而遍计,由此而圆成。世间由此立,出世间由此立。乃
至唯识家所特致宣究由以成佛教哲学之中心者亦在此。《唯识三
论》本无异旨,寻其所异,亦但在此。此容后辨。遍计之无,从三性
言亦尔,从三无性言亦尔。圆成之离有离无,从三性言亦尔,从三
无性言亦尔。唯依他在建立三性时,必言其生。唯其生,而后生灭
炽然,三性乃立。在说三无性时,宜言其无生。唯其无生而后可说
本来寂静,自性涅槃也。如《三无性论》则有真实无相无生之言。
论云:约真实性由真实无性故说无性者。此真实性更无别性,还即
前两性之无。是真实性真实无相无生故。一切有为法不出此分别
依他两性。此二性既真实无相无生。由此理故,一切诸法同一无
性。此一无性真实是无,真实是有。真实无此分别依他二有。真
实有此分别依他二无。故不可说有,亦不可说无。不可说有如五
尘,不可说无如兔角。即是非有性非无性。名无性性。亦以无性
为性,名无性性。此辨圆成可谓善巧。如是依他亦可云尔。依他
真实无生,而此无生是有也。实则即此有无言,亦不可说。总观一
切唯是不可辨不可说故。何以故? 遍计即是言说,依他即是言说
所依止,圆成即是所依之毕竟离言说,而一切唯是圆成故。何以
故? 遍计处即是依他处。依他处即是圆成处故。圆成即是毕竟离
言说即是法法毕竟离言说故。唯识家义且止于此。

二、佛法性宗

性宗义云何? 所谓八不偈。《中论》开卷云:

不生亦不灭　不常亦不断　不一亦不异　不来亦不出
能说是因缘　善灭诸戏论　我稽首礼佛　诸说中第一

问:诸法无量何故但以此八事破? 答曰:法虽无量,略说八事则总破一切法。不生者诸论师种种说生相。或谓因果一,或谓因果异,或谓因中先有果,或谓因中先无果。或谓自体生,或谓从他生,或谓共生,或谓有生,或谓无生。如是等说生相皆不然。此事后当广说。生相决定不可得,故不生。不灭者若无生何得有灭? 以无生无灭故余六事亦无。问:不生不灭已总破一切法,何故复说六事? 答曰:为成不生不灭义故。有人不受不生不灭而信不常不断,若深求不常不断即是不生不灭。何以故? 法若实有则不应无。先有今无是即为断,若先有性是则为常,是故说不常不断即入不生不灭义。有人虽闻四种破诸法,犹以四门成诸法。是亦不然。若一则无缘,若异则无相续。后当种种破。是故复说不一不异。有人虽闻六种破诸法,犹以来出成诸法。来者言诸法从自在天、世性、微尘等来,出者还至本处。复次万物无生。何以故? 世间现见故。世间眼见劫初谷不生。何以故? 离劫初谷今谷不可得。若离劫初谷有今谷者则应有生,而实不尔,是故不生。问:若不生则应灭? 答曰:不灭。何以故? 世间现见故。世间眼见劫初谷不灭。若灭今不应有谷,而实有谷,是故不灭。问:若不灭则应常? 答曰:不常。何以故? 世间现见故。世间眼见万物不常。如谷芽时种则变坏,是故不常。问:若不常则应断? 答曰:不断。何以故? 世间现见故。世间眼见万物不断。如从谷有芽是故不断,若断不应相续。问:若尔者万物是一? 答曰:不一。何以故? 世间现见故。世间眼见万物不一。如谷不作芽,芽不作谷。若谷作芽芽作谷者,应是一,而实不尔,是故不一。问:若不一则应异? 答曰:不异。何以故? 世间现见故。世间眼见万物不异。若异者何故分别谷芽谷茎谷叶,不说树芽树茎树叶？是故不异。问:若不异应有来？答曰:无来。何以故？世间现见故。世间眼见万物不来。如谷子中芽无所从来,若来者芽应从余处来,如鸟来栖树,而实不尔,是故不来。问:若不来应有出？答曰:不出。何以故？世间现见故。世间眼见万物不出。若有出应见芽从谷出,如蛇从穴出,而实不尔,是故不出。问:汝虽释不生不灭义,我欲闻造论者所说。答曰:

> 诸法不自生　亦不从他生　不共不无因　是故知无生

不自生者万物无有从自体生,必待众因。复次,若从自体生则一法有二体。一谓生、二谓生者。若离余因从自体生者则无因无缘。又生更有生,生则无穷。自无故他亦无,何以故？有自故有他。若不从自生亦不从他生。共生则有二过,自生他生故。若无因而有物者是则为常。是事不然。无因则无果。若无因有果者布施持戒等应堕地狱,十恶五逆应当生天,以无因故。复次:

> 如诸法自性　不在于缘中　以无自性故　他性亦复无

诸法自性不在众缘中。但众缘和合故得名字。自性即是自体。众缘中无自性,自性无故不自生,自性无他性亦无。他性于他亦是自性,若破自性即破他性。是故不应从他性生。共义无因则有大过。于四句中求生不可得,是故不生。

《观去来品》云:世间眼见三时有作:已去、未去、去时。以有作故当知有诸法。答曰:

> 已去无有去　未去亦无去　离已去未去　去时亦无去

已去无有去,已去故。若离去有去业,是事不然。未去亦无去,未

有去法故。去时名半去半未去,不离已去未去故。问曰:

> 动处则有去　此中有去时　非已去未去　是故去时去

随有作业处是中应有去。眼见去时中有作业,已去中作业已灭,未去中未有作业,是故当知去时有去。答曰:去时有去法,是事不然。何以故? 离去法去时不可得。若离去法有去时者,应去时中有去。如器中有果。复次:

> 若言去时去　是人则有咎　离去有去时　去时独去故

是故不得言离去有去时。复次,若谓去时有去,是则有过。所谓有二去。一者因去有去时,二者去时中有去。问曰:若有二去有何咎? 答曰:若有二去法则有二去者。何以故? 因去法有去者,故一人有二去二去者,此则不然。是故去时亦无去。复次,若决定有去有去者,应有初发,而于三时中求发不可得。何以故?

> 已去中无发　未去中无发　去时中无发　何处当有发

何以故三时中无发?

> 未发无去时　亦无有已去　是二应有发　未去何有发
> 无去无未去　亦复无去时　一切应有发　何故而分别

若人未发则无去时,亦无已去。若有发当在二处,去时已去中。二俱不然。未去时未有发故,未去中何有发? 发无故无去。无去故无去者。何得有已去、未去、去时? 问:若无去、无去者,应有住、住者? 答曰:

> 去者则不住　不去者不住　离去不去者　何有第三住

问:汝虽种种破去、去者、住、住者,而眼见有去住。答:去、去者为以一法成,为以二法成。二俱有过。何以故? 若去法即去者是则不然,去法异去者亦不然。

　　　若谓于去法　　即为是去者　　作者及作业　　是事则为一
　　　若谓于去法　　有异于去者　　离去者有去　　离去有去者

复次,随以何去法知去者,是去者不能用是去法。何以故? 是去法未有时无有去者,亦无去时、已去、未去。如先有人有城邑得有所起。去法去者则不然,去法因去者成故。复次,随以何去法知去者,是去者不能用异去法。何以故? 一去者中二去法不可得故。复次:

　　　决定有去者　　不能用三去　　不决定去者　　亦不用三去
　　　去法定不定　　去者不用三　　是故去去者　　所去处皆无

决定者名本实有,不因去法生。去法名身动。三种名未去、已去、去时。若决定有去者,离去法应有去者,不应有住。是故说决定有去者不能用三去。若去者不决定,不决定名,本实无。以因去法得名去者,以无去法故不能用三去。因去法故有去者。若先无去法则无去者,云何言不决定去者用三去? 如去者去法亦如是。若先离去者决定有去法,则不因去者有去法。是故去者不能用三去法。若决定无去法,去者何所用。如是思惟观察,去法去者所去处是法皆相因待。因去法有去者,因去者有去法。因是二法则有可去处。不得言定有,不得言定无。是故决定知三法虚妄,空无所有,但有假名,如幻如化。

《观四谛品》云:若受空法者则破罪福及罪福果报,亦破世俗

法,有如是等诸过,故诸法不应空。答曰:汝不解云何是空相,以何因缘说空,亦不解空义。不能如实知故,生如是疑难。偈云:

诸佛依二谛　为众生说法　一以世俗谛　二第一义谛
若人不能知　分别于二谛　则于深佛法　不知真实义

世俗谛者,一切法性空而世间颠倒故生虚妄法,于世间是实。诸贤圣真知颠倒性故知一切法空无生,于圣人是第一义谛名为实。复次,汝谓我着空而为我生过。如汝所说过于空则无有。何以故?

以有空义故　一切法得成　若无空义者　一切皆不成

又:

若汝见诸法　决定有性者　即为见诸法　无因亦无缘

若法决定有性则应不生不灭,如是法何用因缘? 若诸法从因缘生则无有性,是故诸法决定有性则无因缘。即为破因果作作者作法亦复坏一切万物之生灭。由此偈说:

众因缘生法　我说即是空　亦为是假名　亦是中道义
未曾有一法　不从因缘生　是故一切法　无不是空者

此论二十七品妙义层出不穷,此摘一二示其大意,而以空假中一偈作结。大小乘人同知诸法从因缘生,既从因缘即无自性。《十二门论》释《观性门》有云:变异无常。从缘而有,则非性也。无自性故空。然因缘既本不有,今亦不空。非空非有,不知何以目之。故假名说有,亦假名说空。又离空离有,故曰中道。小乘不知此三义,即有三失:失空失假失中道。凡夫外道执诸法有自性者亦不识因缘,即有四失:失因缘失空失假失中。

又世谛生灭,是无生灭生灭。第一义谛无生灭,是生灭无生灭。不动真际建立诸法,故无宛然而有。不坏假名而说实相,故有宛然而无。会兹二谛是为中道正观,即此宗义也。小乘四谛十二因缘,大乘八识三能变,是善说生灭。斯论则善说无生灭,而以空假中一偈直显中道。此偈是般若一宗骨髓。

中道者何? 中道者,得无所得。论首八不偈盖示无所得者。《疏》云:"所以牒八不在初者,为洗净一切有所得心。所以然者,有所得之徒所行所学无不堕此八计之中。如小乘人谓有解之可生,有惑之可灭,生死无常为断,佛果凝然是常,真谛无差别故一,俗谛万有差别不同故异,众生从无明地流转故来,返本还原故出。今二十七品横破八迷竖穷五句,以求彼生灭不得。故云不生不灭乃至不常不断也。"此宗破邪显正二门。破邪则下悟愚伦,显正则上宏大法。其破邪者总破一切有所得见,其显正者破邪之外无别显正。破邪已尽,无有所得。所得既无,言虑无寄,显正之旨穷于此矣。《百论疏》云:所破已除,能破亦舍。言无所住则无难而不通。若破而反执,则无通而不难矣。若言而无当,则解一切佛教立意。若破而不立,则解一切佛教破意。夫显正而正显于破邪,即得而得于无所得也。无所得即离言。自空、假、中道,以讫无所得、离言,为一贯相融。三家义靡以加矣。

三、两家争持之辩解

夫两家之义未见乖舛,而竟以兴争聚讼者何也? 余以为唯识曲解依他,而后归于离言。三论直下明空,句句便揭本旨。此诚所谓殊途同归者。归结既同,则净出误会。途路既殊,则讼为唐劳。

试一检之,可以验矣。

《成唯识论》(《述记》卷二页三)列迷谬唯识者四。其第二云:或执内识如境非有。《述记》言即清辨等师说诸法空,便亦拨心体非实有。立量云:汝之内识如境非有,许所知故,如汝心外境。又论有云:(卷三页六)外境随情而施设故,非有如识。内识必依因缘生故,非无如境。由此便遮增减二执。境依内识而假立故唯世俗有。识是假境所依事故亦胜义有。又有云:(卷二十一页二十)有执大乘遣相空理为究竟者,依似比量拨无此识及一切法。彼特违害前所引经。知断证修染净因果皆执非实,成大邪见,外道毁谤染净因果亦不谓全无,但执非实故。若一切法皆非实有,菩萨不应为舍生死,精勤修集菩提资粮。谁有智者为除幻敌求石女儿用为军旅。又有云:(卷四十三页七)此唯识性岂不亦空?不尔。如何?非所执故。谓依识变妄执实法,理不可得说为法空。非无离言正智所证唯识性故说为法空。此识若无便无俗谛,俗谛无故真谛亦无。真俗相依而建立故。拨无二谛是恶取空,诸佛说为不可治者。应知诸法有空不空。论中示与清辨师异者略如此。

清辨师《掌珍论》论首一偈云:真性有为空,如幻缘生故,无为无有实,不起似空华。立此为宗,与内外人广设辨对。其间相应论师或云即护法师,其争点即在依他性。先述敌旨如唯识家说,而设难云:言有为法从众缘生,非自然有,就生无性说彼为空,此有何义?若此义言,眼等有为依他起上不从因生。常无灭坏眼等自性毕竟无故,说名为空,便立已成。同类数论胜论等宗皆共许故。然说眼等非所作宗自性空故,应言无生无性故空,不应说言就生无性说彼为空。若彼起时就胜义谛有自性生,云何说为生无自性?若实无生,此体无故,不应说有唯识实性。若尔,则有违自宗过。若依他起自然生性空无有故说之为空,是则还有立已成过。又若建立依他起世俗故有便立已成。若立此性胜义谛有,无同法喻。如已遮遣执定有性,亦当遮遣执定无性。是故不应谤言增益损减所说依他起性。若言我宗立有幻等离言实性,同喻无故,非能立者。离言实性道理不成,故无有过。若尔,外道所执离言实性,我等谁能遮破彼亦说有实性? 我等非慧非言之所行故。此关于有为法之争。次于无为法。相应论师以为就胜义说真如空此言称理,而言真如非实有者,此不称理。而此方亦诤不应说真如实有。若言真如虽离言说而是实有。即外道我名想差别说为真如,如彼教中说言说不行,心意不证。故名为我。我相既尔,而复说言缘真如智能得解脱,非缘我智,此有何别? 并无言说有实性故。《掌珍》中所辨诘略如此。

又自戒贤智光以来疏家讲师疏讲经论,辨其所宗。一类云:如来说法凡有三时。一者有教。佛初时中为发趣声闻大乘教者,破外道实我之执,明我空法有之旨。诸部小乘皆此类摄。二者空教。于第二时为发趣大乘者,明诸法皆空之旨,以破前实法之执。三者中道教。第三时中说一切法唯有识等。心外法无破初有执,非无内识遣执皆空。远离二边,正处中道。是真了义,而以自宗当之,则唯识家也。而三论家乃云:佛初时鹿园为诸小根转于四谛,说心境俱有。于次第二时为中根说法相大乘、境空心有、唯识义等。于第三时方为上根说此无相大乘,显心境俱空。平等一味,为真了义,即自所宗是。此其参差亦一争也。

《瑜伽师地论》卷七十五有一则云:于大乘中或有一类恶

取空故，作如是言。由世俗故一切皆有，由胜义故一切皆无。应告彼言：长老，何者世俗？何者胜义？彼若答言：若一切法皆无自性是名胜义。若于诸法无自性中自性可得，是名世俗。何以故？无所有中建立世俗假设名言而起说故。应告彼曰：汝何所欲？名言世俗为从因有自性可得，为唯名言世俗说有。若名言世俗从因有者，名言世俗从因而生而非是有，不应道理。若唯名言世俗说有，名言世俗无事而有，不应道理。又应告言：长老，何缘诸可得者此无自性？彼若答言：颠倒事故。复应告言：汝何所欲？此颠倒事为有为无？若言有者，说一切法由胜义故皆无自性，不应道理。若言无者，颠倒事故诸可得者此无自性，不应道理。《佛性论》中有《破大乘见品》，与此文略同。

　　寻两家致争之由，则唯识家原从分别有无入手，以有别无，以无别有。无如兔角龟毛之无，有如羊角牛毛之有。三论家直悟一切无得，不堕见中。将空除见，空不是见。以有分别故，言文之间唯识家恒例空于无。空无互通，皆认为有无之无，以不堕见故，言文之间三论家恒援无作空。空无互通，虽说无亦不对有，此一空无，彼一空无。中画鸿沟，两不相涉。所以然者，唯识家之落分别，正由其悟出个一切以识为体，亲亲切切真实不虚。而识上一切似义，又确确见得无分毫踪影。其势不能不分别有空不空。三论家之超入无得，即在其未达唯识。（审三论之谈生灭皆小乘义）彼彼之自性一空，了了之真常立见。其间依他一性，假者随遍计以俱空。（聚集相续分位性故假有）实者同圆成而显性。（心心所色从缘生故实有）既见真常，不见彼彼，是谓无得。圆成性显,遍计无容,是谓除见,其势不能不空诸一切而一切不空。持论者不明其途路之殊,诠言各别,则凿枘相牾固亦其宜;而问学者诚执斯以析疑,又不难豁然得解耳。试以分别有无之意,观《唯识论》之五条与《掌珍论》中相应论师之所持,皆不难得其旨。而其抗言反对者,又无不由误清辨之空无为彼之空无。故于清辨一例等观之空,而再三剖陈若者可许是空,若者不许。不知其原不同旨,何有可许不可许之可言也。既认清辨之空无为彼所谓空无,则拨无识体,横破依圆者,其势不能不目为恶取空,为无见。而不知其实未尝然。清辨固言之。此非有言,是遮诠义。唯遮有性,功能斯尽。无有势力更诠余义。如世间说非白绢言。不可即执此言诠黑,唯遮白绢功能斯尽。更无余力诠表黑绢赤绢黄绢。今此论中就胜义谛避常见边,且诠有性。如是余处避断见边,遮于无性。则其破识破依圆但破彼彼之执,实不拨其体,无力以拨,抑亦意初不拨也。《百论》中别为《破空品》亦此旨最详,嘉祥疏尤曲尽。论有云:一切法虽自性空,但为邪想分别故缚。为破是颠倒故言破,实无所破。譬如愚人见热焰时妄生水想,逐之疲劳。智者告言:此非水也。为断彼想,不为破水。如是诸法性空,众生取相故着。为破颠倒故言破,实无所破。此破水想言,破取相言。可证其所破正在遍计,初不及遍计以外之体,意甚明也。倘于遮计断想之外更欲有破,即自家复堕计想之中,非所谓无得者矣。然两家既同以破遍计为归,参差何来? 所破虽同,所以破之者有三不同。一者所诠不同。三论之空是无得,唯识之空是得无。二者所显不同。三论之破欲以显出实性,唯识之破欲以显出依他。三者广狭不同。唯识家但破所执,不执不破。抑且即其所不执者指而示之曰此即是依他。但能不执，即不妨曲达生灭所由，而巧有言说。三论广破言说，虽非是执，亦不许纤毫思度。识云、依他云、圆成云，总皆无处安插，容留不得。口口拨识破依圆，其实只破得言说思度，不曾少伤离言性体。则所破虽广，固犹是破遍计中事耳。此三不同切须谨记。故所谓恶取空，所谓无见，三论家实未尝然。而唯识家抗言反对为误会矣。疏家讲师不辨此三，乱两家之旨。等差空有，以判三时教者为自陷缪辋矣。

又唯识家以习于分别故，不免有落见之嫌。如五条中第三条似竟见法实有，非实之言竟不许说。其云谁有智者为除幻敌求石女儿用为军旅者，不知如般若等教，乃正是勇猛精进将石女儿除幻敌者也。又其证成有识，每云杂染现可得，此现可得言知不除见，杂染现得与自性涅槃正相映对则经教为虚矣。又每云：此若无者将何修证涅槃？应问彼言：此若有者涅槃云何可证？涅槃而此有，则非涅槃。涅槃而此无，则非此有。法法离言，不争有无，斯为得耳。

《掌珍》卷上关于依他有无争，卷下关于真如有无争，皆由彼此防虑太过，此则唯恐彼之着有，彼则唯恐此之落空。实则唯识家或疏于除见，固亦不执。《唯识论》云：若执唯识真实有者，如执外境亦是法执。然既云此性离言，犹争其必有，宜其启人之疑。既云此性离言，犹固为不许，得毋滥逞锋芒？总之互会其旨，则意无不融。稍存迎距，吐词必乖也。

《瑜伽》中对三论世俗皆有胜义皆无之说，所设四难甚锋利。然固未足破三论。应答彼言：名言世俗本不有，宁可从因。然从名言世俗之因（以名言世俗为因），而名言世俗以有。前之名言世俗又从名言世俗之因以有。其因尽虚故，其有亦虚，则虽从因而生而非是有(答第一难)。虽有而是无事而有(答第二难)。又答彼言:颠倒之有亦颠倒故得。汝以此颠倒性之有,比证一切法有性不成,以虽有得尔时亦颠倒故(答第三难)。颠倒之无,由不颠倒故不得。汝以此颠倒性之无,反证一切法有性亦不成,以虽无颠倒尔时亦无得故(答第四难)。盖两家为说各殊而皆圆,固不可以此破彼,以彼破此耳。①

---

① 识家排三论固无当,而世之援三论破唯识者亦不成。如此土嘉祥大师《百论疏》、圭峰禅师《原人论》皆有破识家之论,于唯识义终无破损也。

《百论疏·破尘品·要观》之作,意在明尘识有则并有,无则皆无。俱有者约情而辨,俱无者就理而言。略云识即尘想,尘若无尘想即无,尘想若无尘即无。识即倒情,倒情有时诸法有,倒情无时诸法无。更无异时,以尘无而尘想有,诸法无而倒情有者。此一往之言,所想既无能想宁有? 又云诸法实无,于情谓有。于情即是横谓,横谓即是识。按此所用尘识等名,或非识家原谊,或一名之下识家大有分辨,而此处儱侗。如所谓尘作识自体变者解。尘想作识上似能缘者解,则正是有则并有,无则并无。如尘作所执似义解,尘想作六七能执解,则空华虽无,此眼不无也。论者于此既未辨,唯识自不被破。

《原人论》判五教隐洽可从,而于大乘中横兴破立甚为无取。彼论先破法相次破破相终立显性,先叙识家患梦者患梦力故心似种种外境相现之喻,次致诘云:所变之境既妄,能变之识岂真? 若言一有一无者则梦想与所见物应异。异则梦不是物,物不是梦,寤来梦灭其物应在。又物若非梦应是真物,梦若非物以何为相? 故知梦时则梦想梦物似能见所见之殊,据理则同一虚妄,都无所有。诸识亦尔。按此所据以致诘者或非识家原旨,而强为生解,或笼统无固谊。如所谓所变境言,为指遍计所执之外色,为指依他缘起之内识? 观于所变二字自当以依他缘起者近是。若尔,所变能变唯是一识,妄有生时同是妄,体性真处同是真,有时同有,无时同无,则此下代为作答一有一无云云,而据以兴难肆诘者为虚发。若云所变指依他缘起之识,而能变指识性者,则虽一妄一真而仍非一无一有,难诘之虚发如故。若云境指遍计所执之外色,识指依他缘起之内识者,虽则一无一有,而不可作梦想梦物能见所见,梦想梦物能见所见同当他故,由此难诘仍虚。若云境指遍计,识指识性者,则梦想梦物之比尤非。识性略当作梦之人也,则所难仍虚。末引《中论》等文以成其说,又误三论之空同诸识家之无。破法相后又破破相教明显性教,而所据以为言者乃大类唯识家之立依圆,是知横兴破立者破立皆虚。大乘各宗义无不圆,破无可破立不待立耳。

第三篇　认　识　论

第一章　知识本源之问题

一、诸宗

今兹所说知识本源之问题，与西洋哲学中所究问知识为本于先天为出于经验者，尚为两事。此是印度人所论之知量。有说知识之本源在圣教量者，有说在现量比量或复其余者。圣教量又名正教量、圣言量，谓神所示教。现量又名证量，谓觉官亲证。比量谓比较而知。如是等等。知源在此，有知无源即为非知。是以简择是非，准于其量，故亦名论量。量如上诠，但为粗明。其有精审之义者别如后说。

弥曼差人所为立声常住论者，主持圣教量也。故圣教量或名声量。《成唯识论》说有偏执《明论》执声常能为定量，表诠诸法。《述记》云：彼计此论声为能诠定量，表诠诸法。诸法楷量，故是常住。所说是非皆决定故。梵王诵者而本性有。又以解难转计声显声生，如第一篇略陈。今据日本书中述《弥曼差经》犹本述古义焉。然说彼经散见有六种量。一现量、二比量、三譬喻量、四义准量、五圣教量、六无体量。谓是等恐当初非有,后以论理发展乃亦认许。按此六名见于《因明大疏》,但云古有此说,未明出于谁家。不知彼经所称,是否与此恰当。《大疏》之释六名,现比圣教可以无说。譬喻量云:如不识野牛,言似家牛,方以喻显故。义准量云:谓若法无我,准知必无常,无常之法必无我故。无体量云:入此室中见主不在,知所往处。如入鹿母堂不见苾刍,知所往处。马克弥勒书叙此宗亦举六量。审其释义大致相似。六者:一Pratyaksha,二 Anumana,三 Upamana,四 Arthapatti,五 Sabda,六Abhava。其一二五即现、比、圣教三量。三者位当譬喻量,释云知识之得于类似相者。四者位当义准量,释云知识之不得于其物而显于他物者。六者位当无体量,释云此如从云散雨止推知田中土干。

吠檀多人亦专以《吠陀》为宗。现量比量皆非所尚。所引以自证信者唯圣典(Sruti)。其说曰:如悟解婆罗摩之理则觉知常则皆为无用,以彼无差别境非所行故。又曰:事之自圣典知者论量不可恃,以人之思甚乱异故。如有一义,黠者所立。复有一人黠于前者,则能破之。更有黠者更破其义。故破立无穷,难以依信。唯《吠陀》圣典,自为真证,不须他证。如日之光实是其光,色形现见,更何求证。所谓现比量者亦但在圣教量中,不在其外。现量何以为知源,以其为梵所默示故。比量何以为知源,以其出于传承故。

数论人立三量。《金七十论》颂云:

　　证比及圣言　　能通一切境　　故立量有三　　境成立从量

又云:

> 对尘解证量 比量三别知 相有相为先 圣教为圣言

释云:证量者是智从根尘生,不可显现,非不定无二。耳于声生解,乃至鼻于香生解,唯解不能知,是名为证量。比量者以证为前,有其三种:一有前,二有余,三平等。如人见黑云当知必雨,是为有前比量,如见江中满新浊水,当知上源必有雨,是为有余比量。如见巴吒罗国庵罗树发华当知侨萨罗国亦如是,是为平等比量。相有相为先者,相有相相应不离,因证此故。比量乃得成。圣言者若捉证量比量不通此义,由圣言故,是乃得通。譬如天上北郁单越非证比所知。信圣语故,乃可得知。境成立从量,于下章说。

瑜伽派依傍数论,亦立证、比、圣言三量。同前不叙。

胜论宗似是但立现比二量。此方所传德句二十四,其一为觉。《十句义论》云:觉云何?谓悟一切境。此有二种:一现量、二比量。现量者于至实色等根等和合时有了相生,是名现量。《成唯识述记》云:此宗意说眼根舒光至于色境方始取之,如灯照物。声香味触四境来至于根方始取之。故远见打钟,久方闻声。声来入耳,方可闻也。然彼论后又说现量有三种。一为四和合生现量,我、根、意、境为因。二为三和合生现量,我、根、意为因。三为二和合生现量,我意为因。与前有异。比量者此有二种。一见同故比。二不见同故比。见同故比者,谓见相故待相所相相属念故,我意合故,于不见所相境有智生。《述记》云:见同故比,见不相违法而比于宗果。如见烟时比有火等。二不见同故比者,谓见因果相属一义和合相违故,待彼相属念故,我意合故,于彼毕竟不现见境所有智生。《述记》云:不见同故比,见相违法而比于宗果。如见雹时比禾稼损,见禾稼损时比有风雹。

尼耶也派最重认识之研究。彼谓宇宙不出知与所知二者,因以量、所量摄尽一切法。其所立十六谛,首量谛、所量谛。余十四谛但是因于量所量而生者。(十六谛见下章)量谛有四种。一现知,如眼见色耳闻声等。二比知,见一分即知余分。如见烟知有火等。三不能知,即现比所不能知者,唯依圣人言教乃可知也。如吠陀典等。四譬喻知,谓以例证知。此即现比圣言譬喻四量。四量外,彼经又举四量名,而加以批评,即世传量、义准量、多分量、无体量。所量谛即依量而得知者,则一切法皆是也。(彼分作十二种,如后述。)

前后弥曼差人之说声量,视余宗之圣教量为有深趣。彼意若谓个个观念何以恒存,以为梵神所示,而梵常住故也。此与西洋哲学笃麻史亚贵那史说事物之存原于神之思之相近。又其以现、比量为有神性,与彼中唯理论者说理性本乎神者相似。数论尼耶也之圣言量,则但以超绝之理,现比量中未得,故有待圣教垂示而知,其义浅薄矣。弥曼差六量,尼耶也四量,繁广无当。既是宗教自必有所取证,三量犹可,过此徒虚。二量为胜。

二、佛法

检龙树于《方便心论》举知因有四:现见、比知、喻知、随经书。于《回净论》复取而破之。其说详后。是虽则举四,而四实不立。盖在《方便心论》本文,原非建立有四,不过作旁观之叙述,审彼论"此中现见为上"及"经书亦难解,云何取信"等文可知。无著述弥勒《瑜伽师地论》自造《阿毗达磨集论》均举现、比、正教三量,而彼解正教量云:正教者不违现比之教。世亲《佛性论》亦云:证量不成,比喻、圣言皆失。是佛教自始鲜有建立多量者,而陈那限立现比二量,固有开其先者矣。商羯罗主绍陈那之学,由是以来遂为定论。此二量之建立,非徒减三作二而已,实真能说明知识之本源。今节《理门》《正理》二论如下,然后说之。

《理门》论云:为自开悟,其有现量及与比量。彼声喻等,摄在此中。故唯二量,由此能了自、共相故。非离此二,别有所量,为了知彼,更立余量。故本颂言:

现量除分别 余所说因生

此中现量除分别者,谓若有智于色等境远离一切种类名言,假立无异诸门分别,由不共缘,现现别转,故名现量。故说颂言:

有法非一相 根非一切行 唯内证离言 是色根境界

意地亦有离诸分别,唯证行转,又于贪等诸自证分,诸修定者,离教分别,皆是现量。又于此中无别量果,以即此体似义生故,似有用故,假说为量。若于贪等诸自证分亦是现量,何故此中除分别智。不遮此中自证现量,无分别故。但于此中了余境分,不名现量。由此即说忆念、比度、悕求、疑智、惑乱智等于鹿爱等皆非现量。随先所受分别转故。如是一切世俗有中,瓶等数等举等有性瓶性等智,皆似现量。于实有中作余行相,假合余义,分别转故。

已说现量,当说比量。余所说因生者,谓智是前智,余从如所说能立因生,是缘彼义。此有二种,谓于所比审观察智,从现量生,或比量生,及忆此因与所立宗不相离念。由是成前举所说力念因同品定有等故,是近及远比度因故,俱名比量。此依作具作者而说。如是应知悟他比量,亦不离此得成能立。故说颂言:

> 一事有多法　相非一切行　唯由简别余　表定能随逐
>
> 如是能相者　亦有众多法　唯不越所相　能表示非余

何故此中与前现量别异建立,为现二门? 此处亦应于其比果说为比量,彼处亦应于其现因说为现量,俱不遮止。

《正理》论云:复次为自开悟当知唯有现比二量。此中现量谓无分别。若有正智于色等义离名种等所有分别,现现别转,故名现量。言比量者,谓藉众相而观于义。相有三种,如前已说。由彼为因于所比义有正智生,了知有火或无常,是名比量。于二量中即智名果,是证相故,如有作用而显现故,亦名为量。有分别智于义异转,名似现量,谓诸有智了瓶衣等分别而生。由彼于义不以自相为境界,故名似现量。似因多种,如先已说。用彼为因,于似所比,诸有智生,不能正解,名似比量。①

---

① 兹摘《大疏》中释此者如次:疏言若有正智简彼邪智,谓患瞖目见于毛轮第二月等。虽离名种等所有分别,而非现量。于色等义者,此定境也。言色等者,等取香等。义谓境义,离诸瞙障,即当杂集明了。若于色等境上虽无瞙障,有名种诸门分别,亦非现量。名言非一,故名种类。即缘一切名言名义定相属著,故名名言。依此名言假立一法,贯通诸法,名为无异,遍宗定有,异遍无等,名为诸门。或可诸门即诸外道所有横计,安立诸法名为诸门,计非一故。此即简非尽。若惟简外及假名言,不简比量心之所缘,过亦不尽,故须离此所有分别,方为现量。然离分别略有四类:一五识身,二五俱意,三诸自证,四修定者。此言色等是五识故。问:此《入正理》但是五识,亦有余三。答:有二解。一云同彼,且明五识以相显故。二云具摄彼三,不惟五境。此四类心或惟五识,现体非一,名为现现,各附境体,离贯通缘,名为别转。由此现现各别缘故,故名现量。疏又言了火从烟现量俱起,了无常从所作等比量因生。此二望智俱为远因,缘因之念为智近因。(转下页注)

《大疏》卷二言:一切法中略有二种:一体,二义。体之与义各有三名。体三名者:一名自性,二名有法,三名所别。义三名者:一名差别,二名为法,三名能别。《佛地论》云:彼《因明论》诸法自相,唯局自体,不通他上,名为自性。如缕贯华,贯通他上。诸法差别名为差别。此之二种不定属一门。不同大乘以一切法不可言说一切为自性,可说为共相。如可说中五蕴等为自,无常等为共。色蕴之中色处为自,色蕴为共。色处之中青等为自,色处为共。青等之中衣华为自,青等为共。衣华之中极微为自,衣华为共。如是乃至离言为自,极微为共。离言之中圣智内冥,得本真故,名之为自;说为离言,名之为共。共相假有,假智变故。自相可真,现量亲依,圣智证故。除此以外,说为自性,皆假自性,非真自性。非离假智及于言诠故。今此因明但局自体名为自性,通他之上名为差别,自性差别复各别有自相差别。

《疏》释唯有二量云:上已明真似立,次下明二真量。是真能立之所须具故。文分为四:一明立意,二明遮执,三辨量体,四明量果,或除伏难。此即初二也。问:若名立具,应名能立,即是悟他。如何说言为自开悟? 答:此造论者欲显文约义繁故也。明此二量,亲能自悟,隐悟他名及能立称。次彼二立明,显亦他悟,疏

（续上页注）问:言比量者为比量智,为所观因? 答:即所观因及知此声所作因智,此未能生比量智果,知有所作处即与无常宗不相离,能生此者念因力故。问:若尔现量此量及念俱非比量智之正体,何名比量? 答:此三能为比量之智近远生因,因从果名,故《理门》云:是近及远比度因故,俱名比量。又云:此依作者作具而说,如似伐树,斧等为作具,人为作者。彼树得倒,人为近因,斧为远因。此现比量为作具,忆因之念为作者,故名比量。又疏准《理门》言有五种智名似现:一散心缘过去,二独头意识缘现在,三散意缘未来,四于三世诸不决定,五于现世诸惑乱智,皆非现量。是似现收,或诸外道及余情类谓现量得故。

能立。犹二灯二炬互相影显故。《理门论》解二量已云如是，应知悟他比量，亦不离此得成能立。故知能立必藉于此量。显即悟他。明此二量亲疏合说通自他悟及以能立。此即兼明立量意讫。当知唯有现比二量者明遮执也。唯言是遮，亦决定义。遮立教量及譬喻等，决定有此现比二量故言唯有。问：古立有多，今何立二？答：《理门论》云：由此能了自共相故。非离此二，别有所量，为了知彼更立余量。故依二相唯立二量。古师从诠及义，智开三量。以诠义从智，亦复开三。陈那以后以智从理，唯开二量。若顺古并诠，可开三量。废诠从智，古亦唯二。（中略）其二相体，今略明之。一切诸法各附己体即名自相。不同经中所说自相。以分别心假立一法，贯通诸法，如缕贯华，此名共相。亦与经中共相体别。有说自相如火热相等名为自相。若为名言所诠显者此名共相。此释全非，违《佛地论》。若以如火热等方名自相，定心缘火，不得彼热，应名缘共。及定心缘教所诠理亦为言显，亦应名共相。若尔定心应名比量，不缘自相故。乘斯义便，明自共相。诸外道等计一切名言得法自相。如说召火，但取于火，明得火之自相。佛法名言但得共相。彼即难言：若得共相唤火应得于水。大乘解云：一切名言有遮有表。言火遮非火，非得火自相。而得火来者名言有表，故得于火。有救难外云：汝若名言得火自相，说及心缘应烧心口，以得自相故。若他反难云：汝定心缘火既得自相，应亦烧心。心此不烧，假智及诠虽得自相而不被烧，如何难我？即有解云：境有离合殊。缘合境者被烧。定心离取故不被烧。由此前难但应难名言，言依语表，表即依身，是合中知。若得自相即合被烧。今问此难为难因明自相为经中自相耶？答云：依

因明自相。若尔此难并不应理。因明自相非要如火烧为自相，如
何难彼合火烧心等？设纵依经自共相难，即不得言假智及诠得自
相救。彼假智诠论自诚说得共相故。若据外宗彼非假智诠俱得
自相，故可依此智以难于彼。彼返难曰：定心得自相，应定心被
烧，亦不得以离合取救。谁言定心唯离取境。《瑜伽》说通离合
取故。又若离取即不被烧，亦应离取不得自相。火以热触为自相
故。又于极热捺落迦中，意与身识同取于火。既不被烧，应不闷
绝，不与苦俱。彼既闷绝及与苦俱，明得彼火热自相故。前救及
难二并成非。今且自共相，外道未必皆有此二。佛法之中有此义
故。彼外道等但言火等即得火体。火体为自相而不立共相。不
能分别经之与论，故总难之。若如说火得火自相，即应烧口。此
据言火在于口中言得自相，自相亦不离口，故应烧口，或可抑难，
非正难彼令口被烧。口是发语之缘，非正语故。正难于彼寻名取
境之心亦得自相，得自相者心应觉热。若他返难言：令我寻名缘
火之心亦被烧者，自是被屈。非预我宗，寻名假智不得彼火之自
相故。若觉热触即非假智，称境知故。设定心中寻名缘火等亦是
假智，不同比量假立一法贯在余法名得自相。各附体故名得自
相，是现量收。不得热等相，故假智摄。（中略）问：因明自共相
有体无体耶？答：此之共相全无其体。设定心缘，因彼名言行解
缘者即是假智，依共相转。然不计名与所诠义定相属著，故云得
自相。然是假智缘得名共相，作行解故。此之共相但于诸法增益
相状，故是无体。同名句诠所依共相。若诸现量所缘自相，即不
带名言，冥证法体，彼即有体，即法性故。若佛心缘比量共相，亦
无有体。许佛遍缘故亦无失。有说共相亦是有体假，此实不然。

以何为体？若有体者百法何收？答：言法同分摄，许不相应是有体假。此亦不然。谓谁言不相应是有体假？《瑜伽五十二》云：缘去来生灭等是缘无体识。若许有体，不证缘无。问：空无我等此之共相为有体无？有云：有体即此色等非我我所名空无我等故，非境无故。《成唯识》云：非异非不异，如无常等性。又云：若无体者如何与行非异耶？今谓不尔。若言即此色等非我我所名空无我故说非无，即应与色是一而非异，如何非一异。又违《五十二》解云证缘无识。一缘无我观智，二缘饮食，三邪见缘无。四又诸行中无常无恒不实共相观，五缘去来生灭等。

前此虽论究知识尽在知识肤表泛泛言之，未尝宣讨如何是个知识，知识由何成就。自陈那、商羯罗以后乃始剖明知识之所以为知识。观论与疏其间义理丰美，略为表之。唯《理门》之疏多佚，失所考证为憾。

《理门》说现量一颂，其有法非一相，根非一切行，盖破遮昔所谓现量者非真现量也。昔以为现见有物即为现量。此谓现量者眼等五根各别对于色等五尘所起之单纯感觉（Sensation）。一根不能行一切境，而一物固不徒有色，且有声乃至种种。眼根行彼物色，耳根行彼物声，各即其内证离言者说为现量。方此之时，未得彼物。若以现见彼物为现量，此则不许。现见云者盖知觉（Perception）也。知觉得物，而有彼物观念。此非一种感觉能办，而既数种感觉矣。此非单纯感觉能办，而既于感觉外别加他种作用矣。现量境界岂唯不辨彼物，抑色亦不辨何色。白不知其为白，黑不知其为黑。故曰内证离言也。又曰现量除分别也。今乍见色而知白知黑，若现量然，而实比量。当最初认知为白之时，盖隐若云此为白，如是觉故（如白之觉）。此如是觉之因，遍于此宗。同品之白白定有，异品之青黄赤黑等遍无。既具三相矣。故《大疏》疏现量有云：若唯简外及假名言，不简比量心之所缘，过亦不尽。比量心之所缘，谓此白黑等也。陈那一事有多法，相非一切行之颂，盖即说比量为用在就彼物之一法或色或声等抽象而表定之。《佛性论》亦言眼识为证量，直对前色不能分别作是青意。若作青意解即是意识。是故证量由他分别故得成立。分别即比量。然此比量但为完立现量，其比量作用不著。在陈那似亦得说为现量。（在商羯罗及窥基似不许）故《理门论》于前颂后设问云：何故与前现量别异建立？答：为现二门。于其比果说为比量，于其现因说为现量，俱不遮止。由此说现见白黑或知觉白黑者尚无大违。若说现见彼物，如瓶衣等，则唯非量。当于后章中说。

　　三支作法用以悟他。自悟比量唯假因生。《正理》云：言比量者，谓藉众相而观于义。相有三种，如前已说。由彼为因于所比义有正智生。《理门》说比量一颂，所谓如是能相者亦有众多法云云，意亦等同。比量者即是观义，凡所谓判断（Judgment）推理（Reason）之类皆是也。观义必藉众相。所谓义固是概念，相亦是概念。欲下判断固假概念，而概念成立原出判断。藉相观义而相亦观得。《理门》言：唯有现比二量，由此能了自共相故。非离此二，别有所量，为了知彼，更立余量。夫自内证离言而外，孰非共相？共相唯比量知，一切无非比量者矣。故比量后之义固比量得立，比量前之相本亦比量成。故不必论理上之判断推理而后为比量。一切世间知识由最初之发现，讫最后之发达，悉假比量运乎其间，欲明比量且明共相。自共相如疏广详，初经自相，次经共相,三论自相,四论共相。初经自相唯真现量有。次经共相即言诠中之一切法,为论自共相所依,而论共相之假合。论之自共不定一门,局体即自,生解为共。由此初四可立。经自相既不可得,故一切知识麾外论共相(概念)或其假合(全个事物之观念)者矣。共相者共他之相,如缕贯华,贯通他上。说为一相,麾不共他。不共之相,不复可识。譬如声之一相必共他声。若不共他,将为非声。(世所谓专特之相大抵共相之奇合者,非实专特,专特虽有,非可意识。)然不不共相亦不可得,即此共他之相必不共余故。声相必共他声有,必不共色香等有。若更共余,声不成相。故必具共与不共二义而后一相可立。由是一相之立,必假能成此共与不共二义之能。此能谓综合简别之能。当综合时即简别时,当简别时即综合时,唯是一能而显二用。即此功能名比量心,即其用显说为比量。譬如声相之立,必综合同品种种之声。不尔,则声相胡从?又必简别异品色香味等。不尔,则声相不定。又必缀于声体,不尔,相是谁相?缀即综简非余,一面为综相合体,一面为简相别体也。综同、简异、缀体即后此因之三相所本。后此悟他三支所本。特其间为此一综一简所织,往复加密耳,非能外也。论所谓藉众相而观于义,众相即体、同、异三者。藉而观即综以简。或以比量宗因次第不合知识生成顺序。此亦未必。自悟不必设三支如悟他故。论说藉相观义,显义后生故。

由上所明暨观论与疏,陈那之所谓唯以二相故立二量者,实以能认识此二相之二作用而立二量,明白可见。此二作用,一即证体之用,二即观义之用,亦复甚明。(体即自相,义即共相,如疏已详。)即此二用成就一切知识。现量即感觉为材料,而比量施以综简。缺一则知识不成，而增亦无容再增。故唯二量可立，则陈那之所谓量，非复昔人之所谓量。昔所谓量，非此认识上根本作用之谓，乃别就知识所从获途路，义各不同，而区分多种。故有圣教、譬喻、义准云云乃至八量之多。《大疏》答问有言：顺诠可三，从智唯二。明陈那之改革不在减三作二，而其量之观念有变于昔也。何以能变于昔？以唯陈那乃取知识而解剖之。前此但泛游于肤表也。

　　以此印度问题与西洋不同，故康德所说先天法式、后天材料者，此中不言。或有以《摄大乘》中世识处识等当彼时间空间之原型观念者，余未敢断言也。

第二章　知识界限效力之问题

一、诸宗

　　印土诸宗于知识之界限效力之问题,彼此态度均相近,而与西洋哲学界情形颇异。西方于此有独断、怀疑两样态度,而检核得实,折中至当,则为康德之批评。印土以出世论之一致,乃同持一种态度,与所谓独断、怀疑,既并不似,而亦复无康德之精论也。大致都不留意知识界限问题,殆以为无不可知;而于现前世间之知识又以为悉无正确效力。由前之言,近于独断。由后之言,近于怀疑。二说秉于一家,此未审如何是知识。当其倾向出世间则以其知识举而加诸出世间,多所议论,而不知其不可。当其排现前世间,则又诽拨知识,谓为迷妄焉。然名家亦尚有间。

　　吠檀多人释其经云:使吾人得违绝对本元之理,则向所谓正当知识之现比量等悉在废弃。以森然万象之泯除,夺其所知也。由此意,则理之存于觉官以论证夫现前世间者非实。虽足以知其

所知,以事人生,而不足以证明知觉及推理,以事真理也。彼又
云:方真已(阿特摩)之知识未得,人之知具与所知及由知而行
事,悉为虚妄。然方其未得,修持道业与世俗生事,固不碍并行。
由此故唯以圣教量为尚,现比但为附属。商羯罗谓圣典虽假思惟
而初不则之。人思各异,不可准则。唯其不准圣典,故智如迦比
罗塞尼陀犹乖净也。假使难者曰:汝不应拨思惟总为无稽,汝自
为是语将无稽故。商羯罗曰:一切思惟之凭现比量者,虽于事或
明白有谂,乃至把握于手者,犹且无逃于无稽之斥。奥密如宇宙
之原因,使无圣典则非此所知,以无形相名义为现量或比量得故。
前第二篇叙商羯罗言:"上梵为不可量,远离分别,乃至非在,非
不在。"当与此参看。皆窃之佛家,以饰其本体论之圆融者,非真
能对于知识本身有确切之批评也。

　　数论人颇知凡所建立必符厥认识论之意。故《金七十论》颂
云:证比及圣言,能通一切境,故立量有三。境成立从量。境成立
从量者三义二十五谛非率尔而立,其立乃从乎知量也。三义各由
何立,如下表所示。

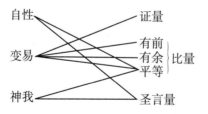

　　自性神我二大元唯从圣言知,而由平等比量亦可得立。变易
二十三谛,即现前世间则证比量得也。自性神我过根故证量不
得。论中说有十二种不可见。自性、神我盖性细不可见,非无缘

可见,如第二头第三手毕竟无也。既不可见,何由知有?从大等二十三谛未必有本,故比知有自性。从大等必有受用者,故比知有神我。遂建立二元论。是独断家也。

数论人不甚说知识效力之迷妄不真。唯论中亦言由智慧故厌离,由厌离得解脱。翻智为无知。如分别计执我可爱是名无知。盖既为出世论即不能不致疑于知识。特所言不若吠檀之切重耳。

瑜伽人之形而上学依放数论,然以重修持之故,甚排斥知识。彼经中说心业有十种皆应制止,其十种盖半为知识,半为情意。知识之五:一正解,即依证比圣言,三量所生之知解。二误解,所解不实,如绳为蛇等。三戏论,依言语而起者。如言罗睺头,罗睺即头,而言罗睺头是戏论。四睡眠,此时心相为无记。五忆持,有所经历,忆持不忘。是虽正当知识,如证比圣言者且不足恃也。

胜论中说智有二种,谓现及比。现有四种:一犹豫智,二审决智,三邪智,四正智。如现、比亦尔。正智得出离,邪智得生死。是则非根本致疑于知识之效力者。又此宗以极微论说明宇宙最初本因,则以知识为无界限矣。

尼耶也宗虽颇研究知识方法,为因明先河。实不审知知识之为物若何。彼以量、所量概括一切,则殆以知识为无界限矣。虽亦主出世,而不说知识不足恃。但分别正误。正即依四量生。误即不依四量,依别三种生。三种者:一疑,二宗因有过,三误解。

二、佛法

学者苟于知识本身未能明察不惑,而于形而上学问题或其他问题妄有所论,皆为徒虚。余书特着意于佛法之精神。佛法之精神与其在本体论上表著之,盖不如在认识论上表著之为能剀切明白也。余前在本体论中说:佛法初不立本体,亦复非一元,非二元,非心非物,乃至种种问题但有否辞,靡或肯定。人每不喻其义,以为种种俱非将为何物。最末空有一章为最后论断,而一以离言为归。人或谓佛法故为超脱,冀免防难。使读此篇,便可释然。又第一篇第四第五两章论宗教论哲学,其间有种种言,旨向可睹,引而未发。譬如说宇宙以不可知为根柢。如何是不可知?又云哲学者托足不可知,而建于可知。如何是建于可知?又云开理解之门,以理解取消理解。如何是以理解取消理解?如是等类皆可于此认识论中得其说者也。且止旁论,开示主文。

佛家于知识界限效力问题云何,一向无能明确言之者,态度不一,难准测故。或意向可睹,而难为综较之说明。然大乘教中所说总不过此事。若此不知,匪为知佛法。余以薄才且约言之。

一切知识无外现、比、非量。然非量即非知识。比量唯假,知便是昧。现量可实,且当分二。一者世间现量,二者佛位现量。世间现量有而难得,实亦未实。佛位现量遍知一切世出世间,第出世无相,知同无知。由此态度不同本土诸宗暨西方诸家。

综括如上分释如下:

一切知识无外现、比、非量。此审前章可晓,不须更释。

然非量即非知识。说云:知识即简非量。理云:一切知识无外现比,而兼言非量者,以世所谓知识多是非量,此欲加破斥故。世间对一切事物所起彼彼事物之观念悉为非量。现量所不得,比量并不得故。陈那说现量一颂,明现量中无彼物;说比量一颂,明比量唯表定其一法。故皆不曾得物。彼物观念唯是非量。《正理论》云：有分别智，于义异转，名似现量，谓诸有智了瓶衣等分别而生。《大疏》云：问此缘瓶等智既名似现，现比非量三中何收？答非量所摄。问泛缘瓶衣既非执心，何名非量？答应知非量不要执心，但不称境，别作余解，即名非量。《理门论》中说此为惑乱智。《大乘广百论释论》亦论及此，且略摘之。彼论卷七云：如眼所见唯色非瓶。香等亦然。鼻香身根，其境各异。全取瓶体，义亦不成。如是一切瓶、衣、车等皆非色根所取境界。若言瓶等与色等法体无异，故眼等诸根如取自境，亦取瓶等。是故诸根亦能渐次取瓶等境。若尔，瓶等应是一切色根所行，即违诸根各自取境。或一瓶等，体应成多，或许诸根不取瓶等，唯色等体是根境故。色等各别，既非是瓶，如何合时，成实瓶体？若言瓶等众分合成，见一分时，言见瓶等，是假非真。又见一分言可见者，其理不然。若由见色，故言见瓶者，所余香等既不可见，应从多分，言不见瓶。此下文又有破见色体一段。盖匪独瓶体不可见，色体亦不可见。一切有体者悉所不得。所谓眼根得瓶色者，唯得如彼感觉（或白或黑等等）。比量得色者，唯判定其义（为白为黑等等），非能得色体，色体犹瓶，亦有味触等法故。得色之时，未尝得体。说色有体，唯是非量。《大疏》有云：又但分别执为实有，谓自识现得，亦似现量，不但似眼现量而得名似现量。此释尽理，前解局故。此即说非第以瓶非眼得，说名似现。色是眼得，若以为得色体，亦似现也。彼论又说离坚等触无别地等四大，亦是此意。论云：世间身觉坚湿暖动便共施设地水火风。是故唯触名为地等，非离触外，有别所依地等四实。此义意言地等四实不离于触，身所觉故,如坚等触。若执地等非触所摄,应如味等,违此比量。彼地等共相非触所摄,唯是意识分别而知。此之共相是经共相。一切事物为言所诠者,诸如瓶等地等观念。此之分别则《理门论》中所谓于实有中作余行相,假合余义分别转者也。如是分别诸法观念,唯属非量。《大疏》释此,唯以别作余解为言,未详所以,暨余解云何。今且说之。余解者,就彼观念略可析二。一者有体解。譬如地之观念,意若谓如是色,如是触,乃至如是等等,有所依之体曰地。夫我所及之但我所认识者。所未认识,理不能知。今我于此,唯色若触等是所认识。别于色等外立之一体,此既超过认识,理不能知,而于情谓有,故是非量。二者体如是解。理不能知,非便是无。佛家岂拨无法体?然非所认识,理不如是而有(如是色等而有)。如是有者是相非体。今彼既以地为体,而求所谓体者(地之观念),还向所得相。横以如是相等加于所未曾认识者,理所不许。故是非量。由此世间对于一切事物所起彼彼观念悉为非量,其理决定。非量即非知识,而世所凭依以营知识,固在此观念。所营得之知识其大半仍属此项观念,则世所谓知识,大半非知识,其理决定。

比量唯假,知便是昧。若似比量即为非量,与前同遮。此所说者唯真比量。此真比量唯是虚假。云何知尔?《疏》自诚说:因明自相非真自相,因明共相,但尔增益。(见前章)所据以施比量者与施而得者既悉是假。比量岂不唯假?藉不问其所据与所比有实无实,即此比量亦复不立,如《回诤论》说。以上三端如次分释。且因明自相云何非实?欲辨自相当知有二。初唯圆成,佛位现量亲证。次唯依他,世间现量亲证。如是二相初唯不可说,次唯未有说。初唯真自相,后或亦得云自相,是有体故。然假识变虽有非真,待后剖明。若因明所取为自相者,唯非自相。是可说故,即经共相。此以依他自相为基柢,而既有言说者。如眼行白,而有白觉,谓白有实,此由非量(具体之观念)。立之白义(抽象之概念),此由比量(如前章说)。唯识恒云言说必有所依止,(与三论所争在此)彼谓此白觉。经过比非,斯入言说,即此比非是言说故。既入言说,斯谓共相(经共相)。因明所取为自相者,皆经之共相也。是故因明自相唯假自相。若尔如何?若尔,则比量唯假,所据以兴比量者既是假故。譬如前章所说,瓶之观念理唯非量,若更据此进而说瓶是无常,纵道理无谬,岂不徒虚。比量所施虽不定在具体事物,亦时就抽象之义而兴比。然一切抽象之义,固皆于具体事物比量而得。人智初起,唯有对于自然物所起意义未明之具体观念。离炭得黑,离垩得白,理必在后。则是一切比量不定据在非量,而若近若远,无不有非量为之先。由是就义兴比,亦是徒虚。岂但云尔。就体立义,已既是虚,于义立义,虚又重虚。譬如由因明共相无体,比知瓶上无常之义亦无体。无常之义已虚,无常无体之义岂不更虚。初由因明自相非实,一切比量唯尔虚假,知即是昧,其理决定。复次,因明共相云何增益?共相于自相,亦曰差别。于体亦曰义,于有法亦曰法,于所别亦曰能别。如是差别义等,于彼自相体等本所未有,待同待异而后立之。譬若一向无电等无常,空等之常,谁谓瓶无常者?瓶无无常义,无无无常义。瓶与无常略不相涉。故使一切法无同无异,则一切法悉无有义,亦无一切法(一切法皆不可识)。一切法唯是义故。(一切所有唯论共相如前已详)不独瓶无无常义,瓶上实无瓶义。待同待异一如前故。(参前章)由此故说一切义于彼法上无中生有,皆尔增益。其一切义之自己则唯是虚妄,都不可得。常待无常立,无常还待常立。互相观待,两实不立。绝无踪影,等同龟毛。(《大疏》说共相无体最详,无体故是不可得,譬如龟毛兔角。)然一切比量所得,固靡外此。次由因明共相非实,一切比量唯尔虚假,知便是昧,其理决定。复次,比量云何不问所施所比亦自不立?此如《回诤论》说。《回诤》颂云:

若量能成法　彼复有量成　汝说何处量　而能成此量

若量离量成　汝诤义则失　如是则有过　应更说胜因

现、比、阿含、喻等四量,复以何量成此四量。若此四量更无量成,量自不成,汝宗则坏。若量复有异量成,量则无穷。若量离量成,有物量成,有不量成,若如是者,应说胜因。且

若物无量成　是则不待量　汝何用量成　彼量何所成

此中亦无深意。今说比量为真能立,然比量岂不还待立?若比量之立,复假比量者,岂不虚亏。非谓比量是似能立,非真能立。但立同未立,非有胜用。能立所立,初不相及,亦无能立所立。次比量本自不立,一切比量唯尔虚假,知便是昧,其理决定。

上来总为遮遣比非量。当知佛法非有他事,不过遮遣比非而已。比非者即是遍计。比非中所有一切皆论共相,即遍计所执似义。凡唯识所言,盖靡外遮遍计者。若在三论则说为戏论。凡三论所言,盖无外遣戏论者。上来所论虽未径取唯识之学三论之学以立说,然其间固悉唯识三论之义。义理无穷,此不广陈。如前篇空有论、本篇知识本质论,皆可参证。其余诸篇,处处亦皆以此

为的，不难见也。

现量可实，且当分二。一者世间现量，二者佛位现量。以上所遮，但遮比非。未比未非，则无可遮。所此所非，如兔角无。然所依止，不可说无。且如眼行于色，而有白觉，由此白觉计白有体，是为非量，如兔角无。由此白觉立之白义，是为比量，总如兔角。然此白觉未可说无。此白觉者，现量也。故曰现量可实。一切法若离遍计，是实是有，即为法体，亦曰自相。唯此中有别，同是法体，位次殊差。同是自相，有真非真。由此现量分二。云何知尔？且说如下。

世间现量有而难得，实亦未实。如前所说白觉，即属世间现量。一切单纯感觉，类此应知。即此感觉，说之为识。自彼感觉外无所有，说为唯识。唯识之义，如是而已。于彼感觉一事，且分二用。似能觉用，说为见分。似所觉用，说为相分。譬如白觉之觉，即是见分。白觉之白，即是相分。如是之白依他众缘，由识变现。（众缘变现于第四篇说）说为依他起性。依他起性，是有非无。世间现量所得者此，故曰可实。世间所谓知识，虽以感觉为之基柢，然成为知识，既非感觉，徒有感觉，不谓知识。无知无识，又不可能。故曰在感觉之中，而感觉不复可得。换言之曰在现量之中，而现量不可得把握。以悉入比非故。故曰有而难得。依他虽有而不真常，待众缘生，即刹那灭，是曰无常。随各因缘，所变各异，是曰非真。唯识恒言，依他如幻，夙有八喻如诸论说。（参前后各篇）故曰实亦未实也。

佛位现量，遍知一切世出世间。第或无相，知同无知。世间现量、佛位现量由何差别？世间现量唯证依他。佛位现量两证依他及与圆成。由此差别。依他生灭，即彼生灭，说为世间。圆成无生，即彼无生，说为出世。唯证世间，说为世间现量。兼证出世，说为佛位现量。故云佛位现量遍知一切世出世间也。譬如白觉，所证唯白，若在佛位，有觉无白。白托缘生，是识所变，曰依他自相。无白无生，是识实性，曰圆成自相。虽同是识，分位有异。并曰自相，真伪不齐。白者，现前宇宙；无白者，宇宙本体。亦名真如。既证无白，亦方便证白。证无白者，说名根本智，亦名无分别智。方便证白，说名后得智。由此后得，以观现前宇宙，一切若自（第二自相）若共，了了而知。虽知共相，无所用比。由根本智，亲证真如，总无一切之相，唯尔无相。然世所谓知，必有所知。若当白不觉白，乃至当火不觉烧，非所谓知。故曰第或无相，知同无知也。如是道理，备在经论。略为征引，以证吾言。

《成唯识论》云：非不证见此圆成实，而能见彼依他起性。未达遍计所执性空，不如实知依他有故。无分别智，证真如已，后得智中，方能了达依他起性如幻事等。虽无始来心心所法已能缘自相见分等，而我法执恒俱行故，不如实知，众缘所引，自心心所虚妄显现。依如是义，故有颂言：非不见真如，而能了诸行。皆如幻事等，虽有而非真。又云：如是是三性，何智所行？遍计所执，都非智所行。以无自体。非所缘缘故。愚夫执有，圣者达无。亦得说为凡圣智境。依他起性，二智所行。圆成实性唯圣智境。又云：次通达位其相云何？颂曰：若时于所缘，智都无所得。尔时住唯识，离二取相故。论曰：若时菩萨于所缘境无分别智都无所得，不取彼彼戏论相故。尔时乃名实住唯识，真胜义性，即证真如。智与真如，平等平等。俱离能取所取相故。能所取相，俱是分别。

有所得心,戏论现故。此智见有相无,说无相取,不取相故。虽有见分而无分别,说非能取,非取全无。虽无相分,而可说此带如相起,不离如故。如自证分缘见分时,不变而缘,此亦应尔。变而缘者,便非亲证。如后得智,应有分别,故应许此有见无相。加行无间,此智生时,体会真如,名通达位。初照理故,亦名见道。前真见到,根本智摄。后相见道,后得智摄。后得智有二分耶? 此智二分俱有。说此思惟似真如相,不见真实真如性故。又说此智,分别诸法自共相等,观诸有情根性差别,而为说故。又说此智现身土等,为诸有情说正法故。若不变现,似色声等,宁有现身说法等事。由斯后智二分俱有。又云:菩萨从前见道起已,为断余障证得转依。复数修习无分别智,此智远离所取故。说名无得及不思议,是出世间无分别智。断世间故,名出世间。二取随眠,是世间本。唯此能断,独得出名。或出世名,依二义立。谓体无漏及证真如。此智具斯二种义故,独名出世。余智不然。即十地中无分别智。

《佛地经论》云:若诸如来大念即是无分别智,由念安住真如理故。大慧即是后所得智,分别诸法真俗相故。或大念行是自利行,内摄记故。大慧行是利他行,外分别故。又云:无漏无分别智相应心品,无分别故,所缘真如不离体故,如照自体,无别相分。若后得智相应心品,有分别故,所缘境界或离体故,如有漏心似境相现,分明缘照,又云:遍计所执唯凡智境。圆成实唯圣智境。依他起性亦凡智境亦圣智境。遍计所执以无体故,非圣所证。若尔圣智不知一切。彼既是无,智何所知? 若知为有,则成颠倒。若知为无,则非遍计所执。自性心所现,无依他起摄,真如理无,圆成实摄。是故圣智虽知有无而不缘彼，遍计所执自性为境。

由此态度，不同本土诸宗暨西方诸家。总上所说，则佛家态度可睹，一者不同独断论，如佛所说知识应有界限故。譬前所说非量中道理，哲学上所谓本体论所谓形而上学悉非知识界限。凡今所有，无过现前色声香等诸多感觉。除此以外未曾认识。知识且当以此为界。若于此外立有宇宙，从而论究其体原为一为多，为心为物，理所不许。前说瓶之观念含余解二：一谓有体，二谓体如是，皆成非量。若本体论者，盖专以此非量为事，曾不理会超过认识。此其诞妄，有过寻常。故佛法中初不说有本体。（参看本体论各章）当知非有非非有乃至非非非有。更不说本体如此如彼，而说离一切相。非心、非物、种种俱非，乃至非非心物非非种种。如是说者是如理说，如是说者是诚实说。不知为不知，守界限故。又譬前所说比量中道理，待同待异而后有义，无同无异比量不及。今说宇宙为物不二，应知宇宙即不可识，诸欲拟议者悉当遮遣。或有所为之学，假定为先。由彼假定，比量得建（如瓶无常瓶与无常悉尔假定）。无所为之学，屏诸假定。都无假定，比量莫措。有所为者如诸科学及人生哲学等。无所为者如形而上学认识论等。譬问自由及与定命，人生哲学且得说之。目的及与机械，自然哲学且得说之。若形而上学则不许说，不有假定，莫从推论故。故知宇宙实不可识。唯有非非，都无尔尔。如是说者是如理说，如是说者是诚实说，不可识为不可识，守界限故。又譬前所说现量中道理，现量可实，然世间现量即感觉者，随各因缘所变各异，皆自相分，是我非彼。说能知彼，无有是处。应知本体不可感觉。觉所不及，应遣诸觉。唯有非非，都无尔尔。如是说者是如理说，如是说者是诚实说，不可觉为不可觉，守界限故。西方积极哲学以为形而上学不能成立。今之实验主义以形而上学之问题多不成问题。虽其为说与此颇殊，当知彼与佛旨非不相应。若独断家竟言本体形而上学，乃最违绝。

二者不同怀疑论。怀疑之论原出诡辩。虽其说知觉概念不足恃，事物真相不可知，与此相类；彼实未达如何是知识，知识如何虚妄，与此诚实如理之言固不相同。又如前说佛位现量，遍知一切世出世间，则有同独断，宁曰怀疑。事物真相非不可知。根本智中，不变而缘，离二取相，是为真知。后得智中，虽具二分，亦离二取，善了依他，分别诸法，亦得说之为知。《成唯识》云：前真见道，证唯识性；后相见道，证唯识相。相见道即后得智。一切佛法（佛家道理如唯识学等）由此而兴。如是知识，虽犹是诸法自共相等而非遍计。既非计执，理无可拨。故佛法中初不谓知识都妄都无。岂唯后得不如尔不拨，世间现比量等明其为假，亦得建立一切世间道理，佛所不拒。如此态度非怀疑家所有。

三者不同批评论与积极论。是二家者大致相同，并谓知识有其界限。界限以内知识确实，界限以外即为不实。如前说佛家亦有界限，然亦得言无有界限，故不同彼。云何无有界限？无有界内，无有界外故。譬前所说现、比、非量中道理。现前知识自现量以下综皆无实，不同彼说界内可实。故云无有界内。譬前所说佛位现量道理。本体超绝，固亦能知，乃至其他形而上学问题后得智中亦能如理而知。故云无有界外。若尔，岂不同于独断？应知不然。根本智中都无有相，知同无知，是异独断。后得智中，变而后缘，是假非实（如《成唯识》《因明大疏》等说），亦异独断。如是异乎独断之无界限论,异彼有界限论。以后得智故,于无可说中妙有言说,成立形而上学,非彼积极家所晓。以根本智故,亲证真如,非彼批评家理性要求之谓(彼实遍计耳)。

　　本土诸宗虽亦尽异西方诸家,然彼前后不相顾应,致成奇谬。此亦尽异西方诸家,而始终秉持一贯,遂为正理。一贯云何? 即谓无相。有相之知(自现前现比非量及后得智皆属之),非可为知。无相之知,非所谓知。义极简单,初非他有。余向所言宇宙以不可知为根柢,其理可得。余如以理解取消理解,舍不可知外无宗教之信仰,舍不可知外无哲学之结论,哲学之本性为从无可知中向可知之方面开展,及佛教哲理出于禅定证会,乃至种种言句,其理可得。恐繁不释。

第三章　知识本质之问题

一、诸宗

诸宗于此少有所说。吠檀多人入后颇窃唯识亦说遍计、依他，然不足道。自外诸家殆悉可纳于素朴的实在论。此即世间一般见解，谓如我所见，在彼实有。盖如是问题印度昔所未有。入后佛教小大两乘引以为诤，诸宗固少研讨。由是不闻别见，大都同于凡情也。

二、佛法

大小乘中颇引知识本质之诤，即唯识书中所见所缘缘之问题。如古萨婆多毗婆沙师极微多法为眼识境，经部师极微和合为眼识境，正理师极微和集为眼识境等论，第二篇第一第二章既述。其间虽多迁变而亦始终不出素朴的实在论之范围，皆以五识境离于五识是有也。此不重述。述唯识家义。

　　唯识家言第二篇第二章第六章,本篇第二章,第四篇第二章等,既备述之,此章所说仍不外是。扼其端要,而示委归,则五识所缘唯五识变,异乎素朴的实在论,而有同乎批评的实在论,说色等存于感觉,不存于物体。然第八识变为疏所缘,与彼洛克第一性质物所固具复别。既非实在论家,复非观念论比。第二篇第二章未曾加厘辨。五尘识变非彼观念之云,影像本质彼曾不辨。此谓主观,若客观观念其理弥乖,可无论焉。现象论者且复如何?主客兼制,其理不虚。能所不二,彼殆有昧。康德物如不断有无,盖指真如非谓本质。冯德断言其有,且引以为感觉原因,盖指本质非谓真如。各有攸当亦各有失。至于异熟之义鲜有喻之者矣。由是观察,素朴的实在论者殆失影像于本质,主观的观念论者殆失本质于影像,批评的实在论与冯德流现象论并无佚乎影质,而不知质固识变,识若不变,无影无质。谓质不可无,是其精审,亦其昧也。康德之言差似有胜。然影像、本质、真如三者未能剖析。若问识家知识本质云何?则如是三者理应分别。分别有三,而唯一识,二是其变,一不变故,又识家说由所缘不同,境有三种。彼盖说知识本质诸般不齐。或具影与质,或唯影无质,或无影无质。第二篇第二章中既具其略,兹加详释,以实此章。

　　第二篇中既具原颂兹不重叙。兹从《宗镜录》中取其疏释诸文录之。性境者,为有体实相分名性境。即前五识及第八心王并现量第六识所缘诸实色。得境之自相,不带名言,无筹度心,此境方名性境。及根本智缘真如时亦是性境,以无分别任运转故。言不随心者都有五种不随:一性不随者。其能缘见分通三性,所缘相分境唯无记性,即不随能缘见分通三性。二种不随者。即见分从自见分种生,相分从自相分种生,不随能缘见分心种生故,名种不随。三界系不随者。如明了意识缘香味境时,其香味境唯欲界系,不随明了意识通上界系。又如欲界第八缘种子时,其能缘第八唯欲界系,所缘种子便通三界,即六八二识有界系不随。四三科不随者。且五蕴不随者,即如五识见分是识种收,五尘相分即色蕴摄,是蕴科不随。十二处不随者,其五识见分是意处收,五尘相分五境处收,是处科不随。十八界不随者,其五识见分是五识界收,五尘相分五境界收。此是三科不随。五异熟不随者。即如第八见分是异熟性,所缘五尘相分非异熟性,名异熟不随。独影境谓相分与见分同种生,名独影唯从见。即如第六识缘空华兔角过未及变影缘无为,并缘地界法或缘假定界极迥极略等,皆是假影像。此但从见分变生,自无其种,名为从见。独影有二种:一者无质独影。即第六缘空华兔角及过未等所变相分,是其相分与第六见分同种生无空华等质。二者有质独影。即第六识缘五根现,是皆托质而起,故其相分亦与见分同种而生,亦名独影境。三带质境者。即心缘心是,如第七缘第八见分境时,其相分无别种生,一半与本质同种生,一半与能缘见分同种生。从本质生者即无覆性,从能缘见分生者即有覆性,以两头摄不定故名通情本。又四句分别:一唯别种非同种,即性境。二唯同种非别种,即独影境。三俱句,即带质境。四俱非,即本质缘如,以真如不从见分种生。故名非同种。又真如当体是无为,但因证显得非生因所生法故,名非别种。

又约八识分别者。前五转识一切时中皆唯性境,不简互用不互用。二种变中唯因缘变,又与五根同种故。第六意识有四类:

一、明了意识亦通三境，与五同缘实五尘，初率尔心中是性境。若以后念缘五尘上方圆长短等假色，即有质独影，亦名似带质境。二、散位独头意识亦通三境，多是独影，通缘三世有质无质法故。若缘自身现行心心所时是带质境。若缘自身五根及缘他人心心所是独影境，亦名似带质境。又独头意识初刹那缘五尘少分缘实色亦名性境。三、定中意识亦通三境，通缘三世有质无质法故，是独影境。又能缘自身现行心心所故，是带质境。又七地以前有漏定位亦能引起五识缘五尘故，即是性境。四、梦中意识唯是独影境。第七识唯带质境。第八识其心王唯性境，因缘变故。相应作意等五心所是似带质真独影境。

　　所缘缘者谓若有法是带己相，心或相应，所虑所托。此体有二：一亲，二疏。若与能缘体不相离，是见分等内所虑托，应知彼是亲所缘缘。若与能缘虽相离，为质能起内所虑托，应知彼是疏所缘缘。亲所能缘缘能缘皆有，离内所虑托必不生故。疏所缘缘能缘或有，离外所虑托亦得生故。释云：谓若有法者谓非遍计所执。所执无体，不能发生能缘之识，故非是缘。缘者必是依他，今此必是有体方缘。是带己相者，谓能缘心等带此色等己之相也。带者是挟带义。相者体相，非相状义。谓正智等生时，挟带真如之体相起，与真不一不异，非相非非相。若挟带所缘之己以为境相者，是所缘故，若相言体，即有同时心心所之体相，亦心挟带而有。相者分义，或体相义。真如亦名为相，无相之相，所以经言皆同一相，所谓无相。亲所缘缘若与见分等体不相离，简他识所变，及自八识各各所缘别唯是见分内所虑托，此有二种：一是有为，即识所变名内所虑托。二是无为，真如体不离识名所虑托，即如自证缘见分等并是此例。此说亲缘、疏所缘缘与能缘心相离法,是谓即他识所变,及自身中别识所变,仗为质者是。又亲所缘者即谓见分是带己相,此疏中即影像相分,是带本质之相,故名所缘。又亲所缘缘但是能缘之心皆有,离内所虑托之相分一切心等必不行故。今大乘中若缘无法不生心也。疏所缘缘能缘之法或有或无,以是心外法故。如执实我法,虽无本质,然离彼法,心亦生故。

问:所缘缘义于八识如何料简亲疏?答:《百法》云:护法解此第八心及心所名此品若因若果疏所缘缘有无不定。若因中第八托他人浮尘器世间境自变相分缘,即可互受用,有疏所缘义。若是自他缘义五根及种子不互变缘,即无疏所缘缘也。又有色界即有浮尘器世间可互仗托,即有疏所缘缘。若无色界即无色可仗托,即无疏所缘缘义也。若自第八识缘自三境,唯有亲所缘缘也。此是因中料简,若至佛果位中第八识若缘自境及缘真如,及缘过未一切无体法时,即无疏所缘缘也。若缘他佛身土即变影而缘,亦有疏义。即第八识心王自果位中疏所缘缘有无不定。若第八五心所因果位中皆有疏所缘缘也。为托第八心王三境为质而缘故。若第七识者,论云第七心品未转依位,是俱生故,必仗外质。故亦定有疏所缘缘。于转依位此非定有,缘真如等无外质故。第六识者此识身心品行相猛利,于一切位能自在转,所仗外质或有或无,疏所缘缘有无不定。若前五转识者未转依位观劣故必仗外质,即定有疏所缘缘。若转依位此非定有,缘过未等无外质故。前五转识因果位中约诸根互用亦须仗质而起,定有疏所缘缘,若至果位有无不定。又诸识互缘者第八识与前七为所缘缘,即八识相分与五识为所缘缘,第六识缘第八四分为所缘缘,第七唯托第八见分为所缘缘。第八识四分为本质,即前七识见分变相分缘,即第八与前七为所缘义,故八于七有也。即第八与前七为疏所缘缘。七于八无者即前七不与第八为所缘缘,以第八不缘前七故,不托前七生故,唯缘自三境为所缘缘。

正解所缘缘义者,言是带己相者带有二义:一者变带。即八个识有疏所缘缘本质是,为托此有体境为本质,变似质之相起名为变带。二者挟带。即一切亲所缘缘实相分是,为此相分不离能缘心故。其能缘心亲挟此相分而缘,名为挟带。言己相者亦有二义。且第一于变带疏所缘缘上说者即变似质之己相。己者体也,即相分似本质己体。此是相状之相。二于挟带亲所缘缘上说者,即能缘心上亲挟所缘相分之己相。此是境相之相,即不同于疏所缘缘带本质家之己相起。

又应作四句分别,本质相分三境有无。一有本质相分是实性境,即前五识及明了意识初念并少分独头意识是。二有本质相分是假,即有质独影及带质境是。三无质相分是假,即无质独影是。四无质相分是实性境,即第八心王缘三境及本智缘如是。

以上所录义或嫌重,而文可互明,是以存之。

第四章　因明论

一、尼耶也派

大抵后世诸宗竞兴必各有其因明。但兹未能详。兹但举创为斯学之尼耶也宗之说。此宗来历已如第一篇说，所谓劫初足目创标真似。然审今所传足目说非邃古宜有，且既创之后未闻有何迁化，此必不然。恐足目初时说今不传，今传是后来既迁化之说。中土旧传如《百论疏》之十六谛，暨《因明论》之九句因十四过等，盖与今所见《尼耶也经》之说无大异。是当与龙树《回诤论》、《方便心论》、弥勒《瑜伽师地论》第十五卷、无著《阿毗达磨杂集论》第十六卷、《显扬正教论》、世亲《如实论》同属古因明之部。唯陈那以后乃为新因明。又闻有外道因明佛教因明之别，岂古因明中尼耶也学与无著世亲学犹各区分软？恐无何等要点可得。有之或在知识本身问题，今亦未详也。即所谓后世诸宗各有其因明者，实际上亦未必有何区分，述此宗亦俱可见。

兹先述十六句义,即《百论疏》摩醯首罗十六谛。

一、量(Pramana)。《疏》译与今同。此已于知识本源章中说。

二、所量(Prameya)。《疏》译与今同。此谓知识对象,此宗人生观于此见,当于第四篇说。

三、疑(Samsaya)。《疏》译与今同。如远处见物疑为机或人等,由疑而后起辨。故量、所量后先之以疑。后此所有事,皆以决疑也。

四、动机(Prayojana)。《疏》译为用。说云如依此物作事。《经》说有目的起行动。盖确定辨究之主点而起辨究也。

五、见边(Drstanta)。《疏》译为譬喻。说云如见牛知水牛。此盖不然。虽可译譬喻,第非譬喻量之譬喻。彼经云:凡圣见解一致之事件曰见边。凡圣者谓通于一切之人。是即众所公认者之谓。Drsta-anta 就其字直译为阅历(或见历)之终。即归纳所得者,西洋三支之大前提是已。但印度三支不举大前提,而举其归纳中个个事物之一以示例,名之曰喻。非未见水牛藉譬家牛以想见水牛之譬喻也。

六、宗义(Siddhanta)。《疏》译为悉檀。说云自对义由异他义。即是与彼主张不同之自己主张也。

七、论式(Avayava,Nyaya)。《疏》译为语言分别。说云分别自他义。盖辨究之方式即所谓五支作法。由动机起论辩,必先具公认之见边,与未公认之宗义,而后论辩可能。缺其一即不能。故动机后继之以见边与宗义。夫后则当知论之方法以立论,故继之以论式。其论式五支云何?

宗	此山有火	声是无常
因	以有烟故	所作性故
喻	凡有烟处有火如灶	凡所作性皆是无常譬如瓶等
合	此山有烟	声是所作性
结	故知有火	故声无常

八、思择(Tarka)。《疏》译与今同。说云思择道理。如今据《经》所明盖对于论式之合法不合法,加以吟味审查之意。

九、决了(Nirnaya)。《疏》译为决。说云义理可决定。今《经》云问题得所确定曰决了。盖论式悉合法,则所立宗决定也。故论式后继之以思择,思择后继之以决了。量以讫决了为数九,皆论究实用上之必要条件。以下七句义,则论究价值问题。

十、真论议(Vada)。《疏》译为论议。说云由语言显真实道理。据经所明,盖立敌两方以相背之宗义,取合法之论式,而事论议也。此与陈那所谓真能立、真能破相当。

十一、纷论议(Jalpa)。《疏》译为修诸议。说云立真实义。此未是。盖与所谓似能立、似能破相当。

十二、坏义(Vitanda)。《疏》译与今同。说云由立难难他义。据《经》所明,盖与纷论议同性质,欲显敌方之过,反自成己过,是为坏义。

十三、似因(Hetvabhasa)。《疏》译为自证。说云有五种:一不定,二相违,三相生疑,四未成,五即时。自证之译未是,所举五种与今《经》略同。今《经》说因不合法者五:一不定因,二相违因,三问题相似因,四所立相似因,五过时因。不定因与相违因如九句因中示(下所举例是《大疏》中出):

一、同品有异品有(**不定**) 如立声为常,所量性故,喻如虚空。此中常宗,瓶为异品,所量性因于同异品皆遍共有。

二、同品有异品非有(**正**) 如立声无常,所作性故,喻如瓶等。无常之宗,空为异品,所作性因,于同品有于异品无。

三、同品有异品有非有(**不定**) 如立声勤勇无间所发,无常性故,喻如瓶等。勤勇之宗,以电空为异品,无常性因于同品有,于异品喻电等上有,空等上无。

四、同品非有异品有(**相违**) 如立声为常,所作性故,喻如虚空。此中常宗,瓶为异品,所作性因,于同品空上无,于异品瓶上有。

五、同品非有异品非有(**不定**) 如立声为常,所闻性故,喻如虚空。此中常宗,瓶为异品,所闻性因,同异品中二俱非有。

六、同品非有异品有非有(**相违**) 如立声为常,勤勇无间所发性故,喻如虚空。此中常宗,以电瓶等为异品,勤勇之因,于同品空非有,于异品瓶等上有,电等上无。

七、同品有非有异品有(**不定**) 如立声非勤勇无间所发,无常性故,喻若电空。此非勤宗,瓶为异喻,无常性因于同品电上有,空上非有,异品瓶上一向是有。

八、同品有非有异品非有(**正**) 如立声无常勤勇无间所发性故,喻若电瓶。此无常宗,空为异喻,勤勇之因,于同品瓶等上有,电等上非有,异品空上一向非有。

九、同品有非有异品有非有(**不定**) 如立声为常,无质

碍故,喻若极微及虚空。此中常宗以瓶乐等为异喻。无质碍
于同品虚空有,极微无,于异品瓶上无,乐受上有。

其问题相似因今解为立敌两家在两立脚地上遂成立相违之决了。
如陈那所谓相违决定者。其所立相似因,今解为循环论法,所用
以证明者还待同样之证明。过时因者谓时过则因不成。例立声
常住宗,结合发显故因,如色法于结合则常住喻,今声于鼓桴结合
显发合,故声常住结。此中鼓桴结合之时已过,故所立宗非真决
了。(此三种似因殊迁)

十四、曲解(Chala)。《疏》译为难难。说云闻山林有白象难
草头亦有白象。今解为对于敌方之言,曲为解释以相难。如此言
烧山,谓烧山之草木,彼难山石何不见烧。

十五、倒难(Jati)。《疏》译为诤论。说有二十四种,而无指
实。《理门论》叙足目十四过,又举七过名,盖即此中所有。今
《经》具列二十四种,为表如下:

　　一、同法相似　论同有

　　二、异法相似　论同有

　　三、增益相似　论同有

　　四、损减相似　论同有

　　五、要证相似

　　六、不要证相似

　　七、所立相似

　　八、分别相似　论同有

　　九、到相似
　　　　　　　　　} 论至不至相似
　　十、不到相似

十一、无穷相似　论生过相似

十二、反喻相似　论别喻相似

十三、无生相似　论同有

十四、疑相似　论犹豫相似

十五、问题相似　论品类相似

十六、无因相似　论同有

十七、义准相似　论同有

十八、无异相似　论同有

十九、可能相似

二十、可得相似

廿一、不可得相似　论同有

廿二、无常相似

廿三、常住相似　论同有

廿四、果相似　论所作相似

　　所配相当否不敢定。此外论有无说相似、有显相似、无显相似、生理相似，四种或能相配亦未可知。如此立过繁杂无当。

　　十六、堕负（Nigrahasthana）。《疏》译与今同，而无说。今审《如实论·堕负品》与彼《经》全同。都有二十二种，皆说论辨之失败者，繁猥无当。今省之。

二、佛法

　　因明者五明之一。五明或言唯外道说，或言佛与外道各有，或言唯五明中之内明为佛说。自昔诸说纷然。余意印度学术悉与宗教相连，五明本外道先有，佛教兴亦必有之。不加屏拒，亦不以此取重。唯因明亦然。《起信论》要决极言因明是外道法非真佛教,所以知者结集《三藏》及《六足发智大波娑》无因明说,《瑜伽》判此以为外学。因明家则以《地持经》为证,以为源唯佛说。实则两是,亦外学亦佛说耳。诤言徒枉。佛教之古因明本效法外道。今审龙树无著世亲所言皆与尼耶也比同,未能以佛法镕铸之。当此之时实唯外学。陈那天主以后深辨现比以说认识,因明乃得介通于佛法。当此之时则固内学矣。

陈那天主之学精密绝伦,自昔繁杂浮翳一扫而空。兹难广详,但节《因明入正理论》于后。

<blockquote>
能立与能破　　及似唯悟他　　现量与比量　　及似唯自悟
</blockquote>

如是总摄诸论要义。此中宗等多言,名为能立。由宗因喻多言,开示诸有问者未了义故。此中宗者,谓极成有法极成能别,差别性故。随自乐为所成立性,是名为宗。如有成立声是无常。因有三相。何等为三? 谓遍是宗法性、同品定有性、异品遍无性。云何名为同品异品? 谓所立法均等义品说名同品,如立无常,瓶等无常,是名同品。异品者谓于是处无其所立,若有是常,见非所作,如虚空等。此中所作性或勤勇无间所发性,遍是宗法,于同品定有,于异品遍无,是无常等因。喻有二种:一者同法,二者异法。同法者若于是处显因同品,决定有性,谓若所作见彼无常,譬如瓶等。异法者若于是处说所立无,因遍非有,谓若是无常见非所作,如虚空等。此中常言表非无常。非所作言表无所作,如有非有,说名非有。已说宗等如是多言,开悟他时,说名能立。如说声无常者,是立宗言。所作性故者,是宗法言,若是所作见彼无常,如

瓶等者,是随同品言。若是其常。见非所作,如虚空者,是远离言。唯此三分说名能立。

虽乐成立,由与现量等相违,故名似立宗。现量相违,比量相违,自教相违,世间相违,自语相违,能别不极成,所别不极成,俱不极成,相符极成。此中现量相违者,如说声非所闻。比量相违者,如说瓶等是常。自教相违者,如胜论师立声为常。世间相违者,如说怀兔非月有故。又如说言人顶骨净,众生分故,犹如螺贝。自语相违者,如言我母是其石女。能别不极成者,如佛弟子对数论师立声灭坏。所别不极成者,如数论师对佛弟子说我是思。俱不极成者,如胜论对佛弟子立我以为和合因缘。相符极成,如说声是所闻。如是多言是遣诸法自相门故,不容成故,立无果故,名似立宗过。

已说似宗,当说似因。不成、不定,及与相违,是名似因。不成有四:一两俱不成,二随一不成,三犹豫不成,四所依不成。如成立声为无常等,若言是眼所见性故,两俱不成。所作性故,对声显论随一不成。于雾等性起疑惑时,为成大种和合火有而有所说,犹豫不成。虚空实有德所依故,对无空论,所依不成。不定有六:一共,二不共,三同品一分转异品遍转,四异品一分转同品遍转,五俱品一分转,六相违决定。此中共者,如言声常所量性故,常无常品皆共此因,是故不定。为如瓶等所量性故,声是无常,为如空等所量性,声是其常。言不共者,如说声常所闻性故,常无常品皆离此因,常无常外余非有故,是犹豫因。此所闻性其犹何等。同品一分转异品遍转者,如说声非勤勇无间所发,无常性故。此中非勤勇无间所发宗,以电空等为其同品,此无常性于电等有,于空等无。非勤勇无间所发宗，以瓶等为异品，于彼遍有，此因以电瓶等为同品，故亦是不定。为如瓶等无常性故，彼是勤勇无间所发。为如电等无常性故，彼非勤勇无间所发。异品一分转同品遍转者，如立宗言声是勤勇无间所发，无常性故。勤勇无间所发宗，以瓶等为同品，其无常性于此遍有，以电空等为异品，于彼一分电等是有，空等是无。是故如前亦为不定。俱品一分转者，如说声常，无质等故，此中常宗以虚空极微等为同品，无质碍性于虚空等有，于极微等无。以瓶乐等为异品，于乐等有，于瓶等无。是故此因以乐以空为同法故，亦名不定。相违决定者，如立宗言声是无常，所作性故，譬如瓶等。有立声常，所闻性故，譬如声性。此二皆是犹豫因故，俱名不定。相违有四，谓法自相相违因、法差别相违因、有法自相相违因、有法差别相违因。此中法自相相违因者，如说声常，所作性故，或勤勇无间所发性故。此因唯于异品中有，是故相违。法差别相违因者，如说眼必为他用，积聚性故，如卧具等。此因如能成立眼等必为他用，如是亦能成立法差别相违积聚他用。诸卧具等，为积聚他所受用故。有法自相相违因者，如说有性非实非德非业，有一实故，有德业故，如同异性。此因如能成遮实等，如是亦能成遮有性俱决定故。有法差别相违因者，如即此因于前宗有法差别作有缘性，亦能成立与此相违作非缘性，如遮实俱决定故。

已说似因，当说似喻。似同法喻，有其五种：一能立法不成，二所立法不成，三俱不成，四无合，五倒合。似异法喻亦有五种：一所立不遣，二能立不遣，三俱不遣，四不离，五倒离。能立法不成者，如说声常，无质碍故。诸无质碍见彼是常，犹如极微。然彼极微所成立法,常性是有。能成立法无质碍无,以诸极微质碍性故。所立法不成者,谓说如觉,然一切觉能成立法无质碍有,所成立法常住性无,以一切觉皆无常故。俱不成复有二种,有及非有,若言如瓶,有俱不成。若说如空,对无空论,无俱不成。无合者,谓于是处无有配合,但于瓶等双现能立所立二法。如言于瓶见所作性及无常性。倒合者,谓应说言诸所作者,皆是无常,而倒说言诸无常者皆是所作。如是名似同法喻。似异法中,所立不遣者,且如有言诸无常者,见彼质碍。譬如极微,由于极微所成立法常性不遣,彼立极微是常住故。能成立法,无质碍无。能立不遣者,谓说如业。但遣所立,不遣能立,彼说诸业无质碍故。俱不遣者,对彼有论,说如虚空,由彼虚空不遣常性无质碍故,以说虚空是常性故,无质碍性。不离者,谓说如瓶见无常性,有质碍性。倒离者,谓如说言诸质碍者,皆是无常。如是等似宗因喻言,非正能立。

复次,为自开悟当知唯有现比二量。此中现量,谓无分别。若有正智于色等义,离名种等所有分别,现现别转,故名现量。言比量者,谓藉众相而观于义。相有三种,如前已说。由彼为因,于所比义有正智生。了知有火,或无常等,是名比量。于二量中即智名果,是证相故。如有作用,而显现故,亦名为量。有分别智于义异转,名似现量。谓诸有智了瓶衣等分别而生,由彼于义不以自相为境界故,名似现量。若似因智为先,所起诸似义智,名似比量。似因多种,如先已说。用彼为因,于似所比,诸有智生,不能正解,名似比量。

复次,若正显示能立过失,说名能破。谓初能立缺减过性、立宗过性、不成因性、不定因性、相违因性、及喻过性。显示此言,开晓问者,故名能破。若不实显能立过言,名似能破。谓于圆满能立显示缺减性言。于无过宗,有过宗言。于成就因,不成因言。于决定因,不定因言。于不相违因,相违因言。于无过喻,有过喻言。如是言说,名似能破。以不能显他宗过失,彼无过故。

此中唯说宗因喻三,废合废结,故名三支。由三支各别不善都有三十三过。然或一过由此观察则为因过,由彼观察又为喻过。又或于因明为过,于论理非过。盖因明本是立敌对扬,非是块居推比,凡立宗有失对扬,并属不善也。故过类虽繁,若自推理,但扼厥要。彼论自悟比量唯以具三相因为说,其似比量唯以似因为说。诸宗喻过并不为过。

第四篇　世　间　论

第一章　宇宙缘起之说明

一、诸宗

此问题为西洋哲学家所不道，而印土各宗则各为说以明之。居今而言，置而不道者诚当。第后此世界学术变迁，则未可知耳。诸宗之说，余姑判为四种：一者造化论，二者发展论，三者结构论，四者自然论。

造化论者谓《吠陀》正统之哲学。此类外道虽一是以大神说明宇宙，而其说法各有不同，前后尤多变迁。在昔佛典中谓之作者论，如《瑜伽师地》等叙。今为摄后之吠檀多宗立造化论名括之。如第二篇所示三式之神观，其超神观者即古之自在、韦纽、那罗延等计，类云宇宙由神之造作育生而有。例《外道小乘涅槃论》所说从那罗延天脐中生大莲华，从莲华生梵天祖公，彼梵天作一切命无命物。又《住心品疏》所说计尊贵者那罗延天，湛然常住不动，而有辅相造成万物。暨计流出者如从手功出一切法，譬陶师子埏埴无间,生种种差别形相。类此甚多,不烦枚举。其泛神观者即古之自在、本际等计,暨后之吠檀多宗,类云宇宙由神体转变辟化而成。例《摩登伽经》所说自在以头为天,足为地,目为日月,腹为虚空,发为草木,流泪为河,众骨为山,大小便利为海。《外道小乘涅槃论》所说本无日月星辰虚空及地,唯有大水,时大安荼生,形如鸡子,周匝金色,时熟破为二段,一段在上作天,一段在下作地。又《唯识述记》所说本际,即过去初首,此际是常是实,一切有情从此本际一法而生,所谓金卵化成说也。又《吠檀多经》所说宇宙从神体分化而来,宇宙之生、住、异、灭悉在梵中。既为其动力因,且为其质料因,人间梵云何乃有此变化,则谓为梵之游戏神通,如国王之行狩猎。如此之类,即以宇宙事物为神体。其唯心主义之神观者,唯后之吠檀多人,而以《曼陀括耶颂》商羯罗诸书为著。虽亦云梵变化成宇宙,而归因于迷误之认识。前第二篇第三篇曾叙其略,更举如后。

《曼陀括耶颂》商羯罗诸书袭之《唯识三论》者固不掩,然此迷误论亦实有厥本原于《吠陀》诸籍。迷误者即所谓无明(Avidya),其名亦起于《邬波尼煞昙》中。初仅为愚暗与明智(Vidya)对举,后转为人生中之愚性,如古书言人之死时其生与愚俱去,更转乃以人的愚性为宇宙的愚性。又《邬波尼煞昙》中有曰自性为摩耶(Maya),众生为摩因(Mayin)。摩因即幻师,摩耶即幻力,与无明异称而同旨。宇宙之变起,无明为之也。以无明故梵天性中有名色(Namarupa),依于名色而成世间一切差别。《邬波尼煞昙》中有云:彼名为空,显现名色,名色之所藏为梵。又曰使名色有生。又云彼变一种子为多。《森书》中有云:彼大智者定一切色,立一切名,坐而语。(谓造化)盖以无明力藉乎名色而宇宙万相乃生。即名色之有亦由无明。此无明如《曼陀括耶颂》及商羯罗解即为迷误之认识。《曼陀括耶颂》以旋火轮为譬云:以火把急为旋转,则有直曲长圆等相,如是心若动摇,则有执(感觉)及执者(认识者)相现。若无旋转,但只一火,实无于直曲。若无动摇,但只一心,实无于执及执者。此谓现前之主观客观者皆一心变现也。此心亦即彼颂之大虚空我,故以此成立其幻力论,而说宇宙为大我,自以自己之幻力而为自己之表现。又如其说表现(Kalpayati)者从大我先为个人精神作用之表现,次为物相之表现。复窃唯识家种子现行之说,谓大我即梵为种子而表现一切。且亦用遍计所执、依他起诸术语焉。商羯罗则以主观客观之误认解无明。其说云主观与客观即所谓我与非我(Ego, non-ego)。二者之性本自违连,如明之与暗。故二者之位不能互易,其德亦不相假。此意盖谓主观与客观二者互相夺遣,所识为客观者于此思内不能又识为主观,主观亦如是。如人不应说我为人、人为我,亦不能以主观之德易客观之德也。商羯罗又曰由是可知如以所识为客观,即所识为人与其德者移于主观即我,则为甚谬。主观不可移亦如是。唯人之思以习于迷谬,故常以真伪二者和合。如常言我是此物,此物为我所。此之谬习起于谬认主观之性,不别其一于一,而以其实德互相假。而不知主观与客观分别甚深。主观为我为真实;客观为物为虚妄,如此根身及器世间皆是也。谬认客观为主观而主观为客观,即无明之力,由此无明遂有吾人所认之世间。但此非一时迷谬,乃宇宙性的迷谬,与人俱生。其性自有,如有光时即有暗生。梵蔽于无明,而无明还即梵有。此亦佛家之绪余也。

吠檀多名色之说或以为近于康德之范畴。又其说宇宙实体开辟,则从梵先有空,从空生风,从风生火,从火生水,从水生地。又说宇宙开辟复又还灭,既灭又重辟如前,其宇宙生住异灭之一期为一劫波(Kalpa)。当劫灭时则先地而水而火而风而空次第消融于梵。彼经中如是说。然古《邬波尼煞昙》所说次第亦不一也。[①]

发展论者谓数论之学,数论人之说宇宙缘起如第二篇叙,其二元论中既见其概。约其要则宇宙不出自性、我知二元。我知超然静观受用一切,而不与于变化。宇宙之所以为体暨其生灭变化悉在自性。由自性之转变发展而有变易二十三谛,即世间万有。

二十五谛

- 自性(Prakrti)(一)
- 大(Buddhi)(二)
- 我慢(Ahamkara)(三)
- 五唯(Tanmantras):色(四)声(五)香(六)味(七)触(八)
- 五大(Mahathutas):地(九)水(十)火(十一)风(十二)空(十三)
- 五知根(Buddhindriyas):眼(十四)耳(十五)鼻(十六)舌(十七)皮(十八)
- 五作根(Karmendriyas):舌(十九)手(二十)足(二十一)男女根(二十二)大遗根(二十三)
- 心平等根(Manas)(二十四)
- 神我(Purusha)(二十五)

---

① 佛家对于此类造化论之批评,可参看有神论无神论章。

```
                              ┌色—火┐
                              │声—空│
                        五唯 ┤香—地├ 五大
                              │味—水│
                              └触—风┘
自性—大—我慢—十六谛┤
                        五知根

                        五作根

                        心平等根
```

此生起次第，系就《金七十论》所列。据《唯识述记》云：有说我慢生五大五唯。又有说我慢但生五唯，五唯生五大，五大生十一根，十一根不能自有，藉五大成。《百论疏》又云慢生五尘，五尘生十六法。

然自性云何起变化而发展？则唯三德依伏故。（参看第二篇）所谓变化发展者即在三德更互相依相伏相生相起相双之五法。今当说此，彼论有颂云：

喜者轻光相　忧者持动相　暗者重复相　相违合如灯

此三德性互相违云何能共作事？答云：譬如三物合为灯，是火违油炷，油亦违火炷，如是相违法，能为人作事。三德亦然。又颂云：

喜忧暗为体　照造缚为事　更互依伏生　双起三德法

是三德者初能光照，次能生起，后能缚系。三德更互依伏有五种法：一更互相伏。若喜德增多能伏忧暗，忧德增多能伏喜暗，暗德增多能伏喜忧。如日光盛能伏月星灯等光。二更互相依。是三德相依能作一切事，如三仗互相依能持物等。三更互相生。

有时喜能生忧暗，有时忧能生喜暗，有时暗能生忧喜，如是三德在大等中更互相怙，共造生死。四更相互双。是喜有时与忧双，有时与暗双，忧有时与喜双，有时与暗双，暗亦如是。五更互相起。三德更互作他事，如喜德为一人作喜事已，亦能作他人忧暗，是三德皆能作自他事。

彼论说变易与三德不可分离。譬如牛与马其体不为一，三德与变易其义不如是，自性有三德，斯义亦复然，同不相离故。即三德亦不能独住，而更互不相离。然自性三德但为物质之事，必待我知而后世间乃成。外问：性与人我何因得和合？

　　我求见三德　　自性为独存
　　如跛盲人合　　由义生世间

我求见三德，则我与自性合。自性为我独存，则自性与我合。譬如国王与民和合，国王欲使是民，民欲王施其生活。如跛盲人合者，此中有譬。昔有商侣往优禅尼为盗所劫，各分散走。有一生盲，与一生跛，为众所弃。盲人慢走，跛者坐看，跛盲相合，盲者安跛者于肩上，跛为导路，盲为负行。以是二人遂至所之。我与三德亦如是，相

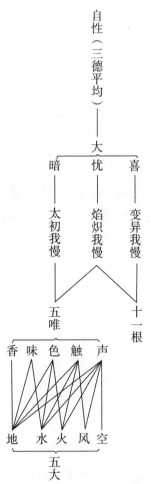

共和合能生大等。跂盲既至所之,则各各相离。如是我若见自性时,则得解脱。盖自性是三德冥然未发之平均状态,见自性时则三德不与我系缚矣。

　　已说和合能生世间,即大等。然大者云何?大者增长之义。自性相增故名为大,或名觉,或名想,或名遍满,或名智,或名慧,或名决智。偈云:

　　　　决智名为大　法智慧离欲　自在萨埵相　翻此是多摩

何名为决智?谓是物名碍,是物名人,如此知觉,是名决智。决智即名大。是大有八分。四分为喜,即萨埵相,谓法、智、离欲及自在。四分为暗痴,即多摩相,谓前四者之反面。后当解释。我慢者亦名我执,自性起用,观察于我,知我须境,故名我执。亦名转异,亦名脂腻。又我声我触我味我香我福德可爱,名为我慢。我慢有三态,曰变异我慢、焰炽我慢、太初我慢。是我慢三态由大之三德分化而生。初为喜德生,次为忧德生,后为暗德生。从我慢生十六。分别言之,初态喜德胜,光照轻快,适于心理机关之发展,是生五知五作与心之十一根。后态暗德胜,沉暗钝重,适于物质界之发展,是生五唯。由五唯更生五大。中间忧态善造起,则培成一切者也。五唯各别生五大前已说。或又说空大用声一尘成,风大用声触二尘成,火大用色声触三尘成,水大用色声味触四尘成,地大总用五尘成。

　　自性是三德之平均状态,故在变易中即世间,自性已不可见。印度各宗皆有所谓解脱,数论人之说解脱,即在现自性。必变易二十三谛悉已还没于自性,而后自性可见。既见自性时,我知与自性舍离而住,是即解脱矣。外人问:神我者遍满,自性亦遍满,则是二和合恒有不可离，从此和合云何不更生身？答：虽和合无用故不生。生用有二种，初令我与尘相应，后令我见自性差别，此两用见究竟故，不复更生。[①] 结构论者，谓胜论之学。前于第二篇已见其略，所谓六句义或十句义及极微论是也。其说就宇宙事物解析为六句或十句，宇宙者不外此诸句义所结构而成，故命曰结构论。今为表如下（参看第二篇）：

[①] 佛家对于此宗自性发展论之批评如《成唯识论》破此宗计云：且数论者执我是思，受用萨埵剌阇答摩所成大等二十三法。然大等法三事合成，是实非假，现量所得，彼执非理。所以者何？大等诸法多事成故。如军林等应假非实，如何可说现量耶？又大等法若是实有，应如本事非三合成，萨埵等三即大等故，应如大等亦三合成，转变非常为例亦尔。又三本事各多功能，体亦应多，能体一故。三体既遍，一处变时，余亦应尔，体无别故。许此三事体相各别，如何合和共成一相？不应合时变为一相，与未合时体无别故。若谓三事体异相同，便违己宗体相是一。体应如相，冥然是一，相应如体，显然有三，故不应言三合成一。又三是别，大等是总，总别一故，应非一三。此三变时若不和合成一相者，应如未变，如何现见是一色等？若三和合成一相者，应失本别相，体亦应随失，不可说三各有二相。一总一别，总即别故，总亦应三，如何见一？若谓三体各有三相，和杂难知，故见一者，即有三相宁见为一，复如何知三事有异？若彼一一皆具三相，应一一事能成色等，何所缺少？待三和合，体亦应各三，以体即相故。又大等法皆三合成，展转相望，应无差别。是则因果唯量诸大诸根差别皆不得成，若尔一根应得一切境，或应一境一切根所得，世间现见情与非情净秽等物现比量等皆应无异，便为大失。故彼所执实法不成，但是妄情计度为有。《百论疏》以佛法和会释此宗云：所言冥谛者，旧云外道修禅得五神通，前后各知八万劫内事。自八万劫外冥然不知。但见最初中阴初起，以宿命力恒忆想之，名为冥谛。《智度论》云：觉谛者此是中阴识，外道思惟此识为从因缘得，为不从因缘得？若从因缘，因缘是何物？若不从者，那得此识？既思惟不能了知，便计此识从前冥漠处生，故称冥谛。亦名世性，一切世间以此冥谛为其本性。觉谛者中阴识即是觉谛，以中阴识微弱，异于木石之性，故称为觉。我心者惑心稍粗，持于我相，故名我心（即我慢）。即佛法识支。以识支是染污识，外道谓为我心。从我心生五微尘者，五微尘即是五谛（即五唯），我心即粗，则外有五尘应之，于佛法即是名色支。外道不达，谓从我心生五微尘。从五尘生五大者，尘细大粗，故从尘生大。从五大生十一根者，于佛法义即是六入支以去也。外道不达，谓从大生根。

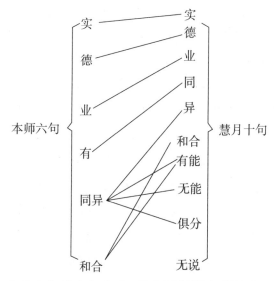

十句中前九句皆六句含有，第十无说则六所缺也。今本《十句义论》暨他书略解十句义。

十句义 ┤
実有九——地、水、火、风、空、时、方、我、意。
德有二十四——色、味、香、触、数、量、
　　　　　　别体、合、离、彼体、此体、觉、乐、
　　　　　　苦、欲、嗔、勤勇、重体、液体、
　　　　　　润、行、法、非法、声。
业有五——取、舍、屈、申、行。
同
异
和合
有能
无能
俱分
无说有五——未生无、已灭无、更互无、
　　　　　　不会无、毕竟无。

（十句义都四十九事。六句义德只二十一，无后四句，都三十八）

观胜论人之立言,条理盖甚谨密。如《吠世史迦经》言:何谓
实? 实者德业之和合因缘。又如《十句论》云:时云何? 谓是彼
此俱不俱迟速诠缘因是为时。我云何? 谓是觉乐苦欲嗔勤勇行
法非法等和合因缘,起智为相,是为我。原书自头至尾,悉如此作
法。盖彼宗以宇宙事物之解析为学,而得如是之诸句义,则诸句
义中之一一悉为宇宙事物构成之必要元因,谓之曰因缘。譬如德
业不能独自而存,其得以和合而存者以实,故实即德业之和合因
缘。(假设白马走,白走之和合以马。)又时以动而显,如何为动,
动即彼此之俱不俱也,而其得以迟速可说者以时,故时即彼此俱
不俱迟速诠缘因。又如觉等九德之和合必以我为其因缘,徒曰和
合因缘犹不足以见,则缀以起智为相,故我即觉等九德和合因缘
起智为相也。原书简练难解,以此例推之,庶可通达。

九实中地水火风为物质,时方则现象之形式,而我意则生活
体之元也。唯空则难言。空非空间。彼论云唯有声是空。亦非
物质。地水火风有极微,空无极微,殆无质碍而属于物者耳。极
微论已见第二篇,不重录。

德即诸实之功能标帜。眼所取一依名色,舌所取一依名味,
余香触类此可知。一切实和合一非一实等诠缘因一体等名数。
量有五:微体、大体、短体、长体、圆体、名量。微体者谓以二微果
为和合因缘二体所生一实微诠缘因。大体者谓因多体长体积集
差别所生三微果等和合一实大诠缘因。短体长体类此可知。圆
体者有二种:一极微,二极大。极微者谓极微所有和合一实极微
诠缘因。极大者谓空时方我实和合一实极大诠缘因,亦名遍行。
盖极微体即是不和合父母真实极微上所有者。极大体即是空时

方我无边大之四实上所有者。别体者谓一非一实别诠缘因。合者谓二不至至时名合。此有三种：一随一业生，二俱业生，三合生。一业生谓从有动作无动作而生。俱业生谓从二种有动作生。合生者谓无动作多实生时与空等合。离者谓二至不至时名离。此有三种：一随一业生，二俱业生，三离生。此中随一业生及俱业生如前合说。离生者谓已造果实由余因离待果实坏与空等离。彼体者依一二等时方等远观所待名为彼体。此体者依前数实等近觉所待名为此体。觉即悟一切境，前篇已说。乐者谓一实我德适悦自性。苦者逼恼自性。欲者一实我和合希求色等名欲。嗔者损害色等名嗔。勤勇者欲作事时所生策励。重体者坠堕之因。液体者流注之因。润者水实和合地等摄因。行有二种：一念因，二作因。现比智行所生数习差别是名念因。攒掷等业所生势用名作因。行谓势用法，有二种：一能转，二能还。能转者谓得可爱身因，即得生死胜身之因。能还者谓离染缘正智喜因，即出世间之因。非法者能得生死不可爱身等苦邪智因。

业即作业，有五。一取业者。谓上下虚空等处极微等先合后离之因。如以手取果实，手先与果实合，果实后与树离。舍业者谓上下虚空等极微等先离后合之因。如破器在席舍之秽处，此器先离于席，后合秽处。屈业者远处先离近处今合之因。申业反此。行业者有质碍实依一实合离因。

同句义即旧立大有性，谓与一切实德业句义和合一切根所取于实德业有诠智因。盖此宗计一切法不能自有，待大有性与之和合而后有。以此性为一切法所同，故慧月命曰同句义也。异句义者谓常于实转依一实是遮彼觉因及表此觉因。由前句义一切法所以虽异而终同。由后句义一切法所以虽同而毕异也。和合句义谓令实等不离相属，此诠智因。又性是一名和合句义。此句义为最要，盖彼谓宇宙成于实等之和合，所谓结构论者亦即可曰和合论。

有能句义谓实德业和合共或非一造各自果决定所须因。若无此者应不能造果。无能体者，实德业和合共或非一，不造余果决定所须因。若无此者一法应能造一切果。此盖谓所以能为此者以有有能因而后能之，所以不能为彼者以有无能因而后不能之也。俱分句义者谓实德业上总俱分性，地等色等别具分性，互于彼不转一切根所取，当旧所说同异性，亦同亦异故名俱分。旧同异句亦名别相谛，解云谓森罗万象各各不同。此解未的。盖一切法其同性即是异性，异性即是同性，同此时即异彼时，异此时即同彼时，一而具二，故曰俱分。上来自同句义以讫此，皆表示关系者。

无说句义者。一未生无，谓因缘未会犹未得生之无。二已灭无，谓因势尽或违缘生虽生而坏之无。三更互无，谓实德业等彼此互无之无。四不会无，谓有性及实等随于是处不和合之无。五毕竟无，谓无因故三时不生毕竟不起之无。此无既无体不可说故名无说也。[①]

自然论者，谓自然外道、无因外道、尼犍陀若提子等之说。

---

① 佛家破此宗极微论已见第二篇。《成唯识论》有破十句义之文甚精密，嫌长不便具录，摘其一二。胜论所执实等句义多实有性，现量所得，彼执非理。所以者何？诸句义中且常住者若能生果，应是无常，有作用故。如所生果，若不生果，应非离识实有自性，如兔角等。又彼所执地水火风应非有碍，实句义摄，身根所触故，如坚湿暖动。即彼所执坚湿暖等应非有碍，德句义摄，身根所触故，如地水火风，故知无实地水火风与坚湿等各别有性，亦非眼见实地水火。

《外道小乘涅槃论》《佛本行经》《瑜伽师地论》等皆有之，大略言无因无缘生一切物。故云刺针头尖是谁磨造、鸟兽杂色复谁画，各随其业展转变，世间无有造作人。自然或以为即无因，如《外小涅槃论》及《三论玄义》所释。或以自然别为一法，是实是常，能生一切，则又一义矣。如《唯识述记》所释。《华严玄谈》云：若以自然为因，能生万物，即是邪因。若谓万物自然而生，如鹤之白，如鸟之黑，即无因。此判颇明。此类说法可以谓之浅，可以谓之深。自其说无因可以谓极浅，世间无一事欤尔而然。自其说随业转变，无有造作人，可以谓有深意趣。能破造作论之误而归之于业，虽谓通于进化之义亦无不可也。但参诸典所说固浅率者多耳。

二、佛法

佛法之意宇宙无初，故每言必曰无始以来。欲言其初，则认识之初起即是宇宙之初起，舍此无别可言。而外道则恒于此外有说，此所以陋也。（其有即此立说者盖亦袭之佛家，如后世吠檀多。）此问题小乘不说，固矣。大乘诸经亦鲜有说之者，诸论之中唯识三论俱绝口不道。其仅有者唯《首楞严经》及《大乘起信论》。二者以《起信》为可依，《楞严》差恐失真。（《起信》擅说缘起，故曰如来藏缘起宗。）

《楞严》自昔多有疑之者[①]，虽未必出于伪作，而原经结集与

————————

[①]　此经来历可疑。据《开元释教目录》第九言：译人怀迪因游广府遇梵僧赍此经共译，其僧传经事毕，不知所之，名字未详。《续古今译经图记》则云：沙门般剌密帝译房融笔受，而怀迪证译。《贞元录》则分为两种译本，《长水流》房融入奏，《蒙钞》证为虚构，即笔受殆亦不实。唐代宗大历十三年又其后宝龟十年两次有奏废伪经之义。其经文之可疑者如琉璃诛释，陷入地狱之事，清辨论师真性有为空之比量等最著，余可指者甚多。向年最嗜此经，抑至今犹嗜之，然其有疑不可讳也。

中土译笔似各失宜。如经、藏教与圆教俱时而说，此必不然。是当初结集取材恐有不纯。译文词章妙美与诸经不类，恐其间多有因饰文而伤义者。说此宇宙缘起，即富楼那问云何忽生山河大地一段，于诸经所不说者而深说之，纯驳盖难定。而造句之间，重伤原意尤为显然也。然视《起信》固有乖，亦尚符顺。兹先叙《起信》，后及彼经。

《论》云：心生灭者，依如来藏故有生灭心。所谓不生不灭，与生灭和合非一非异，名为阿赖耶识。此识有二种义，能摄一切法生一切法。云何为二？一者觉义，二者不觉义。所言觉义者，谓心体离念，离念相者等虚空界，无所不遍，法界一相，即是如来平等法身。依此法身说名本觉。（中略）是故修多罗说，若有众生能观无念者，则为向佛智故。又心起者无有初相可知，而言知初相者，即谓无念，是故一切众生不名为觉。以从本以来念念相续未曾离念，故说无始无明。若得无念者则知心相生住异灭，以无念等故而实无有始觉之异。以四相俱时而有，皆无自立，本来平等同一觉故。（中略）所言不觉义者，谓不如实知真如法一故，不觉心起而有其念。念无自相，不离本觉。犹如迷人依方故迷，若离于方则无有迷。众生亦尔，依觉故迷，若离觉性，则无不觉。（中略）复次依不觉故，生三种相，与彼不觉相应不离，云何为三？一者无明业相，以依不觉故心动，说名为业。二者能见相，以依动故能见，不动则无见。三者境界相，以依能见故境界妄现，离见则无境界。以有境界缘故，复生六种相。云何为六？一者智相，依于境界心起分别爱与不爱故。二者相续相，依于智故生其苦乐，觉心起念，相应不断故。三者执取相，依于相续缘念境界住持苦乐,心起著故,四者计名字相,依于妄执,分别假名言相故。五者起业相,依于名字寻名取著造种种业故。六者业系苦相,以依业受果,不自在故。

当知生灭心即阿赖耶识一段,是统体而说,非言厥初际。不生不灭与生灭和合非一非异云者,非谓先有不生不灭与生灭二者而后和合以成生灭心,盖谓生灭心之为物即阿赖耶识之识,同时是不生不灭与生灭也。不觉心起而有其念,生三种相,方是说生灭之初际。自是以下所谓三细六粗乃言生灭之成功。三细六粗即佛家宇宙缘起说。然所说实是认识之缘起,舍认识无宇宙,舍认识缘起无别宇宙缘起,此宜知者也。《起信》全论反复而说者,悉说三细六粗。字精句圆,无以复加。不能具录,且少摘割。

复次生灭因缘者,所谓众生依心意意识转故。此意如何?以依赖耶识说有无明,不觉而起。能见、能现、能取境界,起念相续,故说为意。此意复有五种名。云何为五?一者名为业识,谓无明力不觉心动故。二者名为转识,依于动心能见相故。三者名为现识,所谓能现一切境界,犹于明镜现于色相,现识亦尔。随其五尘对至即现,无有前后一切时任运而起,常在前故。四者名为智识,谓分别染净法故。五者名相续识,以相应不断故。住持过去无量世等善恶之业令不失故。复能成熟现在苦乐等报,无差违故。能令现在已经之事忽然而念,未来之事不觉妄虑。是故三界虚伪,唯心所作,离心则无六尘境界。此意云何?以一切法皆从心起,妄念而生。一切分别即分别自心。心不见心,无相可得。当知世间一切境界皆依众生无明妄心而得住持。是故一切法如镜中象,无体可得。唯心虚妄。以心生则种种法生,心灭则种种法灭。复次,言意识者即此相续识。依诸凡夫取著转深,计我我所种种妄执,随事攀缘,分别六尘,名为意识,亦名分离识。又复说名分别事识。此识依见爱烦恼增长义故。

此事已达最深原柢,大是难知难言。故《论》云:依无明熏习所起,识者非凡夫能知,亦非二乘智慧所觉。谓依菩萨从初正信发心观察若证法身得少分知,乃至菩萨究竟地不能尽知,唯佛穷了。何以故?是心从本已来自性清净而有无明,为无明所染,有其染心。虽有染心,而常恒不变。是故此义唯佛能知。观《楞严》所说最见措言之难。

经中佛答富楼那问云:富楼那,如汝所言,清净本然,云何忽生山河大地?汝常不闻如来宣说,性觉妙明,本觉明妙。富楼那言:唯然世尊,我常闻佛宣说斯义。佛言:汝称觉明,为复性明,称名为觉,为觉不明,称为明觉。富楼那言:若此不明,名为觉者,则无所明。佛言:若无所明,则无明觉,有所非觉,无所非明,无明又非觉湛明性。性觉必明,妄为明觉,觉非所明,因明立所。所既妄立,生汝妄能。

盖觉性圆满,无待有明。妄欲有明,而觉非所明。由是因明立所,而生妄能。宇宙之辟非他,从一觉性中,妄开能所也。能所非他,能所认识之能所也。兹摘《正脉疏》。疏言性觉必明,而妄加明于觉,由是遂成根本无明。万妄依之托始,故知明觉二字,便是生世界众生业果之根柢矣。此于十惑之中为第一惑。亲依真心本觉,独居九相之先,别名独头生相。根本不觉曰痴、曰迷、及无住本,皆目此也。能隐真觉之体,能发万有之相。又疏因明立所,生汝妄能云。此唯三细中之前二,尚缺第三,即是业转二相。

论中以不觉而心动说名为业,此因妄明立所,说名为业,意固全同,而较论尤有发明。论未明何故心动,而此说出元因加妄明于本觉而引此心动也。论以依心动而转成能见。此因所立而转成妄能,意固全同,而亦较有发明。论未明何故心动而转成能见。此说出因其妄以觉体为所见,由妄所引成妄能耳,妄能合彼能见。

《经》又云(接前经文):无同异中炽然成异。异彼所异,因异立同。同异发明,因此复立无同无异。《疏》言此即现相。《论》标境界相。无同异中,即业相之中,炽然成异者,言忽见差别形器。即结暗为色之始相。异彼二句,先见界相,旁显虚空,即空生大觉始相。末三句即仿佛有众生相也。不同虚空,故曰无同。不同器界,故曰无异。虽是器界、虚空、众生,而尚在业体中,恍忽未定之相,与彼粗境三法作胚胎耳。又疏中有警切句云:妄明最初依本觉起妄,以本觉为所明,本不期于业相。其奈本觉元非可明之境,由是本觉卒不可明,而徒以带出业相为所明耳。转相依业相起妄以业相为所见,本不期于境界。其奈业相元无可见之相。由是业相卒不可见,而徒以带出境界为所见耳。

《经》之说六粗云:如是扰乱相待生劳。劳久发尘,自相浑浊。由是引起尘劳烦恼,起为世界,静成虚空。虚空为同,世界为异,彼无同异真有为法。觉明空昧,相待成摇。故有风轮执待世界。因空生摇,坚明立碍。彼金宝者,明觉立坚,故有金轮保持国土。坚觉宝成,播明风出,风金相摩,故有火光为变化性。宝明生润,火光上蒸,故有水轮含十方界。火腾水降,交发立坚,湿为巨海,干为洲潬。以是义故,彼大海中,火光常起。彼洲潬中,江河常注。水势劣火结为高山。是故山石击则成焰,融则成水。土势劣水,抽为草木。是故林薮遇烧成土,因绞成水。交妄发生,递相为种,以是因缘,世界相续。

《疏》言相待,即境界为缘。生劳即《论》中起成智相为第一粗。劳久即相续相,为第二粗。发尘即执取相,为第三粗。自相浑浊即计名字相,为第四粗。引起尘劳烦恼即起业相,为第五粗。真有为法即业系苦相,为第六粗。余按虽比类而观,亦似有六粗可得,实近牵强。自此以下讫世界相续,及下方众生相续业果相续二段(未录),此种讲话为从来大乘经中所未有,实为可疑。大乘中除唯识宗外对此类问题绝无讲说之者,故凡有所说,不许外于唯识。今此所说未契唯识,即可断言非大乘义。此读《楞严》者所宜慎也。

第二章　人生之说明

一、诸宗

印土诸宗对于人生皆有许多解说,类为他方哲学所不道。其间涉生理心理诸科学范围者诚无当。然其余或有当别为研究者。但今世犹所不省耳。

吠檀多人说吾人有真我曰阿特摩,与梵同德而异名,封执于乌波奇(Upadhis,译为限制之意),而化为众生个个之灵魂。封执之起,起于迷误(Avidya,即无明)。既迷则三事随之。一者非复如昔之遍满十方,无所不在,而住于人心之末那(Manas 译云意)。二者非复全知全能,凡昔之知与能悉皆隐伏,如能燃之光与热隐伏于薪木然。三者既迷乃始有作有受,而以是遂无逃于轮回(Samsara)矣。轮回无始无终,基于迷误封执而立。然所轮回者唯封执之灵魂,粗身则于死后销为质料而不与焉。封执之灵魂具有三者:一者意与知作根(The manas and the indriya),二者首风

(The mukhya prana)，三者细身（Suksma Sarira）。知作根者谓见、闻、嗅、尝、触五知，及握、行、语、交接、通利五作也。此以意（Manas）为之主。于粗身中，意住于心，知作周乎身，而为知者作者，而灵魂实未尝有作。首风者于《邬波尼煞昙》中为生息之意，此以为生理之总机关。有其五支：曰出风、入风、介风、等风、上风。细身者，则形成此身之质料之细种子也。凡灵魂之轮回，此三者与之俱，而更有业相随。业者生前之所作也。唯以业故，轮回得无已止。盖业或善或恶，必有或罪或福之报。人生不能无业，则赎解不能已，生生不能已也。脱非业之潜力为智慧所消，则相寻于无穷焉。

又其说曰，灵魂有四位：曰醒位、梦位、熟眠位、死位。在醒位中则意（末那）为主，而藉乎知作诸根以有作有受。在梦位中则知作息，而隐于意，以是仍有梦境。至熟眠位则意与灵魂离绝，而隐于首风，以是仍有生命。斯时灵魂得无封执，而返其本体于梵，但俟其醒，则重复如前。至于死位，则知作没于意，意没于首风，首风没于灵魂，灵魂藏于细身。于是细身舍粗身而去，返其本体于梵。迨重生于世间，则重住重灭一如前，若环之无端。（自生讫灭为一时期之存在，谓之劫波 kalpa。）此灵魂之云盖译名，在吠檀多人本说曰我，如是之我与大我即阿特摩之关系如后说。灵魂有四位，而身则有五藏。五藏者：一妙乐所成，二识所成，三意所成，四生气所成，五食味所成。四位五藏为表如下。

位别	藏别
第四位亦云觉位即前之死位——无差别之本体	不属藏

| 熟眠位亦云慧位 | 自在神（总相） | 妙乐藏 |
| | 个人我（别相） | |

梦位亦云光位	世界的精神（总相）	识　藏
		意　藏
	个人的精神亦曰心（别相）	生气藏

| 醒位亦云万人位 | 诸神（总相） | 食味藏 |
| | 有情（别相） | |

数论人说我非作者如前篇已详。外人问：若人我非作者，决意是谁作？若说三德作决意，何云三德无知？若说人我作，何云人我非作者？此则有双过。答：三德无知而能作，我有知而非作，是二相合则三德如有知，而人我如能作。故以世流布语亦得说我为作者也。

有所作必假作具。自觉、我慢、五知根、五作根以讫心平等根共十三皆为作具。觉、慢、心三者为内作具，不取外尘故。中间十根名外作具，取外尘故。故内三根能使外十具如主使役下人。外人问：十三中几根取三世尘？几根取现在尘？答：三内具能取三世，十外具唯取现尘。偈云：

> 觉与内具共　能取一切尘　故三具有门　诸根悉是门

觉、慢、心恒相应能取三世间及三世尘，故说一切诸根悉是门。而此三具为诸主故曰有门。谓五知五作根开闭随三具。若三具在眼、眼门则开，能取前境。余类推。

觉、我、慢与心根之关系。觉决智为相，慢计我为相，心分别为相，各有所事。诸根亦各有所行境，故不同事。然亦共作事，或一时俱起，或次第起。一时俱起者，觉我慢心根眼根，俱起取一境。次第起者如人行路忽见高物,即起疑心,为人为杌。若见鸟集,若见鹿近,即觉是杌。若见摇衣,若见屈伸,即觉是人。如是觉慢心根次第而起,如是现见法次第起。未来过去亦尔。

此诸根作事以觉为主。如一婆罗门闻某处有皮陀师能教弟子,决意往学,此即是觉作此意。我慢得觉意已,作如是计,我欲往彼使心不散。心得我慢意已,作是分别,我当先学何皮陀。外根得心分别已,各各作事,眼能看路,耳闻他语,手持澡灌,足能踏路。故觉譬如贼王,诸根如贼众。心随十根作事,故亦得根名。可分两种:一者与知根相应,一者与作根相应。心与我慢合十根为十二,照世间尘,还付于觉。觉收以付我,令我得受用。及后智慧生时,见我与有性异,见已得解脱,亦唯觉令我见。是故唯一觉是我真作具也。

外人问:是根何故为十一? 是谁分配? 又十一中或能摄远(眼等),或能接近,或生显处,或生隐处,是谁安置? 答:自性生三德及我慢,我慢随我意转,由是三德安置诸根。外尘各各不同,一根不能遍故,故生十一。偈言:三德转异故,外别故各异。根近远事有二意:一为避离,二为护身。为避离者,远见远闻逆舍离故。为护身者,八尘到根方乃得知,为欲料理自身使增益故。

一切三世间受生身有三种差别:一微细身,二父母所生,三共和合。微细身是觉慢及五唯七者所成。父母粗身说有六依,谓血、肉、筋、爪、毛、骨等。是三差别中,细身常住,余别有退生,谓烂坏及住胎生长。细身则与十一相应轮转生死。智厌未生,恒不舍离。或问:十三根足转轮,何假细身? 偈云:

如画不离壁　离机等无影　若离五唯身　十三无依住

又数论人言生理及伦理有五风及三有等说。五风者与吠檀说同。一波那,译言出风。口鼻是其路,取外尘是其事。谓我止我行是其作事,为十三根所共。如笼中鸟,鸟动则笼动。波那风动,十三根亦动。二阿波那,译言入风。首背胫口边是其路,缩避是其事。是风多令人怯弱。三优陀那,译言上风。心脏首口盖眉间是其路。此风多令人高贡,谓我富我胜等是其事。四婆那,译言介风。皮肤是其路,遍满于身亦极离身。是风多令人爱孤零索居。人死时细身离粗身由此风。五娑摩那,译言等风。处于心脏内,能摄持是其事。是风多令人悭吝。凡是五风一切根同一事。

三有者(Thava),译谓心态,即佛教所谓心所之类。细身若离粗身即无能执尘力,而有三有所熏习之细相。三种有者:一善成有,二性得有,三变异有。善成有如迦罗罗仙生而具四德。性得如昔梵王四子十六岁时自然成四德。四德谓法、智、离欲、自在。变异得,如弟子敬事师尊,聆得智慧,因智慧得离欲,因离欲得自在。四德与对治为八,是八法依大等住,故曰依内具。细迦罗等者谓八种物:一名迦罗啰,二名阿浮陀,三名闭尸,四名迦那,五名婴孩,六名童子,七名少壮,八名衰老。是八种依细身成,合前为十六,熏习内具及微细身轮转生死。偈云:

因善法向上　因非法向下　因智厌解脱　翻此则离系

善法即前四德中之法。有二种:一夜摩法,译言禁制。有五:一无嗔恚,二恭敬师尊,三内外清净,四减损饮食,五不放逸。二尼夜摩法(Niyama),译言劝勉。亦有五:一不杀,二不盗,三实语,四梵行(不淫),五无谄曲。因此十法,临受生时,细身向上生天等处。若翻此十法而作非法,细身向下生四足等处。因智厌解脱者。智有二:内智谓达二十五谛,外智通谓六吠陀。厌为厌离,亦曰离欲。亦有二:由外智得外离欲,厌世间;由内智得内离欲,厌自性。因厌离舍弃细身,真我独存,故名解脱。翻此则为系缚。

系缚有三种:一者自性缚,二者变异缚,三者布施缚。此三后当说。善法等四为因,向上等四为依因,复有四因四依因。

> 离欲故没性　忧欲故生死　由自在无碍　翻此故有碍

离欲故没性,如婆罗门能持法离欲而无二十五智。是人死时但没八性,谓自性、觉、我慢及五唯,未得解脱。后轮转时于三世间更受粗身。以没自性中名自性缚。忧欲故生死,如有人行大布施,作祠天事,于后世我应受乐。由此受生于梵等处是名布施缚。由自在无碍,自在者,喜乐种类有八分微细轻光等,由此自在故,故在梵王等处有八种无碍。此自在与觉相应,故名变异缚。翻此有碍,亦为变异缚。如是离欲等四为因,没性等四为依因,与前合为八因八依因,亦说为十六生。

《胜宗十句义论》于此少有所说。今检日本文书中所叙亦鲜可得。然诸宗彼此实不相远,胜宗固亦可知耳。

尼耶也十六义中第二所量复分十二。盖即彼宗之说人生者:一我。人各一我,与身根异,体是实常。以有欲嗔勤勇乐苦智故知有我。我为是诸分所依止,善恶果报皆我所受。二身。诸根作事所依止我与身合能受苦乐果报等。三根。即外五根。四尘。即外五尘。五觉。有二:一知一忆。六意,亦曰心。心与外五根相应能照知外事。心体实常与我身皆异,细小如微尘。七业。有属身属口属意三种,皆由三种过失起。八过失,亦曰烦恼。即贪瞋痴。九轮转,亦曰彼有。即从生受生轮转不已。十果报。即轮转所得身,若境。十一苦。根尘等处皆具苦因,即受苦时亦有苦,如(密)〔蜜〕中有毒。十二解脱。智者常离三过,不造三业,即不受报而离苦,是名解脱。

其余若瑜伽人多半依傍数论,然亦稍有胜处。瑜伽人之言心视数论人之心根为广,而略似彼包举十三根之细身。故在轮回中受熏习者数论恒说细身,而此说在心。其说曰从无明生欲,从欲生受,从受生行,从行有身生,心住其中,外物为所依。人生处、种族、性习皆依其本行受为前世所熏习者然。行有隐有现。现者即现前所行是。隐者如婆罗门身中亦有兽习,隐藏不现。又名为忆,所忆持故,遇缘即起。故此诸行亦名种子,能为未来因,以智慧及瑜伽力方得除灭。瑜伽人又明凡人作业皆有其果,或善或恶。惟瑜伽诸行非黑非白,本无所希,亦不生果。此义颇微,足以出过僧佉。

若弥曼差人大致与吠檀相似,无可说云。

二、佛法

佛法中唯小乘与唯识说明人生,余并不说。小乘以色心互缘,依六识三毒建言染净根本,今省不说。唯识则以八识三能变为说,摘述如下。

识所变相,虽无量种,而能变识类别唯三。一谓异熟,即第八识,多异熟性故。二谓思量,即第七识,恒审思量故。三谓了境,即前六识,了境相粗故。此三皆名能变识者。能变有二种:一因能变,谓第八识中等流异熟二因习气。等流习气,由七识中善恶无记熏令生长。异熟习气,由六识中有漏善恶熏令生长。二果能变,谓前二种习气力故,有八识生,现种种相。等流习气为因缘故,八识体相差别而生,名等流果,果似因故。异熟习气为增上缘,感第八识酬引业力,恒相续故,立异熟名。感前六识酬满业者,从异熟起,名异熟生。不名异熟,有间断故。即前异熟及异熟生名异熟果,果异因故。此中且说我爱执藏持杂染种能变果识名为异熟,非谓一切。

且初能变其相云何?颂曰:

初阿赖耶识　异熟一切种　不可知执受　处了常与触
作意受想思　相应为舍受　是无覆无记　触等亦如是　恒
转如瀑流　阿罗汉位舍

论曰:初能变识大小乘教名阿赖耶。此识具有能藏、所藏、执藏义,谓与杂染互为缘故。有情执为自内我故。此即显示初能变识所有自相,摄持因果为自相故。此识自相分位虽多,藏识过重,是故偏说。此是能引诸界趣生善不善业异熟果故,说名异熟。离此命根众同分等恒时相续胜异熟果不可得故。此即显示初能变识所有果相。此识果相虽多位多种,异熟宽不共,故偏说之。此能执持诸法种子令不失故,名一切种。离此余法能遍执持诸法种子不可得故。此即显示初能变识所有因相。此识因相虽多,持种不共,是故偏说。初能变识体相虽多,略说唯有如是三相。

一切种相应更分别。此中何法名为种子?谓本识中亲生自果功能差别。此与本识及所生果不一不异，体用因果理应尔故。种子各有二类：一者本有。谓无始来异熟识中法尔而有，生蕴处功能差别。此即名为本性住种。二者始起。谓无始来数数现行，熏习而有，此即名为习所成种。应知有情无始时来，有无漏种不由熏习，法尔成就，后胜进位，熏令增长。无漏法起以此为因。无漏起时复熏成种。有漏法种，类此应知。

　　然种子义略有六种：一刹那灭。谓体才生，无间必灭，有胜功力，方成种子。此遮常法常无转变，不可说有能生用故。二果俱有。谓与所生现行果法俱现和合，方成种子。此遮前后及定相离。现种异类，互不相违，一身俱时，有能生用。非如种子自类相生，前后相违，必不俱有。虽因与果有俱不俱，而现在时可有因力，未生已灭无自体故。依生现果立种子名，不依引生自类名种。故但应说与果俱有。三恒随转。谓要长时一类相续，至究竟位方成种子。此遮转识转易间断，与种子法不相应故。此显种子自类相生。四性决定。谓随因力生善恶等功能决定，方成种子。此遮余部执异性因生异性果，有因缘义。五待众缘。谓此要待自众缘合，功能殊胜，方成种子。此遮外道执自然因，不待众缘，恒顿生果。或遮余部，缘恒非无，显所待缘，非恒有性。故种子果非恒顿生。六引自果。谓于别别色心等果，各各引生，方成种子。此遮外道执唯一因生一切果，或遮余部执色心等互为因缘。唯本识中功能差别，具斯六义，成种非余。外谷麦等识所变故，假立种名，非实种子。此种势力生近正果名曰生因。引远残果令不顿绝即名引因。内种必由熏习生长亲能生果是因缘性。外种熏习或有或无，为增上缘，办所生果。必以内种为彼因缘，是共相种所生果故。

依何等义，立熏习名？所熏、能熏各具四义，令种生长，故名熏习。何等名为所熏四义？一坚住性。若法始终一类相续，能持习气，乃是所熏。此遮转识及声风等，性不坚住，故非所熏。二无记性。若法平等，无所违逆，能容习气，乃是所熏。此遮善染势力强盛，无所容纳，故非所熏，三可熏性。若法自在，性非坚密，能受习气，乃是所熏。此遮心所及无为法，依他坚密故非所熏。四与能熏共和合性。若与能熏同时同处，不即不离，乃是所熏。此遮他身刹那前后无和合义，故非所熏。唯异熟识具此四义，可是所熏，非心所等。何等名为能熏四义？一有生灭。若法非常，能有作用，生长习气，乃是能熏。此遮无为前后不变，无生长用，故非能熏。二有胜用。若有生灭，势力增盛，能引习气，乃是能熏。此遮异熟心心所等，势力羸劣，故非能熏。三有增减。若有胜用，可增可减，摄植习气，乃是能熏。此遮佛果圆满善法，无增无减，故非能熏。彼若能熏便非圆满，前后佛果应有胜劣。四与所熏和合而转。若与所熏同时同处，不即不离，乃是能熏。此遮他身刹那前后，无和合义，故非能熏。唯七转识及彼心所有胜势用，而增减者，具此四义，可是能熏。如是能熏与所熏识，俱生俱灭，熏习义成。令所熏中，种子生长，如熏苣蕂，故名熏习。能熏识等从种生时，即能为因，复熏成种，三法展转，因果同时。如炷生焰，焰生焦炷。亦如芦束，更互相依。因果俱时，理不倾动。能熏生种，种起现行，如俱有因，得士用果。种子前后，自类相生，如同类因，引等流果。此二于果，是因缘性，除此余法皆非因缘，设名因缘，应知假说。是谓略说一切种相。

阿赖耶识为断为常，非断非常，以恒转故。恒谓此识无始时来一类相续，常无间断，是界趣生施设本故，性坚持种，令不失故。转谓此识无始时来念念生灭，前后变异，因灭果生，非常一故。可为转识，熏成种故。恒言遮断，转表非常。犹如瀑流，因果法尔。如瀑流水，非断非常，相续长时，有所漂溺，此识亦尔。从无始来，生灭相续，非常非断，漂溺有情，令不出离。又如瀑流虽风等击起诸波浪，而流不断，此识亦尔。虽遇众缘起眼识等，而恒相续。又如瀑流漂水上下，鱼草等物，随流不舍，此识亦尔。与内习气外触等法，恒相随转，如是法喻，意显此识，无始因果，非断常义。非断非常，是缘起理。前因灭位，后果即生，如秤两头，低昂时等。缘起正理，深妙离言。因果等言，皆假施设。观现在法，有引后用，假立当果，对说现因。观现在法有酬前相，假立曾因，对说现果。假谓现识似彼相现，如是因果，理趣显然，远离二边，契会中道。颂曰：

由一切种识　如是如是变　以展转力故　彼彼分别生

一切种识，谓本识中能生自果功能差别。此生等流、异熟、土用、增上果故，名一切种。除离系者，非种生故。彼虽可证，而非种果，要现起道，断结得故。此说能生分别种故。又种识言，显识中种，非持识。后当说故。此识中种，余缘助故，即便如是如是转变，谓从生位转至熟时，显变种多。重言如是，谓一切种摄三熏习，共不共等识种尽故。展转力者，谓八现识及彼相应相见分等。彼皆互有相助力故，即显识等总名分别，虚妄分别为自性故。分别类多故言彼彼。此颂意说虽无外缘，由本识中有一切种转变差别,及以现行八种识等,展转力故,彼彼分别而亦得生。何假外缘,方起分别? 诸净法起,应知亦然。净种现行,为缘生故。

所说种现缘生分别,云何应知此缘生相? 缘且有四:一因缘。谓有为法亲办自果。此体有二:一种子,二现行。种子者,谓本识中善染无记诸界地等功能差别,能引次后自类功能及起同时自类现果。此唯望彼是因缘性。现行者,谓七转识及彼相应所变相见性界地等,除佛果善极劣无记余熏本识生自类种。此唯望彼,是因缘性。二等无间缘,谓八现识及彼心所,前聚于后,自类无间等而开导,令彼定生。即依此义应作是说,阿陀那识三界九地皆容互作等无间缘,下上死生相开等故。第七转识三界九地亦容互作等无间缘,随第八识生处系故。第六转识三界九地有漏无漏善不善等各容互作等无间缘,润生位等更相引故。眼耳身识二界二地鼻舌两识一界一地自类互作等无间缘,善等相望应知亦尔。三所缘缘。谓若有法是带己相,心或相应,所虑所托。此体有二:一亲,二疏。若与能缘体不相离,是见分等内所虑托,应知彼是亲所缘缘。若与能缘体虽相离,为质能起内所虑托,应知彼是疏所缘缘。亲所缘缘能缘皆有,离内所虑托必不生故。疏所缘缘能缘或有,离外所虑托亦得生故。四增上缘。谓若有法有胜势用,能于余法或顺或违。虽前三缘亦是增上,而今第四除彼取余,为显诸缘差别相故。

所说因缘必应有果。此果有几? 依何处得? 果有五种:一者异熟,谓有漏善及不善法所招自相续异熟生无记。二者等流,谓习善等所引同类,或似先业后果随转。三者离系,谓无漏道断障所证善无为法。四者士用,谓诸作者假诸作具所办事业。五者增上,谓作前四余所得果。

虽有内识而无外缘,由何有情生死相续? 颂曰:

　　　　由诸业习气　二取习气俱　前异熟既尽　复生余异熟

诸业谓福非福不动,即有漏善不善思业。业之眷属,亦立业名。同招引满异熟果故。此虽才起无间即灭,无义能招当异熟果,而熏本识起自功能。即此功能说为习气,是业气分,熏习所成,简曾现业,故名习气。如是习气,展转相续,至成熟时,招异熟果。此显当果胜增上缘,相见名色心及心所本末彼取皆二取摄。彼所熏发,亲能生彼,本识上功能名二取习气。此显来世异熟果心及彼相应诸因缘种。俱谓业种二取种俱,是疏亲缘互相助义。业招生显故颂先说。前异熟者谓前前生业异熟。余异熟果谓后后生业异熟果。虽二取种受果无穷,而业习气受果有尽。由异熟果性别难招等流增上,性同易感。由感余生业等种熟,前异熟果受用尽时,复别能生余异熟果。由斯生死轮转无穷,何假外缘,方得相续? 此颂意说由业二取生死轮回皆不杂识,心心所法为彼性故。

复次,生死相续由诸习气。然诸习气总有三种:一名言习气。谓有为法各别亲种。名言有二:一表义名言,即能诠义,音声差别。二显境名言,即能了境,心心所法。随二名言所熏成种,作有为法各别因缘。二我执习气。谓虚妄执我我所种。我执有二:一俱生我执,即修所断我我所执。二分别我执,即见所断我我所执。随二我执所熏成种,令有情等自他差别。三有支习气。谓招三界异熟业种。有支有二:一有漏善,即是能招可爱果业。二诸不善,即是能招非爱果业。随二有支所熏成种,令异熟果善恶趣别。应知我执有支习气于差别果是增上缘。此颂所言业习气者，应知即是有支习气。二取习气应知即是我执名言二种习气。取我我所及取名言而熏成故皆说名取。

复次，生死相续由惑业苦。发业润生烦恼名惑。能感后有诸业名业。业所引生众苦名苦。惑业苦种皆名习气。前二习气与生死苦为增上缘，助生苦故。第三习气望生死苦能作因缘，亲生苦故。此惑业苦应知总摄十二有支。谓从无明乃至老死，如论广释。① 然十二支略摄为四：一能引支。谓无明行能引识等五果种故。此中无明唯取能发正感后世善恶业者。即彼所发，乃名为行。由此一切顺受现业别助当业皆非行支。二所引支。谓本识内亲生当来异熟果摄识等五种，是前二支所引发故。此中识种谓本识因。除后三因，余因皆名色种摄。后之三因如名次第，即后三种。或名色种总摄五因，于中随胜立余四种。六处与识总别亦然。三能生支。谓爱取有，近生当来生老死故。谓缘迷内异熟果愚，发正能招后有诸业为缘，引发亲生当来生老死位五果种已，复依迷外增上果愚，缘境界受发起贪爱，缘爱复生欲等四取。爱取合润，能引发种及所引因转名为有。俱能近有后有果故。四所生支。谓生老死是爱取有近所生故。谓从中有至本有中未衰变来皆生支摄。诸衰变位总名为老。身坏命终乃名为死。此十二支十因二果定不同世。因中前七与爱取有或异或同。若二三七各定同世。惑业苦三摄十二者，无明爱取是惑所摄。行有一分是业

---

① 十二因缘本在小乘，如《俱舍论》所说可互参。此《成唯识论述记》卷四十七所疏甚详。所谓余论广释者即《瑜伽》第九第十第九十三、《对法》第四、《十地论》第八及天亲所造《十二因缘论》等，然《缘起经》中亦甚广明。

所摄。七有一分是苦所摄。由惑业苦即十二支，故此能令生死相续。

复次，生死相续由内因缘，不待外缘，故唯有识。因谓有漏无漏二业正感生死，故说为因。缘谓烦恼所知二障助感生死，故说为缘。所以者何？生死有二：一分段生死。谓诸有漏善不善业，由烦恼障缘助势力，所感三界粗异熟果，身命短长随因缘力，有定期限，故名分段。二不思议变易生死。谓诸无漏有分别业，由所知障缘助势力，所感殊胜细异熟果，由悲愿力改转身命，无定期限，故名变易。无漏定愿正所资感妙用难测，名不思议。或名意成身，随意愿成故。变易生死虽无分段，前后异熟，别尽别生，而数资助前后改转，亦有前尽余复生义。

第三章　我之假实有无问题

一、诸宗

我之假实有无问题,或亦曰有我论无我论。此在印度哲学中为重要问题之一。前在第二篇中所论为本体上之有我无我,盖出于特别之计度。而此则世人寻常所说之我一切有情所执持无间者也,此种之我通称为人我,或亦省称曰人。《百论·破神品》则称曰神,其破神云者,实谓破我。大抵此种之我,诸宗皆认为有,但说法不同耳。

吠檀多人说阿德摩封执于乌波奇而为个个人之我。如是之我出于迷误,而其根柢原为真实。在未得解脱以前,虽则非真,亦是体有而用不虚。数论人之说我,第二篇第一章曾述之。彼本说人各一我者,且认为真实原理,居二元之一。我非作者,与细身大有别异,以与自性合,无作似作。世人所谓我,即此无作似作之我,数论亦从世所流布而假许之。胜论人以我为九实之一,说为觉乐苦欲嗔勤勇行法非法之和合因缘起智为相。此我是实是常。瑜伽派既依数论立说,亦主神我独存。尼耶也派之人生观具于所量十二谛,其间即以我居首而为之主,则我实有。在佛典中所见外道大都以我为常法。如《成唯识》卷一先所列三种计(见前第二篇有我无我论)。《百论》又说数论计神与觉一,胜论计神与觉异等,往复遮破,其词甚繁不录。

二、佛法

佛法之所事不外破我法二执。小乘虽法执未尽,固力遮我。盖世尊欲化凡外,先说五蕴等法,使知都无有我,但有蕴等。次于大乘乃说蕴等亦空,复无有法。本书于他章皆未能详小乘义,今于此章及下章具之。

大乘破我,必据唯识。《成唯识论》次列三计首为即蕴。《述记》云:世间异生皆为此计。盖俗所言我,不过蕴相,曰色曰受曰想曰行曰识。[①] 论破云:初即蕴我,理且不然。我应如蕴,非常一故。又内诸色定非实我,如外诸色有质碍故。心心所法亦非实我,不恒相续待众缘故。余行余色亦非实我,如虚空等非觉性故。(中略)是故我见不缘实我,但缘内识变现诸蕴随自妄情种种计度。然诸我执略有二种:一者俱生,二者分别。俱生我执无始时来虚妄熏习,内因力故,恒与身俱,不待邪教及邪分别任运而转,故名俱生。此复二种:一常相续,在第七识缘第八识起自心相,执

---

① 五蕴之说明详于小乘,如《鞞婆沙论》《俱舍论》等。大乘则《集论》《杂集论》《广五蕴论》等。又《楞严经》破五阴魔事有说五阴一段可观。余论尚多不能举。又在《婆沙》中"受阴"作"痛阴",其五盛阴当即五取蕴。次章论法当略释蕴义。

为实我。二有间断,在第六识缘识所变五取蕴相,或总或别,起自心相,执为实我。此二我执细故难断,后修道中数数修习胜生空观方能除灭。分别我执亦由现在外缘力故非与身俱,要待邪教及邪分别然后方起,故名分别。唯在第六意识中有。此亦二种:一、缘邪教所说蕴相起自心相分别计度执为实我。二、缘邪教所说我相起自心相分别计度执为实我。此二我执粗故易断,初见道时观一切法生空真如即能除灭。如是所说一切我执,自心外蕴或有或无,自心内蕴一切皆有。是故我执皆缘无常五取蕴相妄执为我。然诸蕴相从缘生故,是如幻有。妄所执我,横计度故,决定非有。故契经说苾刍当知,世间沙门婆罗门等所有我见一切皆缘五取蕴起。实我若无,云何得有忆识诵习恩怨等事?所执实我既常无变,后应如前是事非有。前应如后,是事非无。以后与前体无别故。若谓我用前后变易,非我体者,理亦不然。用不离体,应常有故。体不离用,应非常故。然诸有情各有本识,一类相续,任持种子,与一切法更互为因,熏习力故得有如是忆识等事。故所设难:于汝有失,非预我宗。若无实我,谁能造业?谁受果耶?所执实我既无变易,犹如虚空,如何可能造业受果?若有变易应是无常。然诸有情心心所法因缘力故,相续无断,造业受果,于理无违。我若实无,谁于生死轮回诸趣?谁复厌苦求趣涅槃?所执实我既无生灭,如何可说生死轮回?常如虚空非苦所恼,何为厌舍求趣涅槃?故彼所言,常为自害。然有情类身心相续,烦恼业力,轮回诸趣。厌患苦故,求趣涅槃。由此故知,定无实我,但有诸识无始时来前灭后生,因果相续,由妄熏习似我相现,愚者于中,妄执为我。

《广百论释论》有《破我品》与此略同而较详,可参看。所谓诸所计我不出五蕴相者,忆某一论所说颇简明。大意初时粗计直以色身起计。然实无我,但色蕴耳。次则从受计我。若无我者,感苦乐者谁? 即此受者说之为我。然实无我,但受蕴耳。又次则从想计我。以受不常,不可为我。曾所更事,久而不忘。若无有我,谁则能持? 即此忆持者,说之为我。然实无我,但想蕴耳。又次则从行计我。受想或时非有,而相续异熟,轮回无断。若无有我,谁则相续? 即此相续而转,说之为我。然实无我,但行蕴耳。(诸有以身体动作说行蕴者应知未是)又次则从识计我。禅定深处若无有行(无念念生灭之相),而湛然是有。即此最后湛然者,说之为我。然实无我,但识蕴耳。大意如是,原书遍觅未获。①

小乘破我应举《俱舍》。《俱舍》有《破我品》,余处亦复说之。盖小乘本以无我有法为宗也。论云:何故世尊于所知境由蕴等门作三种说? 颂曰:愚根乐三故,说蕴处界三。所化有情有三品故,世尊为说蕴等三门。传说有情愚有三种,或愚心心所总执为我,或唯愚色,或愚色心。根亦有三,谓利中钝。乐亦三种,谓乐略中及广文故。如其次第世尊为说蕴处界三。(蕴五,处十二,界十八。)

外道执我者言,若许有情转趣余世,即我所执有我义成。今为遮彼。颂曰:

----

① 作者于此页有夹注云:"在佛典中,‘行’之一词即指一切世间法生灭相续不住而言。色、受、想、识四者莫非行也,而别立一行蕴者,指其所余之诸行,如不相应行等。1976 年补加注明,漱溟。"——编者

　　无我唯诸蕴　　烦恼业所为　　由中有相续　　入胎如灯焰

　　如引次第增　　相续由惑业　　更趣于余世　　故有轮无初

汝等所执我为何相,能舍此蕴能续余蕴? 内用士夫此定非有,如色眼等不可得故。世尊亦言有业有异熟作者不可得。谓能余此蕴及能续余蕴唯除法假。法假谓何? 依此有彼有,此生故彼生,广说缘起。若尔何等我非所遮,唯有诸蕴。谓于蕴假立我名非所遮遣。若尔应许诸蕴即能从此世间转趣余世。蕴刹那灭于轮转无能,数习烦恼业所为故。令中有蕴,相续入胎。譬如灯焰虽刹那灭,而能转余方,诸蕴亦然,名转无失。故虽无我而由惑业诸蕴相续入胎义成。如业所引次第转增诸蕴相续,复由烦恼业力所为转趣余世。谓非一切所引诸蕴增长相续修促量齐,引寿业因,有差别故。随能引业势力增征,齐尔所时,次第增长。

　　彼论《破执我品》云:越此依余岂无解脱,理必无有。所以者何? 虚妄我执所迷乱故。谓此法外诸所执我,非即于蕴相续假立,执有真实离蕴我故。由我执力诸烦恼生,三有轮回无容解脱。以何为证知诸我名唯五蕴相续非别目我体? 于彼所计离蕴我中无有真实现比量故。谓若我体别有实物,如余有法,若无障缘应现量得,如六境意。或比量得,如五色根。于离蕴我二量都无,由此证知无真我体。然犊子部执有补特伽罗其体与蕴不一不异。此应思择为实为假。实有假有,相别云何? 别有事物是实有相,如色声等。但有聚集是假有相,如乳酪等。许实许假,各有何失? 体若是实,应与蕴异,有别性故。如别别蕴,又有实体必应有因,或应是无为,便同外道见。又应无用,徒执实有。体若是假,便同我说。非我所立补特伽罗如仁所征实有假有。但可依内现在世

摄有执受诸蕴立补特伽罗。如是谬言于义未显。我犹不了，如何
名依？若揽诸蕴是此依义，既揽诸蕴成补特伽罗，则补特伽罗应
成假有，如乳酪揽色等成。又且应说补特伽罗是六识中何识所
识？六识所识。所以者何？若于一时眼识识色，因兹知有补特伽
罗，说此名为眼识所识，而不可说与色一异。乃至一时意识识法，
因兹知有补特伽罗，说此名为意识所识，而不可说与法一异。若
尔所计补特伽罗应同乳等唯假施设，谓如眼识识色时因此若能知
有乳等，便说乳等眼识所识，而不可说与色一异。乃至身识识诸
触时因此若能知有乳等，便说乳等身识所识，而不可说与触一异。
勿乳等成四，或非四所成。由此应成总依诸蕴假施设有补特伽
罗，犹如世间总依色等施设乳等，是假非实。又若尔者补特伽罗
应是无常，契经说故，谓契经说诸因诸缘能生识者皆无常性。若
彼遂谓补特伽罗非识所缘，应非所识。若非所识，应非所知。若
非所知，如何立有？若不立有，便坏自宗。又若许为六识所识，眼
识识故，应异声等，犹如色。耳识识故，应异色等，譬如声。余识
所识为难准此。故佛经中唯于诸蕴说补特伽罗。如人契经作是
说，眼及色为缘生于眼识，三和合触俱起受想思，于中后四是无色
蕴，初服及色名为色蕴。唯由此量说名为人。即于此中，随义差
别，假立名想。或谓有情，不悦意生、儒童、养者、命者、生者、补特
伽罗。亦自称言我眼见色。复随世俗说此具寿有如是名、如是种
族、如是姓类、如是饮食、如是受乐受苦、如是长寿、如是久住、如
是寿际。苾刍当知此唯名想，此唯自称，但随世俗假施设有。又
薄伽梵告梵志言：我说一切有唯是十二处。若数取趣非是处摄，
无体理成。若是处摄，则不应言是不可说。彼部所诵契经亦言，

诸所有眼,诸所有色,广说乃至。苾刍当知如来齐此施设一切建立一切有自体法,此中无有补特伽罗,如何可说此有实体?《频毗婆罗契经》亦说诸有愚昧无闻异生,随逐假名计为我者,此中无有我我所性唯有一切众苦法体,将正已生,乃至广说。有苾刍尼颂言:

> 汝堕恶见趣　于空行聚中　妄执有有情　智者达非有
> 如即揽众分　假想立为车　世俗立有情　应知揽诸蕴

又世尊于《杂阿笈摩》中说颂言:

> 婆柁黎谛听　能解诸结法　谓依心故染　亦依心故净
> 我实无我性　颠倒故执有　无有情无我　唯有有因法　谓
> 十二有支　所摄蕴处界　审思此一切　无补特伽罗　既观
> 内是空　观外空亦尔　能修空观者　亦都不可得

然筏蹉外道问我为有非有,佛不为记。故有颂曰:

> 观为见所伤　及坏诸善业　故佛说正法　如牝虎衔子
> 执真我为有　则为见牙伤　拨俗我为无　便坏善业子

复说颂曰:

> 由实命者无　佛不言一异　恐拨无假我　亦不说都无
> 谓蕴相续中　有业果命者　若说无命者　彼拨此为无　不
> 说诸蕴中　有假名命者　由观发问者　无力解真空　如是
> 观筏蹉　意乐分别故　彼问有无我　佛不答有无

若定无有补特伽罗,为可说阿谁流转生死,不应生死自流转故。然薄伽梵于契经中说诸有情无明所覆,贪爱所系,驰流生死,故应定有补特伽罗。此复如何流转生死？由舍前蕴取后蕴故。如燎原火虽刹那灭，而由相续说有流转。如是蕴聚假说有情，爱取为缘，流转生死。若我实无，谁能作业？谁能受果？谓于诸法生因缘中，若有胜用，假名作者。非所执我见有少用故定不应名为作者能生身业。胜因者何？谓从忆念引生乐欲，乐欲生寻伺，寻伺生勤勇，勤勇生风，风起身业。汝所执我此中何用？故于身业我非作者。语意业起，类此应思。我复云何能领业果？若谓于果我能了别，此定不然。我于了别都无有用。若实无我，如何不依诸非情处罪福生长？彼非爱等所依止故。唯内六处是彼所依，我非彼依如前已说。若实无我，业已灭坏，云何复能生未来果？没有实我业已灭坏，复云何能生未来果？然圣教中不作是说，从已坏业未来果生。若尔从何？从业相续转变差别，如种生果。如世间说果从种生，然果不从已坏种起，亦非从种无间即生。若尔从何？从种相续转变差别，果方得生。谓种次生芽茎叶等，花为最后，方引果生。若尔何言从种生果？由种展转引起花中生果功能，故作是说。若此花内生果功能非种为先，所引起者，所生果相应与种别。如是虽言从业生果，而非从彼已坏业生，亦非从业无间生果，但从业相续转变差别生。何名相续转变差别？谓业为先，后色心起中无间断名为相续。即此相续，后后刹那异前前生，名为转变。即此转变于最后时有胜功能，无间生果，胜余转变，故名差别。如有取识正命终时，虽带众多感后有业所引熏习，而重近起数习所引明了非余。如有颂言：

业极重近起　　数习先所作　　前前前后熟　　轮转于生死

于此义中有差别者,异熟因所引与异熟果功能。与异熟果已,即便谢灭。同类因所引与等流果功能,若染污者对治起时即便谢灭,不污染者般涅槃时方永谢灭。以色心相续,尔时永灭故,何缘异熟果不能招异熟如从种果有别果生?且非譬喻是法皆等。然从种果无别果生。若尔从何生于后果?从后熟变差别所生。谓于后时即前种果遇水土等诸熟变缘,便能引生熟变差别。正生芽位方得种名,未熟变时,从当名说。或似种故世说为种。此亦如是,即前异熟遇闻正邪等诸起善恶缘便能引生诸善有漏及诸不善有异熟心。从此引生相续转变,展转能引转变差别。从此差别后异熟生,非从余生故喻同法,或由别法类此可知。如枸橼花涂紫矿汁,相续转变差别为因,后果生时,瓤便色赤,从此赤色更不生余。如是应知,从业异熟更不能引余异熟生。前来且随自觉慧境,于诸业果略显粗相。其间异类差别,功能诸业所熏,相续转变,至彼彼位彼彼果生。唯佛证知,非余境界。故有颂言:

> 此业此熏习　至此时与果　一切种定理　离佛无能知

此就《破我执品》摘取,详具原论。小乘对于人生之说明亦即此可见。此与大乘唯识能变之论关合密切,昭然不掩。次下略摘《成实》破我之义,则三论阶梯又甚明白。

问曰:于五阴中作我名字有何咎耶?如瓶等物各有自相,是中无过。我亦如是。又若离阴有我是应有咎。答曰:虽不离阴说我,是亦有过。所以者何?诸外道辈说我是常,以今世起业后受报故,若如是说五阴应即是常。又说我者以我为一,然则五阴应即是一,是名为过。又此人虽不离阴说我,以取阴相故,不行于空。不行于空故生烦恼。

问曰:若说无我亦是邪见,此事云何? 答曰:有二谛。若说第一义谛有我,是为身见。若说世谛无我,是为邪见。若说世谛故有我,第一义谛故无我,是为正见。又第一义谛故说无,世谛故说有,不堕见中。如是有无二言皆通。又经中说应舍二边,若第一义谛故说无,世谛故说有,名舍二边,行于中道。又佛法名不可净胜。若说第一义谛故无则智者不胜,若说世谛故有则凡夫不净。又佛法名清净中道,非常非断。第一义谛无故非常,世谛有故非断。问曰:若法第一义谛故无便应是无,何为复说世谛故有? 答曰:欲度凡夫故随顺说有。若不说者,凡夫迷闷,若堕断灭。若不说诸阴则不可化,以罪福等业若缚若解皆不能成。若破此痴语则自能入空,尔时无诸邪见。是故后说第一义谛。如初教观身破男女相故。次以发毛爪等分别身相但有五阴。后以空相灭五阴相。灭五阴相名第一义谛。又经中说若知诸法无自体性则能入空,故知五阴亦无。《大空经》中说若遮是人老死即说无我,若遮是老死即破老死乃至无明,故知第一义中无老死等言。生缘老死皆以世谛故说,是名中道。《罗陀经》中说佛语罗陀色散坏破裂令灭不现,乃至识亦如是。如石壁等以不实故可令不现,诸阴不现亦以第一义无故。随诸因相在则我心不毕竟断,以因缘不灭故。如树虽剪伐焚烧乃至灰炭,树想犹随。若此灰炭风吹水漂,树想乃灭。如是破裂散坏灭五阴相,尔时乃名空相俱足。又如经说:罗陀,汝破裂散坏分析众生令不现在。是经中说五阴无常,众生空无。先经中说五阴散灭是为法空。(以上《身见品》)

正修习空则无我见,我见无故则无二边。如《炎摩经》中说:若一一阴非人,和合阴亦非人,离阴亦非人。现在如是不可得,云何当说阿罗汉死后不作?故知人不可得。人不可得,我见断常见亦无。又见诸法从众缘生则无二边。又行中道故则灭二边。所以者何?见诸法相续生则灭断见,见念念灭则灭常见。(《边见品》)

第四章　法之假实有无问题

一、诸宗

此与本体论中有性无性问题为一。但彼所论者本体有性无性，此所论者世间有性无性。原拟题为有常无常论。盖此即常人对于彼生活之世间所时有之不实无常之疑情也。无常义狭，因改今题。印土群向出世，固富疑情。然诸宗劣弱，复蔽凡情，故说世间法是有是实者虽唯顺世一家，余宗亦说世间法中有有、有实，或虽非真而用不虚，以此与知识本质问题颇相关系。实在论家不论为素朴的，为批评的，既许有客观实在，必致偏有偏实。诸宗既多实在论家且素朴的实在论家，势固应尔。

吠檀多人于诸宗中为能掠取观念论者，故彼极言世间法都无有实，唯尔幻像，诸篇已见。然《曼陀括耶颂》中有所谓梦醒同一论。马氏《六宗哲学》述商羯罗学，有宇宙之现象的实在，梦与醒两段皆极表现象世界于用不虚之义。梦醒同一之云非以梦之不实比例醒,乃以梦之实比例醒。彼谓梦之不实,至于醒而后为不实。方其在梦,亦实耳。故曰梦如其梦之实。现象世间亦复如是。现象如其现象之实。因是言在实际行事上(Vyavararatham,practical purposes)可以物为实。彼又言此物固不实而所以为此物者固实。现象即婆罗摩不应目之为虚,以是商羯罗甚非难佛家之唯识论与一切法空论。

吠檀多而外,若数论本以世间为有物质的实在。又说神我受用世间所作,则复有实用不虚。其世界观与人生观皆属有实论。今《僧佉经》中(一,七八—七九)对于佛教中观派说宇宙空者为反对之论。然终以出世教之故,不能说宇宙定为实存。故彼又说宇宙者有情之轮回场,轮回未已,宇宙常有,使众生而出缠,则宇宙亦失其存在也。是又倾向主观。若胜论本极微论家。实德业等之剖析,绝不稍有世间不实之意味,而且极微常住,则宇宙亦常住矣。至于顺世而益可知矣。余若瑜伽本附于数论,尼耶也附于胜宗,自不相远,唯二宗似皆少参佛家宗旨,今不可证耳。

二、佛法

此章中将少叙藏教,即小乘义。大乘于此之态度第二篇已具,此可省略。唯取唯识家依他八喻录此,此殆瀕于藏教者。(若自其明依他而言则固非小乘能知)小乘中以俱舍成实分别述之。又如有为无为有漏无漏等义,与此问题相连不分,亦略说之。是又小乘之通于大乘者矣(大乘所不废)。

抑此法之有无假实问题,或省称空有问题,实独著于小乘者。印度哲学盖可以一空有问题概之。诸宗与佛法一空有问题也。

佛法中小乘与大乘,一空有问题也。小乘中初则上座部与大众部,一空有问题也。次后萨婆多部与经量部,一空有问题也。末后俱舍宗与成实宗,一空有问题也。大乘中唯识家与三论家亦一空有问题也。前后阶次厘然,以偏有为差降。讫于诸宗,以说空为隆陟,尽于三论。然见为此争者外道稍不及,大乘又过之,于是乃集于小乘矣。小乘二十部,基师判为六宗,其一一相差皆空有也。(第一篇已见)今不广论,但就俱舍说之。然为讲说方便,先列七十五法于左。

一、色法。此有十一,五根五境及无表色。

二、心法。此唯一也,六识心王总为一故。

三、心所有法。此有四十六,分为六位。初大地法受等十,次大善地法信等十,三大烦恼地法痴等六,四大不善地法无惭等二,五小烦恼地法忿等十,六不定地法寻等八。

四、心不相应法。此有十四:得、非得、同分、无想果、无想定、灭尽定、命根、生、住、异、灭、名身、句身、文身。以上七十二并属有为。

五、无为法。此有三:择灭无为、非择灭无为、虚空无为。

大乘唯识家说百法,心法居先,视此增七。色法如旧。心所有法,六位与此稍不齐,总增五。心不相应法增十。无为法增三。具如《百法明门论》说。瑜伽弥详。此七十五法或百法即是小乘或大乘对于一切法之观察,以此摄彼一切法尽。

《俱舍论》之来历已于前篇说,本以释《婆沙》而阴援入经部义显宗有部(即萨婆多)密宗经部。有部之义,一切皆有。所谓有为三世实有,无为离世实有也。经部所立,一切法少分实有,多分是假。所谓过未是假,唯现在实,及三科法蕴处并假,唯界是实,又不相应等是假立也。此二家者,既空有异趋,而俱舍乃居其间。故论中既述有部三世实有之四说,而又列举经部之难。既云迦湿弥罗议理成,我多依彼释《对法》;而又云经部所说不违理也。于蕴处界亦但说蕴假处界并实,与两家悉异。

论中先引圣教,次依正理,证三世必有。正理云何?谓若过未无体,便有二失。一缘无而生识,夫无境则识不起,如过未无体,则意识缘过未时岂非无所缘境而识生?所缘无故,识亦应无,有部之义有境识乃生,无则不生也。二已谢之业将不能与果,谓过去之业若为无体,则不起与果之用。故论未来之果依何而起则非说三世实有不可。然三世如何安立?法体如何恒有?由此毗婆沙师有四家说不同。四说者:一法救之说,由类不同。类者种类,即三世法体虽是一,而三世迁流种类殊分,成过未等。喻如金器将碗作盏,约形改变,随类立名。理实金体曾无有异。法体亦然,过未虽殊,体无异也。二妙音之说,由相不同。相者相状,非生等四相。旧云此师说不相应中别有一类世相不同。三世有异,诸有为法一一有三。若法谢在过去,与过去相合,名过去;与现未相合名现未等。又言过去不离现未等相,以有为法皆有三相,随在何世一显二隐。一正显者名为正合,余二虽隐而体非无,亦名不离彼相。又解相有用时名之为合,相虽无用而随于法,其体非无,故言不离。立喻言如人正染一妻室时,于余妾媵不名离染。过去既然,现未亦尔,并约时显,说名异故。三世友之说,由位不同。位者分位,法体恒有,分位有异。喻如算筹,置之十位则名十,置之百位则名百,置之千若万位则名千若万。历位固殊,算筹则一。法体亦然也。此分位之分，则约作用言。有为法未起作用时谓之未来，正有作用时谓之现在，作用已灭谓之过去，法体则依然恒有。四觉天之说，由观待不同。谓三世之名以前后相对待而起，三世虽异，法体实常。喻如一妇人对其亲则为女，对于其子则为母，而妇人自体不异。法体亦然。对于前之过现名未来，对于后之现未名过去，对于前之过去后之未来名现在。则过现未之法体皆唯一实。

论主既述四说，乃加评定云：第一执法有转变，应置数论外道朋中，数论说三德变易二十五谛等也。第二所立世相杂乱。何以故？以既自谓于三世各各有三世相故。第四前后相待，一世法中应有三世。谓过去世前后刹那应名未来，中为现在，未来现在类亦应然。此三说皆不善，唯第三最善。以约作用位有差别，由位不同立世有异。依此而辨，则法生灭者法之作用生灭，法体无生无灭。虽从未来而入于现在，非法体生。又从现在落于过去，非法体灭。其刹那生灭者皆法之作用，法体恒在。更细辨之，则以色心未作用之位名曰未来。盖远未来则用未生，近未来则只生相之位，而非已生。故为未作用。以正作用之位名曰现在，是用已生未已灭之位也。以已作用之位名曰过去，是用已灭之位也。若认现在之法体有，则现在由未来而生。现在有未来不能不有。现在灭入于过去，现在有过去亦不能不有。

《婆沙》之说既陈，又申经部之难。论中辩诘颇繁，兹约其大意。一难若法自体恒有，应一切时能起作用。以何碍力，令此法体所起作用时有时无？若谓众缘不和合者，此救非理，许常有故。二难又此作用云何得说为去来今？岂作用中而更立有余作用？

若以作用不异法体为救者,体恒用亦应恒。将如何立过未？先何所阙名未已生？后复阙何名为已灭？故不许本无今有；有已还无,则三世义应一切种皆不成立。又彼说与有为诸相合故行非常,此但有虚言,生灭理无故。许体恒有而说性非常,性体复非二,如是义言所未曾有。又有部所举正理,要具二缘识方生,故去来有体者,应共寻思。意法为缘生意识者,为法如意作能生缘,为法但能作所缘境。若法如意作能生缘,如何未来百千劫后当有彼法？或当亦无为能生缘,生今时识？又涅槃性违一切生,立为能生,不应正理。若法但能为所缘境,经部亦说过未是所缘。谓是法曾有当有,非忆过去色受等时,如现分明观彼为有,但追忆彼曾有之相。逆观未来当有亦尔。又彼说业有果故有去来者,理亦不然。若实有过去未来,则一切时果体常有,业于彼果有何功能？若谓能生,则所生果本无今有,其理自成。若一切法一切时有,谁于谁有能生功能？盖经部义唯现为实,所谓法得自体顷,名一刹那也。

又论无为法云：是善是常别有实物,名为择灭,亦名离系。经部师说一切无为皆非实有,如色受等别有实物,此所无故。若无为法其体都无,何故经说所有诸法若诸有为若诸无为于中离染最为第一？我亦不说诸无为法其体都无,但应如我所说而有。如说此声有先非有,不可非有说为有故有义得成。说有无为应知亦尔。末云：今于此中说因名事,显无为法都无有因。是故无为虽实有物,常无用故,无因无果。

又论无明云：无明何义？谓体非明,如诸亲友所对怨敌,亲友相违名非亲友,非异亲友非亲友无。谛语名实此所对治,虚诳言论名为非实非异,于实亦非实无。如是无明别有实体。其余如论表无表色等,婆沙经部有与非有互为争持,不一一录。

又论苦乐云:诸所有衣服饮食冷暖等事,诸有情类许为乐因。此若非时过量受用便能生苦,复成苦因。不应乐因于增盛位,或虽平等但由非时,便成苦因,能生于苦。故知衣等本是苦因,苦增盛时其相方显。威仪易脱理亦应然。又治苦时方起乐觉,及苦易脱,乐觉乃生。谓若未遭寒热饥渴疲欲等苦所逼迫时,不于乐因生于乐觉。故于对治重苦因中愚夫妄计此能生乐,实无决定能生乐因。苦易脱中,愚夫谓乐。如荷重担暂易肩等。故受唯苦,定无实乐。对法诸师言乐实有,云何知然?且应反征:拨无乐者何名为苦?若谓逼迫,既有适悦,有乐应成。若谓损害,既有饶益,有乐应成。下有多文而结云:是故乐受实有理成。又有颂云:

> 彼觉破便无　慧析余亦尔　如瓶水世俗　异此名胜义

若彼物觉被破便无,彼物应知名世俗谛。如瓶被破为碎瓦时,瓶觉则无,衣等亦尔。又若有物以慧析除,彼觉便无,亦是世俗。如水被慧析色等时,水觉则无。火等亦尔。即于彼物未破析时以世想名施设为彼,施设有故名为世俗。依世俗理说有瓶等,是虚非实,名世俗谛。若物异此,名胜义谛。谓彼物觉被破不无,及慧析余彼觉仍有,应知彼物名胜义谛。如色等物碎至极微,或以胜慧析除味等彼觉恒有,受等亦然。此真实有,故名胜义。依胜义理说有色等,是实非虚,名胜义谛。

论释有漏无漏有为无为云:一切法略有二种,谓有漏、无漏。颂曰:

　　有漏无漏法　除道余有为　于彼漏随增　故说名有漏

　　无漏谓道谛　及三种无为　谓虚空二灭　此中空无碍　择

　　灭谓离系　随系事各别　毕竟碍当生　别得非择灭

有漏法云何？谓除道谛余有为法。所以者何？诸漏于中等随增故。缘灭道谛诸漏虽生而不随增故非有漏。（不随增义在《随眠品》中）何谓有为？颂曰：

　　又诸有为法　谓色等五蕴　亦世路言依　有离有事等

色等五蕴具摄有为，众缘聚集共所作故，无有少法一缘所生，是彼类故。此有为法亦名世路，已行正行当行性故。或为无常所吞食故。故名言依言谓语言此所依者，即名俱义，如是言依具摄一切有为诸法。或名有离，离谓永离，即是涅槃，一切有为有彼离故。或名有事，以有因故，事是因义。又颂曰：

　　有漏名取蕴　亦说为有诤　及苦集世间　见处三有等

或有唯蕴而非取蕴，谓无漏行。烦恼名取蕴，从取生故，名取蕴。此有漏法亦名有诤，损害自他故。诤随增故。亦名为苦，亦名为集，亦名世间，可毁坏故，有对治故。亦名见处，见住其中，随增眠故。亦名三有，有因有依三有摄故。如是等类是有漏法，随义别名。又颂曰：

　　相谓诸有为　生住异灭性

由此四种是有为相，法若有此应是有为。与此相违，是无为法。此于诸法能起名生，能安名住，能衰名异，能坏名灭，性是体义。又解漏瀑流轭取等名云，若善释者应是言诸境界中流注相续，泄过不绝,故名为漏。如契经说具寿当知,譬如挽船逆流而上,设大功用行尚为难,若放此船,顺流而去,虽舍功用行不为难。起善染心,应知亦尔。准此经意,于境界中烦恼不绝说名为漏,若势增上,说名瀑流。谓诸有情若坠于彼,唯可随顺,无能违逆,涌泛漂激难违拒故。于现行时,非极增上说名为轭。但令有情与种种类苦和合故,或数现行故名为轭。执欲等故说名为取。此但就名释义,其理详具随眠一品。

《成实论》亦曾叙来历于前篇。论共二百二品,自百三十品以后讫百五十余品皆辩论空有者,其间高论之处亦有符于大乘。即持论方法亦且相同,如分第一义谛世谛以立言设为一异等四论以难破之类。故为三论阶梯。然终属小乘情执者多。且各为摘录如下。(论有我无我者已见前章,不重录。)

若实有法而生无心是名邪见。如言无四谛三宝等。经中说邪见谓无施无祠无烧,无善无恶,无善恶业报,无今世无后世,无父母无众生受生世间无阿罗汉。(《邪见品》)

论者言灭三种心名为灭谛。谓假名心、法心、空心。问云:何灭此三心? 答曰:假名心或以多闻因缘智灭,或以思惟因缘智灭。法心在暖等位中以空智灭。空心入灭尽定灭。若入无余涅槃断相续时灭。问曰:何谓假名? 答曰:因诸阴所有分别。如因五阴说有人,因色香味触说有瓶等。问曰:何故以此为假名耶? 答曰:经中佛说如轮轴和合故名为车,诸阴和合故名为人。又如佛语诸比丘诸法无常,苦空无我,从众缘生,无决定性。但有名字,但有忆念,但有用故。因此五阴生种种名,谓众生、人、天等。此经中遮实有法故,言但有名。又佛说二谛,真谛、俗谛。真谛谓色等法

及涅槃,俗谛谓但假名无有自体。如色等因缘成瓶,五阴因缘成人。(《初立假名品》)

问曰:云何瓶等物假名故有? 非真实耶? 答曰:假名中有示相,真实中无示相。如言此色是瓶色,不得言是色色,亦不得言是受等色。又灯以色具能照,触具能烧,实法不见如是。所以者何? 识不以异具识,受亦不以异具受,故知有具是假名有。又因异法成名假名有,如色等成瓶,实法不因异法成。又车名字在轮轴等中,色等名字不在物中。有如是差别,又有假名中心动不定,如人见马,或言见马尾,或言见马身。实法中心定不动,不得言我见色亦见声等。又如色等自相可说,瓶等自相不可说,故假名有。又假名中无知生,先于色等生知,然后以邪想分别言我见瓶等。又于一物中得生多识是假名有,如瓶等。实法不尔,又多人所摄是假名有,如瓶等。又假名有相待故成。如此彼轻重长短大小师徒父子及贵贱等。实法无所待成。又不假空破,是假名有。如依树破林,依根茎破树,依色破根茎等。若以空破是实法有,如色等要以空破。又有四论,一者一,二者异,三者不可说,四者无。是四种论皆有过咎。故知瓶等是假名有。一者色香味触即是瓶。异者离色等别有瓶。不可说者不可说色等是瓶离色等有瓶。无者谓无此瓶。是四论皆不然,故知瓶是假名。(《假名相品》,是下有《破一》《破异》《破不可说》《破无》四品)

问曰:无论中有何等过? 答曰:若无则无罪福等报,缚解等一切诸法。又若执无所有是执亦无,以无说者听者故。又今瓶瓮等现有差别,若一切无,何有差别? 汝意或谓以邪想故差别者,何故不于空中分别瓶等? 又汝若谓以痴故生物心者,若一切无,此痴

亦无何由而起？（《破无品》）

说无者言：一语尚无。所以者何？心念念灭，声亦念念灭。如说富楼沙，是语不可闻。所以者何？随闻富识不闻楼，闻楼识不闻沙，无有一识能取三言。是故无识能取一语。故知声不可闻，又声因缘无是故无声。声因缘者谓诸大和合，是和合法不可得。所以者何？若诸法体异则无和合。若无异体云何自合？设在一处亦念念灭，是故不得和合。（《破声品》，是下有《破香味触品》）

答曰：汝虽种种因缘说诸法皆空，是义不然。所以者何？佛经中自遮此事，谓五事不可思议：世间事、众生事、业因缘事、坐禅人事、诸佛事。但诸佛于一切法一切种本末体性总相别相皆能通达。如人舍宅等物易坏难成，如是空智易得，正分别诸法智慧难生。如生盲人言无黑白，我不见故，不可以不见故便无诸色。如是若不能以自缘成故，便言无一切法。又佛说有五阴，故知色等一切法有，如瓶等以世谛故有。（《世谛品》）

问曰：何谓法心？云何当灭？答曰：有实五阴心名为法心。善修空智见五阴空，法心则灭。若坏众生是假名空，破坏色是名法空。又二种观，空观无我观。空观不见假名众生，如人见瓶以无水故空，如是见五阴中无人故空。若不见法是名无我。又经中说得无我智则正解脱。故知色性灭受想行识性灭是名无我。无我即是无性。问曰：若以无性名无我者，今五阴实无耶？答曰：实无。经中说第一义空，此以第一义空，非世谛故空。第一义者所谓色空无所有，乃至识空无所有。是故若人观色等法空，是名见第一义空。问曰：若五阴以世谛故有，何故说色等法是真谛耶？

答曰：为众生故说。经中说若法是诳即是虚妄。诸有为法皆变异故悉名诳。诳故虚妄，虚妄故非真实有。如偈说：世间虚妄缚，状如决定相，实无见似有，深观则皆无。当知诸阴亦空。又行者应灭一切相，证于无相。若实有相何为不念？非如外道离于色时知实有色但不忆念。又若佛弟子深厌生死，皆以见法本来不生无所有故。若见无常则但能生败坏苦相。若见无性无余相故则能具足行苦。具此三苦名得解脱，当知一切诸法皆空。（《灭法心品》）

若缘涅槃是名空心。问曰：涅槃无法，心何所缘？答曰：是心缘无所有，是事先明，为知涅槃故。（《灭尽品》）

此中有数点，证成实劣于三论。一认五阴是实法。虽有灭法心之说，但欲灭五阴相，非直不见有五阴也。二是析色空非毕竟空。由见是实法，故须析色乃空，如破裂散坏风吹水漂之说可见。三犹见有相。论中虽达诸法虚妄，而犹见有相，如言今瓶瓮等现有差别等。四以无论为过。如《破无品》所举若无则无罪福等报缚解等一切诸法。相难之言，皆甚浅稚。《破声》《破香味触》《破意识》《破因果》品说一切法空之后，乃以《世谛》一品尽翻前说，皆为著有之证。唯识家亦以无论为过。然彼则争最后本体不应说无，此则眼前诸遍计相未能破也。

《摄大乘》云：何缘如经所说于依他起自性说幻等喻？由他于此有如是疑。云何实无有义，而成所行境界？为治此疑，说幻事喻。云何无义，心心法转？为治此疑，说阳焰喻。云何无义，有爱非爱受用差别？为治此疑，说所梦喻。云何无义，净不净业爱非爱果差别而生。为治此疑，说影像喻。云何无义，种种识转？

为治此疑,说光影喻。云何无义,种种戏论言说而转?为治此疑,说谷响喻。云何无义?而有实取诸三摩地所行境转?为治此疑,说水月喻。云何无义,有诸菩萨无颠倒心为办有情诸利乐事故思受生?为治此疑,说变化喻。此八喻解释,如世亲释,此不录。此为对治妄疑故有是云云。若在大乘道理于今此问题说有说无说假说实悉为戏论。三论唯识称实而谈,都无如是谬论。其义各篇具见,此不数举。(八喻各有所谓,不宜视作泛泛。)

第五章　修行解脱论

一、诸宗

印土诸宗虽异论纷然，而除顺世外有其一致之点，即所谓出世主义是也。远自《吠陀》以来，宗计流别不可悉数。上妙若佛法，下愚若牛狗外道，一是以出世为宗。比于他土虽间有超世之想，未能若是决绝，而确能为出世之言者又皆在被其影响之后，则出世之义在印度哲学中自为极重。故原拟有《顺世出世论》一章在此章前，以明其说。顾求之乃不得其说。有之，但为宗教训诱之词，而非是认为问题，两家对诤，自鸣其义，则其必要意思所在不可得闻也。意当时虽有顺世之宗而无或与之者，是以诤言不作。及入中国学务圆通，儒释虽乖，弥不相害。遂使顺世出世历数千年周多国土始终未成为问题，斯亦奇观已。然试论之，此殆亦不成问题。如以世间为苦恼而出世，此即无可争，苦恼无从论证也。又或以世间为染污而出世，染污亦非可论证也。所谓顺世与出世殆无能决之以知识，唯可诉之情感耳。① 凡出世家之所说不过自表示其意向而已，不得谓之一种理论。其需要理论说明者，非何故出世，而何故如是出世。厌苦生活宜自决其生，不自决其生，而勤力以事修持。以修持为出世，此出世家所要说明者也。

此种说明在初世盖不甚著，以初世之出世家本近于自决其生也。如《涅槃经》所列六种外道：

一、自饿外道。此类外道修行，不羡饮食，长忍饥虚。执此苦行以为得果之因。

二、投渊外道。此类外道，寒入深渊，忍受冻苦。执此苦行以为得果之因。

三、赴火外道。此类外道，常热炙身，乃薰鼻等，甘受热恼。执此苦行以为得果之因。

四、自坐外道。此类外道修行，常自裸行，不拘寒暑，露地而坐。执此苦行以为得果之因。

五、寂默外道。此类外道修行，以尸林冢间为住处，寂默不语。执此苦行以为得果之因。

六、牛狗外道。此类外道修行，自谓前世从牛狗中来，即持牛狗戒，龁草啖污，唯望生天。执此苦行以为得果之因。

---

① 如前第一篇叙佛出世。佛所睹生老病死等情，犹是人人所睹者。佛感之而出世，寻常人则不觉得。此唯情感贫富之较耳，非知识问题也。又如以世间为迷妄而出世者，迷妄之云虽似知识错误之谓，然其可指摘以相示者如佛家之指摘世人，实与顺世出世无关，其真为出世之据者指示不出，唯待个人主观的认定耳。

此类苦行外道在印度古时最盛,所谓勒安婆弟子尼乾子若提子之流皆是。佛之出世且躬习之,故佛受乳糜,而憍陈如等惊谓退转也。此殆与求死无大异,无可说明者。入后而出世观念渐易,乃有理论。且入后其出世观念亦渐趋一致。大致皆以吾人所事无善恶无记悉谓业,如是之业其势力不以其人之死而遽罢,而酬果引报不能自休,以是生死死生相寻亦无已。所谓出世者,即根本消解其业力,脱离生死。故其出世观念恒与业力、因果、三世、轮回等义相依。此无间于弥曼差、吠檀多、数论、瑜伽、胜宗、尼耶也,佛教小乘与大乘盖莫不然者。由其观念如是,故以修持为事,与决去生命者适异矣。此所谓出世者其意思既深复,故有待于说明。欧人若叔本华盖颇能阐其说。叔氏之学固原本印度者。

所谓修持总不外瑜伽,故瑜伽亦无间于各宗,而悉各有其瑜伽。至于瑜伽宗则特以瑜伽鸣。余宗之瑜伽今不得详。今叙瑜伽人之说瑜伽者。

《瑜伽经》共分四品。首《三昧品》,次《方法品》,三《神通品》,四《独存品》。全经所言皆修瑜伽事。其《三昧品》中说三昧云:一有心三昧(一名有觉观)。此谓有一物一理为所照境,如观僧佉所说二十四谛及自在等。此之自在即当神我谛观也。如但观照前二十四谛,未观照神我,而已实知我与身异,即得名为离身者(Vidchas)。又未见神我,然已证入自性,即名为证自性者(Prakritilava)。二无心三昧(一名无觉观三昧)。此谓断除诸心行,定境深入,觉观尽泯也。有心三昧未能断除,犹为未来种子,故亦称有种三昧。后者亦称无种三昧,得真出离矣。有心三昧又分为有寻三昧、有伺三昧、欢喜三昧、自存三昧四者。据注家之言,有寻谓五大五作根之粗业犹存,有伺谓五唯五知根之细业犹存,欢喜谓喜德胜忧暗伏,而自存则唯存一喜德也。又说为修三昧之障者有十四种,即病气、沉钝、疑惑、放逸、懈怠、爱著、妄、不得地、不确立、及是等附带苦痛,又动乱、战栗,及不调之入息出息。又说修行中有魔妖乱行者,当持慈、悲、喜、舍四观以静镇之。

《奥义书》说瑜伽行位尝有制感、静虑、调息、执持、观慧、等持之六支,而《瑜伽经·方法品》又益为八支。其说云:

一禁制(Yama 夜摩)。不杀生、不妄语、不偷盗、不邪淫、不贪五者属之。

二劝勉(Viyama 尼夜摩)。清净、满足、苦行、学诵、念神五者属之。禁制不守不能修瑜伽行。劝勉则进而为修行之预备矣。

三坐法(Asama)。此则入于瑜伽矣。身心之调不调全视乎坐法。彼经中说云:坐法之要,端在适意,悠然自得,无事策勉。廓然若与天地合德,不复系累于环境。此谓坐法首在得其所安。次则胸次恢廓若契天地,则苦乐寒燠并皆脱然也。其后注家之说有八十四种坐法,更有说八十四万种者。兹述其十四种说者如下:一莲花坐,二勇士坐,三贤士坐,四吉祥坐,五杖坐,六狮子坐,七牛口坐(牛口恐系一种乐器之名),八龟坐,九鸡坐,十背龟坐,十一弓坐,十二鱼主坐,十三孔雀坐,十四自在坐。

四调息(Pranayama)。此已属瑜伽之中心。说有三次第:一吸、二呼、三贮胸腹中,谓呼吸长时其气暂贮于内也。后世名之为三相。初满相,次虚相,三瓶相。又宜注意者四事:一曰处,吸息入胸腹中达于何处,呼息外达何处。二曰时,呼吸贮其久暂有定。三曰数,息之次数有定。四曰心,心勿驰散。

五制感(Pratyahara)。谓五知根敛抑若与其对象五尘不相涉。自此以上之五支犹属身体的修练,有作法瑜伽、有德瑜伽等称。又自此以下之三支有内支之名,则对彼亦名外支。

六执持(Dharana)。心注一处是曰执持,如观鼻端丹田等处也。

七静虑(Dhyana)。亦译驮衍那或禅那。此谓心与心所注处融合不二,无能无所之状态也。

八等持(Samadhi)。亦称三昧或三摩地。此为八支中最高位,定境入深矣。所谓不思议神通、究竟解脱,由此可达。后所称王瑜伽指此也,亦曰总御。

又次神通品中说神通(Vibhuti)。亦曰自在力(Siddhi),无所拘束故。此力不由外得,但是心(包十三根而言)之开展(Parinama),开展在总御。总御是体,神通是用。此品中述神通有三十余项,文繁不录。不外种种自在妙能也。然说真学瑜伽者当志期出离。诸神通法无有实益,或且障心出离,非究竟所求云。

第四《独存品》说解脱。有身解脱、心解脱之序。其最高位曰法云三昧,业用永断,神我独存云。

凡宗教皆有其最后薪向标的。印土诸宗所薪向,一方对世间为解脱生死,一方出世为独存。此独存狭言之固在数论与瑜伽人之神我说,其实吠檀多等之归命梵天亦复是独存也。独存者即归复清净本体之谓,其道唯在瑜伽。独存为瑜伽终极,今日本书说为绝对生命。但佛法不尔不能相拟。即此宗瑜伽诸行非黑非白，本无所希亦不生果之说，已渐非独存之论所能范围。欧洲学者如孤山（Cousin）等乃谓其所明为空法。若以佛法所说和会之，此类深理恐是外道所修之无想定。外道不能委悉八识，彼纵说似无为，终落有为也。①

瑜伽为彼土百家所共，虽不一当不相远，述此则余宗亦既可知。此外更略述余宗修行法暨对解脱之观察。弥曼差人所传本为《吠陀》事分，最富宗教行法。顾皆祠供祈祷之类，与出世行虽相关系，非即出世行法也。故《吠檀多经》论修行分预备修行、本修行二种。凡《吠陀》事分诸行法皆所谓预备修行，即祠供布施梵行等事。而瑜伽即禅定乃为本修行。彼经又说我解脱归入于梵，其程序有十三。今姑录于下，实不甚可解。一烟，二昼日，三前半月，四前半年，五年，六风，七太阳，八月，九电，十婆楼那世界，十一因陀罗界，十二生主界，十三梵界。至商羯罗则以摄取佛化之故，能为圆妙之言，谓第一义谛吾人本来绝净之大我无别修行证得之必要云。至罗摩奴耶则以富于有神思想之故，修禅所持观在于观神，又其所得果亦具神格云。

数论人之说，则若《金七十论》明有五十分，若缚若脱悉视乎此。表之如下：

---

① 瑜伽为彼土百家所共，而他方罕闻。或以孔老庄列之书推征一二，要不能算。宋明诸儒颇主静坐，龙溪、双江、念庵尤著，其旨趣绝异矣，且所从来固袭佛家也。今东邻传习犹理旧绪，意在养生，弥非初旨。叔本华、哈特门皆西方厌世论者，乃亦未闻传习此法。

四分 {
　疑倒……五分(一、暗,二、痴,三、大痴,四、重
　　　　暗,五、盲暗。)
　无能……二十八分(十一根环,十七智害即后
　　　　二之翻。)
　欢喜……九分(一、自性,二、求取,三、时节,四、
　　　　感得,并五种外喜。)
　成就……八分(一、思量,二、闻,三、读诵,四、五、
　　　　六离苦三成,七、善友,八、施。)
} 五十分

彼偈云:思量德不平,觉生五十分。德有三种如前已说,由三德不平于觉生五十分。然细分之,疑倒五分又有六十二。详释过繁,兹并省之。(疑倒之暗即无明别名)疑倒无能所以在缚,欢喜成就所以出缠,此其要也。

此宗亦有修慧得解脱阶次。如说思量二十五真实义,起智慧,由此智慧,起六种观行。一观五大过失,见失生厌,即离五大,名思量位。二观十一根过失,见失生厌,即离十一根,此名持位。三观五唯过失,见失生厌,即离五唯,名入如位。四观慢过失及八自在,见失生厌,即离慢等,名为至位。五观觉过失,见失生厌,即得离觉,名缩位。六观自性过失,见失生厌,即离自性,名独存位,是为解脱。

轮转生死时有苦,是人我受,非自性及大等受。以自性及大等无知故。若未离大等相及细粗身时,人我受苦。若离时,即得解脱,毕竟无苦。

胜论人之说,则若《百论》卷五《破罪福品》云:优偻迦弟子诵《卫世师经》言于六谛求那谛中日三洗再供养火等和合生神分是

善法。《疏》中释之甚详，不录。今所见《吠世史迦经》亦说有灌顶、断食、梵行、师家住、森居、祭祠、布施、奉献、方、星、咒文、时、持律等皆为善法。此种行法有修积善业转生天上之意，盖犹婆罗门教之古风焉。《十句义论》不详修行法，然说有法与非法，非法得不可爱身。法则有二种：一能转，二能还。能转得可爱身即谓生天等，能还即还灭解脱也。其法亦主止意离欲，以灭业力为归。据近今欧人所传谓其行法同于尼耶也师，是其所贵仍在此不在彼也。

尼耶也师之修行解脱论今未得其详，唯所量谛中十二事可以见其意。十二事后六事即第七作业、第八烦恼、第九彼有、第十果、第十一苦、第十二解脱。由作业故烦恼，由作业烦恼故生死即所谓彼有，生死中之身若境（正报依报）名果，如是生死果是苦，如是苦之究竟解脱名解脱。此即普通之出世说，则其行法亦可知耳。

二、佛法

佛法中大小乘经论之说修行说解脱者，文理过繁，宗致各异。素少用心，说之恐少纪理。姑就《俱舍》《成唯识》《起信》三论录取大意。

初举《俱舍》以代表小乘。《俱舍》九品：一《界品》，二《根品》，三《世品》，四《业品》，五《随眠品》，六《贤圣品》，七《智品》，八《定品》，九《破我品》。初二品总明有漏无漏。就中初《界品》明诸法体，次《根品》明诸法用。后之六品别明有漏无漏。明有漏中《世品》明果，《业品》明因，《随眠品》明缘。明无漏中《贤圣品》明果,《智品》明因,《定品》明缘。其《破我品》又总明越此依余无解脱理。首尾衔贯,虽皆谓之说修行解脱者亦无不可。约言之,后半固靡非说解脱者。如是多文并从省削,且摘其大意。初《界品》云:无漏云何? 谓道圣谛,及三无为。何等为三? 虚空二灭。虚空但以无碍为性,择灭即以离系为性。诸有漏法远离系缚,证得解脱,名为择灭。择谓简择,即慧差别。各别简择四圣谛故。择力所得灭,名为择灭。永碍当生,得非择灭。谓能永碍法生,得灭尽前名非择灭。次《根品》中论无为之因果问题等。本论说果法云何? 谓诸有为及与择灭。若尔无为许是果故,则应有因。要对彼因,乃可得说此为果故。又此无为许是因故,亦应有果。要对彼果乃可得说此为因故。唯有为法有因有果非诸无为。以于得道有能生功能,于灭有能证功能,由此理故,道虽非灭因,而可得说择灭为道果。以诸无为于他生位不为障故,立能作因。然无果者,由离世法无能取果与果用故。第四《业品》云:业有四种。谓或有业黑黑异熟,或复有业白白异熟,或复有业黑白黑白异熟,或复有业非黑非白无异熟,能尽诸业,此即谓无漏业也。诸无漏业为皆能尽前三业不? 不尔云何? 于见道中四法智忍及于修道离欲染位前八无间圣道俱行有十二思唯尽纯黑。离欲界染第九无间圣道俱行一无漏思双令黑白及纯黑尽。此时总断欲界善故,亦断第九不善业故。离四静虑一一地染第九无间俱行无漏思此四唯令纯白业尽。何缘诸地有漏善法唯最后道能断非余? 以诸善法非自性断已断有容现在前故。然由缘彼烦恼尽时方说名为断,彼善法尔时善法得离系故。又云:诸有为善亦名应习,余非应习义准已成。何故无为不名应习? 不可数习,令增长故。又习为果,此无果故,解脱涅槃亦名无上,以无一法能胜涅槃,是善是常超众法故。余法有上义准已成。《贤圣品》云:烦恼等断必由道力故得,此所由道其相云何?颂曰:

> 已说烦恼断　由见谛修故　见道唯无漏　修道通二种

见谛云何?谛有四种,名先已说,谓苦集灭道。今说四谛随瑜伽师现观位中先后次第。何缘现观次第必然?加行位中如是观故。谓若有法是爱著处,能作逼恼,为求脱因,此法理应最先观察。故修行者加行位中最初观苦,苦即苦谛。次复观苦以谁为因,便观苦因,因即集谛。次复观苦以谁为灭,便观苦灭,灭即灭谛,后观苦灭以谁为道,便观灭道,道即道谛。应知此中果性取蕴名为苦谛。因性取蕴名为集谛,是能集故。由此苦集因果性分,名虽有殊,非物有异。又云:正入修门要者有二:一不净观,二持息念。不净观相云何?颂曰:

> 为通治四贪　且辨观骨锁　广至海复略　名初习业位
> 除足至头半　名为已熟修　系心在眉间　名超作意位

次持息念差别相云何?颂曰:

> 息念慧五地　缘风依欲身　二得实外无　有六谓数等

息念者即契经中所说阿那阿波那念。言阿那者谓持息入,阿波那者谓持息出。慧由念力观此为境,故名阿那阿波那念。(此不净观持息念者是说小乘修止观法也,原文尚繁不具。)又云:由此入修二门,心便得定。心得定已,复何所修?颂曰:

> 依已修成止　为观修念住　以自相共相　观身受心法

自性闻等慧　余相杂所缘　说次第随生　治倒故唯四

四念住如次治彼净乐常我四种颠倒。复修四行相,所谓非常苦空无我。修此观已生何善根? 颂曰:

从此生暖法　具观四圣谛　修十六行相　次生顶亦然
如是二善根　皆初法后四　次忍唯法念　下中品同顶　上
唯观欲苦　一行一刹那　世第一亦然　皆慧五除得

是即说暖、顶、忍、世第一之四法也。此下说修行果位甚繁,皆略之。至第九无间道亦说名金刚喻定,一切随眠皆能破故。诸能断惑无间道中此定相应最为胜故。即是断惑中最后无间道。所生尽智是断惑中最后解脱。由此解脱道与诸漏尽得最初俱生故名尽智。如是尽智至已生时便成无学阿罗汉果。第七《智品》辩佛不共德有十八种:佛十力、四无畏、三念住及大悲。世尊复有无量功德与余圣者及异生共,谓无诤、愿智、无碍解、通、静虑、无色、等至、等持、无量解脱、胜处、遍处等。通即神通,有六种:一神境智证通,二天眼智证通,三天耳智证通,四他心智证通,五宿住随念智证通,六漏尽智证通。虽六通中第六唯圣,然其前五异生亦得。

次举大乘。大乘与小乘多违,如《俱舍》说别有实物名为择灭亦名离系,《成唯识论》则说无为法非实有。盖大乘之无为法本依法性假施设有,谓空无我所显真如有无俱非,心言路绝,与一切法非一异等。是法真理故名法性,离诸障碍故名虚空。由简择力灭诸杂染究竟证会,故名择灭。不由择力,本性清净,或缘阙所显,故名非择灭。苦乐受灭,故名不动。想受不行,名想受灭。

（以上释前五无为）此五皆依真如假立，真如亦是假施设名。遮拨为无故说为有。遮执为有故说为空。勿谓虚幻故说为实。理非妄倒故名真如。不同余宗离色心等有实常法名曰真如。故诸无为非定实有。彼论九十两卷皆言修行解脱者，最有理致，兹亦录取大意。论谓具大乘二种姓者略于五位渐次悟入唯识。何谓大乘二种种姓？一本性住种姓，谓无始来依附本识，法尔所得无漏法因。二习所成种姓，谓闻法界等流法已闻所成等熏习所成。要具大乘此二种姓方能渐次悟入唯识。何谓悟入唯识五位？一资粮位，二加行位，三通达位，四修习位，五究竟位。初资粮位其相云何？此亦名顺解脱分，于唯识义虽深信解，而未能了能所取空。多住门外修善菩萨行，故于二取所引随眠犹未有能伏灭功力，令彼不起二取现行。此位未证唯识真如，依胜解力修诸胜行，应知亦是解行地摄。次加行位其相云何？为入见道住唯识性，复修加行伏除二取谓暖、顶、忍、世第一法。此四总名顺决择分。此四位中虽已双印空相，皆带相故未能证实。犹于现前安立少物，谓是唯识真胜义性，以彼空有二相未除，带相观心，有所得故。非实安住唯识真理。彼相灭已方实安住。此亦解行地摄。次通达位其相云何？若时菩萨于所缘境无分别智，都无所得，不取种种戏论相故，尔时乃名实住唯识真胜义性，即证真如。智与真如，平等平等，俱离能取所取相故。此智见有相无。虽无相分而可说此带如相起，不离如故。如自证分缘见分时不变而缘，此亦应尔。变而缘者便非亲证，如后得智应有分别。此亦名见道。然见道有二：一真见道即无分别智，二相见道即后得智。得此二见道时，生如来家，住极喜地，自知不久证大菩提。次修习位其相云何？从前见道起,已为断余障证得转依,复数修习无分别智。断世间故名出世间。二取随眠是世间本,唯此能断独得出名。由断本识中二障粗重,故能转舍依他起上遍计所执,及能转得依他起中圆成实性。由转烦恼障得大涅槃。由转所知障得无上觉。能转灭依如生死,及能转证依如涅槃。此即真如离杂染性,如虽性净,而相杂染,故离时假说新净。即此新净说为转依。云何证得二种转依?谓十地中修十胜行断十重障证十真如。二种转依由斯证得。言十地者,一极喜地,二离垢地,三发光地,四焰慧地,五极难胜地,六现前地,七远行地,八不动地,九善慧地,十法云地。至八地则无分别智任运相续相用,烦恼不能动,德与佛比,十地即佛也。十胜行即十种波罗密多。此下说断障甚细密不具。又证十真如者:一遍行真如,二最胜真如,三胜流真如,四无摄受真如,五类无别真如,六无染净真如,七法无别真如,八不增减真如,九智自在所依真如,十业自在等所依真如。虽真如性实无差别,而随胜德假立十种。虽初地中已达一切,而能证行犹未圆满,为令圆满后后建立。涅槃义别略有四种。一本来自性清净涅槃。谓一切法相真如理,虽有客染而本性净,具无数量微妙功德,无生无灭,湛若虚空,一切有情平等共有,与一切法不一不异,离一切相一切分别,寻思路绝,名言道断,唯真圣者自内所证,其性本寂,故名涅槃。二有余依涅槃。谓即真如出烦恼障,虽有微苦所依未灭,而障永寂,故名涅槃。三无余依涅槃。谓即真如出生死苦,烦恼既尽,余依亦灭,众苦永寂,故名涅槃。四无住处涅槃。谓即真如出所知障,大悲般若常与辅翼,由斯不住生死涅槃,利乐有情,穷未来际,用而常寂,故名涅槃。一切有情皆有初一,二乘无学容有前三,唯我世尊可言具四。故四圆寂诸无为中初一即真如,后三皆择灭。如是所说四涅槃中,唯后三种名所显得,二所生得,谓大菩提。此虽本来有能生种,而所知障碍故不生。由圣道力断彼障故令从种起,名得菩提。起已相续穷未来际,此即四智相应心品。云何四智相应心品? 一大圆镜智相应心品。谓此心品离诸分别,所缘行相微细难知,不妄不愚一切境界,性相清净离诸杂染,纯净圆德现种依持,能现能生身土智影,无间无断穷未来际,如大圆镜现众色相。二平等性智相应心品。谓此心品观一切法自他有情,悉皆平等,大慈悲等恒共相应,随诸有情所乐示现受用身土影像差别,妙观察智不共所依,无住涅槃之所建立,一味相续穷未来际。三妙观察智相应心品。谓此心品善观诸法自相共相无碍而转。雨大法雨,断一切疑。四成所作智相应心品。谓此心品为欲利乐诸有情故,普于十方示现种种变化三业,成本愿力所应作事。此四心品总摄佛地一切有为功德皆尽。此转有漏八七六五识相应品如次而得。智虽非识,而依识得。后究竟位其相云何?
颂曰:

　　　　此即无漏界　不思议善常　安乐解脱身　大牟尼名法

前修习位所得转依应知即是究竟位相。此谓此前二转依果即是究竟无漏界摄。永离障缚无殊胜法但名解脱身。大觉世尊成就无上寂默法故名大牟尼。此牟尼尊所得二果永离二障亦名法身。如是法身有三相别:一自性身。谓诸如来清净法界,受用变化平等所依,是一切法平等实性。即此自性亦名法身。二受用身。此有二种:一自受用,谓诸如来三无数劫修集无量福慧资粮所起无边真实功德,及极圆净常遍色身,相续湛然尽未来际恒自受用广大法乐。二他受用,谓诸如来由平等示现微妙净功德身,居纯净土,为住十地诸菩萨众现大神通,转正法轮,决众疑网,令彼受用大乘法乐。三变化身。谓诸如来由成事智变现无量随类化身,居净秽土,为未登地诸菩萨众二乘异生,称彼机宜现通说法。

又《起信论》最足以明大乘对于修行解脱之圆旨。论云:所言觉义者谓心体离念。离念相者等虚空界,无所不遍。法界一相,即是如来平等法身。依此法身说名本觉。何以故?本觉义者对始觉义说,以始觉者即同本觉。始觉义者依本觉故而有不觉,依不觉故说有始觉。又以觉心源故名究竟觉,不觉心源故非究竟觉。此义云何?如凡夫人觉知前念起恶,能止后念令其不起,虽复名觉,即是不觉故。如二乘观智初发意菩萨等觉于念异念无异相,以舍粗分别执着相故,名相似觉。如法身菩萨等觉于念住,念无住相,以离分别粗念相故,名随分觉。如菩萨地尽满足方便,一念相应,觉心初起,心无初相。以远离微细念故,得见心性,心即常住,名究竟觉。是谓返流四位。

究 元 决 疑 论

目　录

论曰,譬有亲族、戚党、友好,或乃陌路逢值之人,陷大忧恼病苦,则我等必思如何将以慰解而后即安。又若获大园林,清妙殊胜,则我等必思如何而将亲族、戚党、友好乃至逢值之人相共娱乐而后乃快。今举法喻人者,亦复如是。此世间者多忧、多恼、多病、多苦,而我所信唯法得解,则我面值于人而欲贡其诚款,唯有说法。又此世间有种忧恼病苦最大最烈,不以乏少财宝事物而致,亦非其所得解。此义云何?此世间是大秘密,是大怪异,我人遭处其间,恐怖犹疑不得安稳而住。以是故,有圣智者究宣其义,而示理法,或少或多,或似或非,我人怀次若有所主,得暂安稳。积渐此少多似非暴露省察,又滋疑怖;待更智人而示理法,如是常有嬗变。少慧之氓,蒙昧趋生,不识不知。有等聪慧之伦,善能疑议思量,于尔世理法轻蔑不取。于尔所时,旧执既失,胜义未获;忧惶烦恼,不得自拔。或生邪思邪见;或纵浪淫乐(远生《想影录》所谓苟为旦夕无聊之乐);或成狂易;或取自经(《想影录》所谓精神病之增多缘此,自杀者亦多)。如此者非财宝事物之所得解,唯法得解。此忧恼狂易,论者身所经历(辛亥之冬壬子之冬两度几取自杀);今我得解,如何面值其人而不为说法,使相悦以解,获大安稳?以是义故,我而面人,贡吾诚款,唯有说法。然此法者是殊胜法,是超绝法,不如世间诸法易得诠说。我常发愿造论曰“新发心论”,阅稔不曾得成。而面人时,尤恐仓卒出口,所明不逮所晦,以故怀抱笃念,终不宣吐;迨与违远,则中心悢悢如负歉疚(吾于远生君实深抱此恨者也)。积恨如山,亟思一偿,因杂取诸家之说,乃及旧篇,先集此论。而其结构略同“新发心论”之所拟度,所谓《佛学如实论》与《佛学方便论》之二部。前者将以究宣元真，今命之曰"究元第一"。后者将以决行止之疑，今命曰"决疑第二"。世之所急，常在决疑。又智力劣故，不任究元，以是避讳玄谈，得少为足（如此者极多，民质君所译倭铿学亦其一）。且不论其所得为似为非。究理而先自画，如何得契宇宙之真？不异于立说之前，自暴其不足为据。欲得决疑，要先究元。述造论因缘竟。

究元第一　佛学如实论

欲究元者,略有二途:一者性宗,一者相宗。性宗之义,求于西土,唯法兰西人鲁滂博士之为说,仿佛似之。吾旧见其说,曾以佛语为之诠释。今举旧稿,聊省撰构。

乙卯年《楞严精舍日记》云:"鲁滂博士(Le Bon, Dr.G-)造《物质新论》(*The Evolution of Matter*),余尚未备其书。阅《东方杂志》十二卷第四五号黄士恒译篇,最举大意。其词简约,不过万言,而其精深宏博,已可想见。为说本之甄验物质,而不期乃契佛旨。余深憾皈依三宝者多肤受盲从,不则恣为矫乱论,概味道真。不图鲁君貌离,乃能神合,得之惊喜。因摘原译,加以圈识,并附所见。

鲁君举八则为根本:

(一)物质昔虽假定不灭,而实则其形成之原子由连续不绝之解体而渐归消灭。

(二)物质之变为非物质,其间遂产出一种之物。据从来科学主张,物体有重,而以太无重,二者如鸿沟;今兹所明,乃位于二者之间者。

(三)物质常认为无自动力,故以为必加外力而始动。然此说适得其反,盖物质为力之贮蓄所,初无待于供给,而自能消费之。

(四)宇宙力之大部分,如电气冒热,均由物质解体时所发散原子内之力而生者也。

(五)力与物质同一物而异其形式。物质者即原子内力之安定的形式,若光热电气为原子内力之不安定形式。

(六)总之原子之解体与物质之变非物质,不外力之定的形式变为不定的形式。凡物质皆如是不绝而变其力也。

(七)适用于生物进化之原则,亦可适用于原子。化学的种族与生物的种族,均非不变者也。

(八)力亦与其所从出之质同,非不灭者。

鲁云:'原子者乃由以太之涡动而形成者也。非物质之以太能变成岩石钢铁。''凡物质之坚脆,由回转速度之缓急。''运动止,则物质归于以太而消灭。'

又云:'光者不过有颤动特性之以太之失平衡者,复其平则灭。''宇宙之力以质力二者失其平衡生,以复平灭。'

又云:'物质有生命且亦感应。''物质化非物质者今所获有六种质,渐分解归于万物第一本体不可思议之以太者也。''物体因燃烧或其他方法而破坏,斯为变化,而非灭;可由天平不减其分量验之,而所谓灭乃一切消失。'

又云:'此以太之涡动与由此而生之力如何而失其自性

而消归于以太乎？如液中旋涡以失平遂颤动，放射周围，转瞬而消灭于液中。'

又云：'宇宙无休息，纵有休息之所，非吾人所住之世界；而其间亦必无生物。死非休息也。'

又总括之云：'一、翕聚其力于物质之形之下，二、其力复渐消灭，此为一循环；几千万年更为新轮回。'（**按此则猜度之谈**）"

漱溟曰：鲁滂所谓第一本体不可思议之以太者，略当佛之如来藏或阿赖耶。《起信论》云"不生不灭，与生灭和合，非一非异，能摄一切法生一切法"者是也。鲁君所获虽精，不能如佛穷了，此际亦未容细辨。以太涡动形成原子，而成此世界。此涡动即所谓忽然念起。何由而动，菩萨不能尽究，故鲁君亦莫能知莫能言也。世有问无明何自来者，此涡动便是无明，其何自则非所得言。涡动不离以太，无明不离真心。涡动形成世界，心生种种法生。然虽成世界，犹是以太，故《起信论》云："是心从本已来自性清净而有无明，为无明所染有其染心，虽有染心而常恒不变。"又云："众生本来常住涅槃，菩提之法非可修相，非可作相，毕竟无得。"又云："因无明风动，心与无明俱无形相，不相舍离，而心非动性，无明灭，相续则灭。"此相续即质力不灭之律。然涡动失则质力随灭，故无明灭相续则灭也。"然所言灭者唯心相灭，非心体灭。如风依水而有动相，若水灭者则风相断绝，无所依止。以水不灭，风相相续，唯风灭，故动相随灭，非是水灭。"（《起信论》）盖灭者谓质力之相续灭，而消归于以太，非以太灭。《楞严》云："如水成冰，冰还成水。"《般若》云："色即是空，空即是色。"色谓质碍，即此之物质。唯鲁君亦曰："非物质之以太能变成岩石钢铁。"又曰："力与物质同一物而异其形式。"《楞严正脉疏》云："权外多计性为空理，而不知内有空色相融。"又云："深谈如来藏中浑涵未发色空融一如此。"鲁君亦可为能深谈者矣。

佛云："厌生死苦，乐求涅槃"；又云："生死长夜"。唯鲁君亦曰："宇宙无休息，纵有休息之所，亦非吾人所住之世界，而其间亦必无生物。死非休息也。"此无休息即质力之变化，亦曰因果律，亦曰轮回。死本变化中事，不为逃免。出离此大苦海，唯修无生；相续相灭，乃曰出世间。世有游栖山林，自以为遁世者，非可为遁矣。然无明无始，无明非真，生灭真如了不相异，毕竟不增不灭。《楞严》云："性真常中求于去来迷悟生死了无所得。"故鲁君亦曰："如液中旋涡以失平，遂颤动放射周围，转瞬而消灭于液中。"

《楞严》克就根性，直指真心，乃至五阴、六入、十二处、十八界、七大，一切世间诸所有物，皆即菩提妙明元心。《正脉疏》云："前言寂常妙明之心最亲切处现具根中，故克就根性（补注：根即 organ，如眼耳鼻舌等），直指真心。然虽近具根中而量周法界，遍为万法实体。"试问此除却以太尚有何物？印以鲁君之说，权位菩萨不须疑怖矣。更即其至显极明者明之。如受阴云："又掌出故，合则掌知，离则触入，臂腕骨髓应亦觉知入时踪迹；必有觉心知出知入，自有一物身中往来，何待合知，要名为触？"又如火光云："日镜相远，非和非合,不应火光无从自有?"(皆《楞严经》)夫此受阴何以不觉踪迹往来而有?火光何以不待目镜和合而有?此非习知所谓以太者邪?即此以太便是的的真如法性,经文所谓"本非因缘,非自然性,清净本然,周遍法界"者,取而审谛之,跃然可见。佛说固以鲁君之言而益明,而鲁君之所标举,更藉佛语证其不诬焉。

《正脉疏》又云:"凡小观物非心,权教谓物为妄,今悟全物皆心,纯真无妄也。"按此语可谓明显之至,"凡小观物非心",即世俗见物实有,与此心对;"权教谓物为妄",意指唯识之宗,亦即西土唯心家言;"全物皆心,纯真无妄",乃释迦实教,法性宗是。西土则唯鲁君仿佛得之。

此中所表是何种义?谓所究元者不离当处,"本非因缘,非自然性,清净本然,周遍法界";鲁君之所谓以太是也。

复次相宗者,吾举三无性义。摘取《三无性论》及《佛性论》:

一切有为法,不出此分别(遍计所执性)依他(依他起性)两性。此两性既真实无相无生,由此理故,一切诸法同一无性。是故真实性(圆成实性)以无性为性。

分别性者无有体相,但有名无义,世间于义中立名,凡夫执名分别义性,谓名即义性,此分别是虚妄执,此名及义两互为客故,由三义故,此理可知。一者先于名智不生如世所立名。若此名即是义体性者,未闻名时即不应得义,既见未得名时先已得义;又若名即是义,得义之时即应得名;无此义故,故知是客。二者一义有多名,故若名即是义性,或为一物

有多种名,随多名故应有多体,若随多名即有多体,则相远法
一处得立,此义证量所违;无此义故,故知是客。三者名不定
故,若名即是义性,名既不定,义体亦应不定;何以故?或此
物名目于彼物,故知名则不定,物不如此;故知但是客。复
次,汝言此名在于义中。云何在义?为在有义?为在无义?
若在有义,前此难还成;若在无义,名义俱客。(《三无
性论》)

分别性由缘相名相应故得显现。(《佛性论》)

由僻执熏习本识种子能生起依他性为未来果,此僻执即
是分别性,能为未来依他因也。分别性是惑缘,依他正是惑
体。此性不但以言说为体,言说必有所依故。若不依乱识品
类名言得立,无有是处。若不尔所依品类既无有,所说名言
则不得立。(束于分别性)(《三无性论》)

依他性缘执分别故得显现。依他性者有而不实,由乱识
根境故是有,以非真如故不实。(《佛性论》)

兹更摘此土白衣章炳麟《建立宗教论》之说依他性云:

第二自性,由第八阿赖邪识,第七末那识与眼耳鼻舌身
等五识,虚妄分别而成。(中略)赖邪唯以自识见分缘自识
中一切种子以为相分,故其心不必现行,而其境可以常在。
末那唯以自识见分缘阿赖邪以为相分,即此相分便执为我,
或执为法,心不现行,境得常在,亦阿赖邪识无异。(因尔不
得省知其妄)五识唯以自识见分缘色及空以为相分,心缘境
起,非现行则不相续,境依心起,非感觉则无所存。而此五识

对色及空不作色空等想。末那虽执赖邪以此为我以此为法，而无现行我法等想，赖邪虽缘色空自他内外能所体用一异有无生灭断常来去因果以为其境，而此数者各有自相，未尝更互相属，其缘此自相者亦唯缘此自相种子，而无现行色空自他内外能所体用一异有无生灭断常来去因果等想。此数识者非如意识之周遍计度执着名言也（因无想故），即依此识而起见分相分二者，其境虽无，其相幻有，是为依他起自性。

此中所表是何种义？谓所究元者唯是无性。唯此无性是其真实自性。分别性者但有名言，多能遮遣，唯依他性少智人所不能省。若离依他，便证圆成，自佛而后，乃得究宣。合前义言，所云周遍法界者，一切诸法同一无性之谓也。

二说既陈，缘得建立三种义：一者不可思议义，一者自然（Nature）轨则不可得义，一者德行（Moral）轨则不可得义。

不可思议义云何？谓所究元者以无性故，则百不是：非色，非空，非自，非他，非内，非外，非能，非所，非体，非用，非一，非异，非有，非无，非生，非灭，非断，非常，非来，非去，非因，非果。以周遍法界故，则莫不是：即色，即空，乃至即因，即果。夫莫不是而百不是斯真绝对者。世间凡百事物，皆为有对。盖"人心之思，历异始觉，故一言水必有其非水者，一言风草木必有其非风非草非木者，与之为对，而后可言可思。"（严译《穆勒名学》）若果为无对者，"则其别既泯，其觉遂亡，觉且不能，何从思议？"（同上《名学》）以是故，如来常说不可思议，不可说，不可念，非邪见之所能思量，非凡情之所能计度。以是故，我常说凡夫究元，非藉正法（佛法）不得穷了。所以者何？亡其觉故，云何而得穷了？要待穷了,须得证得。世有勇猛大心之士,不应甘于劣小也。

此不可思议义,西土明哲颇复知之:如康德所谓现象可知,物如不可知。叔本华亦曰,形而上学家好问"何以""何从",不知"何以"之义等于"以何因缘",而空间时间之外安得有因果?人类智灵不离因果律,则此等超乎空间时间以外之事安得而知邪?斯宾塞亦有时间不可知,空间不可知,力不可知,物质不可知,流转不可知等。赫胥黎亦云,物之无对待而不可以根尘接者,本为思议所不可及。略举其例,似尚不止此。而有凡夫妄人于此最元以世间法共相诘难。或云:"无明无始,讵有终邪?阿赖邪含藏万有,无明亦在其中,岂突起可灭之物邪?一心具真如生灭二用,果能助甲而绝乙邪?"或云:"生灭由无明,然无明果何自起?"(陈独秀、蓝公武之说如此,尚不止此二人。)纵有谨严逻辑,终为无当。所以者何?其物皆不二而最初,无由推证其所以然。"(《穆勒名学》)"虽信之而无所以信者之可言。"(同上《名学》)非复名学所有事,是以十四邪问,佛制不答。

自然轨则不可得义云何?谓无性者云何有法。世间不曾有轨则可得。所以者何?一切无性故。又者所究元不可思议,即宇宙不可思议。宇宙不可思议即一事一物皆是不可思议。不可思议,云何而可说有轨则?以是义故,我常说世间种种学术我不曾见其有可安立。如斯宾塞言既种种不可知,而其学术又不离此而得建立,则所谓学术者又云何而为可知?然则若是者学术不异构画虚空邪?曰是诚不远。《三无性论》云:"言说必有所依,故若不依乱识品类名言得立无有是处。"又释云:"此中言名言决有所依止,以依他性为所依;由有依他性故,得立名言。"学术云者以有依他性而后得立。依他幻有,学术云何得实? 如鲁滂言以太涡动而生种种变化,学术云者以有变化而后得立。变化非真,学术云何得实? 方变化,方不变化(灭则不变化),云何而得于中画取一界以为学术之基? 此土石埭长老有言,所谓穷理者正执取计名二相也(论宋儒理学)。今所云爱智者,正不异此。康德虽言三大原理为庶物现象所循由,而不可避;而物如亦循此否,则谓未可知,以物如不可得知故。使吾人若有确见物如之时,则三定理者不为真理,亦未可知。且三理者谓凡吾考察能及之物莫不循之云尔。虽然,我之所实验者未足以尽物之全,或所未及者犹多多焉,亦未可知。则是犹能不执着者,挽近发明,而往世所立轨则,多以破坏,正以往之以为莫不循之者,而今乃得其竟不循之者。以吾所测,后此破坏益多,将成穷露。此即无可安立之义也。

德行轨则不可得义云何?(此轨则非规矩之谓,即俗云伦理学原理。)德行唯是世间所有事,世间不真,如何而有其轨则可得? 其所冯依而有,唯是依他,不异自然。所云良知直觉,主宰制裁,唯是识心所现,虚妄不真。比闻挽世心理学家之说明,谓心实无"道德感"之能力,虽足遣往世之执,要亦妄谈,不曾得真。兹为扶其根本,其余浮谈不遣自空。根本云何? 所谓自由(Free Will)与有定(Determinism)是(此为心理学、伦理学根本问题)。若心自由者则能拣择善恶等而取舍之,以是故,德行得立。若心范围于有定者,则不能拣择取舍,以是故,德行则不得立。夫有定云者,此即有自然轨则不可避之义也。前义既陈,此说决定不成。自由云者合前不可思议义,亦不得说云自由不自由。而况于此轮回世中,妄法之心,云何而可说为自由? 康德所立真我自由之义,但是虚诬。所以者何？彼以德行责任反证必有自由，德行责任未定有无，于此唯是假设。假设所证，亦唯是假，岂成定论？又其既言自由之义，而又云"苟有人焉为精密之调查，举吾人之持论，吾人之情念，一切比较实验之，寻出所循公例，则于吾人欲发何言，欲为何事，必可预知之不爽毫发，如天文家之预测彗星预测日食者然。"夫既自由，则发言作事，要待其自由拣择，如何又循公例而可预测？相违法一处得立，不应道理。（按此录康德语，本于梁卓如之述康德学说。梁于其间多以佛义相比附，纰缪百出，不可胜言。其于此处，举佛一切众生有起一念者我悉知之之言为注，以为佛之治物理学较深于吾辈耳。无知妄谈，不可不辩。盖佛言唯是六通照察之意，与世间人求轨则者，一真一妄，截然不同。故佛知未来与众生自由不自由无涉。康德之言则非众生不自由必不得成，所以纯是妄想也。）是故当知，自由有定，两具不成。若能双遣，亦能具成。轮回世间不得解脱，是不自由义，发心趋道即证菩提，是不有定义。综核其言，唯是不可思议，云何而德行轨则可得安立？至于良知直觉，识心所现，本来不真，而不可谓无。彼土心理家未曾证真，而说为无，亦妄言耳。至于树功利之义，以为德行之原，虚妄分别，更劣于此。

究元既竟，有为世人所当省者，则所有东西哲学心理学德行学家言，以未曾证觉本原故，种种言说无非戏论。聚讼百世而不绝者，取此相较，不值一笑。唯彼土苴，何足珍馐？拨云雾而见青天，舍释迦之教其谁能？呜乎！希有！希有！（种种聚讼，非常之多，诚了三义，不遣自空。然为破世惑故，当另为论，一一刊落之。）

决疑第二　佛学方便论

　　既究元者,则知无有中,幻有世间。所谓忽然念起,因果相续,迁流不住,以至于今。此迁流相续者鲁滂所谓变化无休息,达尔文、斯宾塞所谓进化,叔本华所谓求生之欲,柏格森所谓生活,所谓生成进化,莫不是此。而柏格森(Bergson,即《想影录》之别克逊)之所明,尤极可惊可喜。今欲说世间者,因取以入吾论。

　　　生活者知识缘以得有之原,又自然界缘以得有象有序为知识所取之原也。哲学之所事,要在科学所不能为,即究宣此生活而已。此生活之原动力,此生活所隐默推行之不息转变,进化此慧性,使认取物质世界,而又予物质以核实不假时间之现象,布露于空间。故真元者非此核实之物质,亦非有想之人心,但生活而已,生成进化而已。(*The Philosophy of Change* by H.Wildon Carr.,14 页)
　　　慧性之于心犹眼耳之于身,当于进化程中(按此柏之生成进化 Creative Evolution,不廑如进化论者之所云),此身受有五根,使得领纳真实外界之所现示,同时限制此现示之区界及法式。故慧性者所以专予乎心,使知见外界之真实而亦同时限制其所能为之区界,与其性格者也。(同上 22 页)

此进化之第一步大分派,即植物与动物,其一趋于不能动而无知,其一趋于能动而有知。继更分有脊骨动物,以吾人类造其极,无脊骨动物以蚁与蜂臻其最高之发展。此进化之两大派,成两法式之行为:一则性能(Instinct),一则智能(Intelligence)也。(同上 79 页)

然则物质者何? 云何而现? 其实但迁流而已。然非如科学及常识个个物皆流行转变之意也。此谓流行转变便是此个个之物,而更无其他也。实未尝有物去流行转变,但个个物即是流行转变而已。流动斯现,不动则不现。今日虽束缚于物质实在之物质科学,亦莫不归向此论焉。(以下为说略同鲁滂,同上 29 页)

此中所表是何种义? 谓一切生物之慧性,即人之八种识心,但是隐默推行之不息转变所谓进化者之所生成。而识心所取之现象,又即是此不息之转变,此不异为佛学解说其依他性所由立也。云何依他幻有? 有此生成之识心与所现之物象不得直拨为无故,有此隐默推行之不息转变以为其本故。故善说世间者莫柏格森若也。然说世间愈明,世间之妄愈确。柏氏举一切归纳之于不息转变,以为唯此是真,而求其原动力则不得,此无他,彼未尝证得圆成实性(即真如即涅槃),故不了其为依他故。不了其为清净本然之真心(即鲁滂之以太)之忽然念起也。依他必待证得圆成始了,此其所以难。而知诸外道异教之说世间为妄者,亦但是姑妄言之耳。常见世间凡夫颇有举人生目的以相扬榷者。或云德行，或云快乐，或云利他，或云功名，或云蕃衍子姓，或云克祀祖宗。姑不论其所树唯是愚执。目的之云，本谓行趋之所取。今人生就其全历史而言，已数万千年；就个体言，已数十年。譬犹趋行既远，忽而审议此行为何所取，即此扬榷之一念，已暴露其本无目的。藉使扬榷而后有所定归，则已非此行之目的，故人生唯是无目的。夫无目的之趋行，云何而可追忆其行趋之缘何而有？彼凡夫疑正法者，究问缘何忽然念起，缘何无明得起，正不异此。亦即以此忽然念起所以为妄。无目的之行为俗所谓无意识之举动，无一毫之价值者，而即此号称最高最灵之人类数千年之所为者是矣！不亦哀哉！人生如是，世间如是。然则我当云何行？云何在？此所谓决疑也。于是略得两义：一者出世间义，一者随顺世间义。

出世间义云何？谓既了人世唯是从清净本然中，虚妄而成，云何而不舍妄取真？如来一代大教，唯是出世间义而已。然世间凡夫耽着五欲，又见世间峙然环立，信此为实，出世为虚，虽语之正法，常生违距。或者以为藉使世间妄有，而无始以来既已如此，未来更连绵未已，断妄云何可成？或者以为藉使世间妄有，而无始以来既已如此，何必定求真者？今为树出世间义故，决当取而决之。

一者，断妄云何可成说。夫妄之云何而成，唯是不可思议，则离妄成真云何而可思议？问断妄云何可成，与问妄云何而成者，正无有异。若知从真中竟可成妄，则知从妄中定可成真。是故问者既容认世间是妄，即不当设此难。诸佛亲证云何不成，乃至挽世或并世中亦有证诣者,如石埭长老去来自如,世难未发,先已照见(长老于辛亥八月十七日圆寂之事世多知之,近人笔记亦载)。其余眼通、耳通、未来通,世间颇有其事。盖真心本量周法界,自妄还真,其事至顺。山河大地虽峙然而立,合以鲁滂、柏格森之义,流动斯见,不动斯灭,众生妄断,大地亦空。佛语自始无一分之虚也。

一者,何必求真说。夫求真而云何必,其人之庸猥劣下,已不足言矣。然此徒以贪世间之乐而不肯舍耳。取彼所迷为乐者,而诏之以唯是苦,庶其发勇猛心,趋菩提路邪? 真妄之义,本不易了,苦乐迫切心身,辨思所始,究讨有获,出世想生,自来莫不然矣。吾未冠而好穷世相,苦乐之真,得之弥早。余杭有《俱分进化论》,其言苦乐骈进,略相吻合。近读英人马格雷所述叔本华学说,具言其有得于东方之化;而审其立义不出吾向日之旧,犹未惬心。求适吾用,仍追忆昔所思构而敷陈之(间采两家言辞及今义释之)。于此吾尝立四者以为根本:

一、欲晐感觉言。感觉谓五根之所领纳,如目悦美,身感痛。领纳之先,虽不曾起求美拒痛等想,唯是潜伏不露,要得说为欲。今叔本华之说欲视此更广,举无机物之力如石落水流亦归内于此,而喻之云:"黎明时之微曙,要与中午皓皓之光同享日光之名也。"合柏格森生成进化之义,植物之有感,动物之有欲,固非异物也。

二、苦乐唯因欲有;若无欲时亦无苦乐。因有欲(晐感觉),乃有苦乐等受;若无欲(晐感觉),自无苦乐等受。

三、苦者欲不得遂之谓,此外无他义;苦之轻重,视其欲之切否。苦晐括一切烦恼、忧悲、病痛言之。审所由生,唯因有所欲而不得而然。若无此欲,不生此苦。苦之定义如此,不许更有他义。所欲笃切而不得遂,则苦亦重;所欲不切,虽不遂,苦亦轻。此即常情可得。

四、乐者欲得遂之谓,此外无他义;乐之薄甚,视其欲之切否。同前释而反之,其义可得。乐亦包一切表乐之名而言。

此平平无奇,尽人可识之四条件,实已将世间说苦乐之浮翳扫荡无遗(此浮翳虽余杭叔本华未免);而吾即据此建种种义,举世间一切圣贤、才智、凡庸终身不解之惑而摧破之。种种义云何:

一、欲念无已时。此欲专谓有念之欲。潜伏之欲所谓感觉者,固莫得而已之,即有念之欲亦生生无已。此固余杭叔氏所有言,而彼莫能详其说。此取前所设据,可明也。假使有人,种种具足,一时不得可欲念者,必起烦闷;以觉官(五根)无所摄受故。其苦与忧恼无异;无念之欲不得遂故,无念欲(感觉)与有念欲无异故。当此无摄受苦成时,立迫此心作念,求所以摄受者。故方其闷时犹是无念欲,迫其烦时已是有念欲。以是义故,欲念生生无已,不得暂息。然亦因人而稍不同,聪明人(觉官灵敏)无念欲切,则无摄受苦亦重,其迫之生有念欲更急。反之,鲁钝人(觉官迟钝)无摄受苦不甚迫切,欲念常纡缓而少也。此亦叔氏所曾言,而莫详其所以者。

二、世间苦量多于乐量。欲念生生无已,不可计数,则苦乐之量亦不计数。然通计欲不遂者远过于得遂者,则苦量远过于乐量。又正欲念时,预计得遂则生忻慕乐,预计不遂则生忧虑苦。不遂既常多,则虑亦多于忻;并此而计之,苦量多于乐量远矣。

三、世间所认为乐境如富贵、平安等,与认为苦境如贫贱、乱离等,其苦乐之量皆相等,无毫厘之差;更合前义言之,其苦量皆多于乐量。乐境、苦境,赚括甚广,无论个人多人所认其为如是者皆属之。今明其一,其余自了。贫子慕千金之家而以为乐者,谓其有此千金也,而不知彼方且慕万金之家而耻不逮及,其欲已不在此,云何而有其乐(本前第一设据)?贫子之执以为乐者,在彼则已厌之矣。故说千金之家为乐亦非,说千金之家为苦亦非,千金之家自始与苦乐之情不相涉。取一例余,凡举某何之境遇为乐,某何之境遇为苦,皆不得成立。故知境遇自始与苦乐不相涉,若欲较量苦乐,此毫不相涉之境遇不得羼入荧惑其间,则彼贫子富家既同其有欲,同其欲念生生无已,同其或遂或不遂,自亦同其苦苦乐乐而未有毫厘之差别。

四、世间所希望之乐境如文明进化、大同世等,不第与富贵同其惑妄,且尔世苦量必过于今。此希望之乐境亦赚括甚广,如社会主义、无政府主义、康德之民主国、尼采之圣人(谢无量君述其说于《大中华》),以吾所测,皆非不能实现者。合以顷所立义,乐境本不成名词,与世俗之执富贵同其惑妄。余杭《俱分进化论》遮拨进化论者之希望进化,表苦乐骈进之义云:"一,感官愈敏,应时触发,其感乐则愈切,其感苦亦愈切;二,卫生愈善,无少毁伤,其感乐则愈久,其感苦亦愈久;三,思想愈精,利害较著,其思未来之乐愈审,其虑未来之苦亦愈审;四,资具愈多,悉为已有,其得乐之处愈广,其得苦之处亦愈广;五,好尚愈高,执着不舍,其器所引之乐愈深,其器所引之苦亦愈深。"条具甚备。扼要而言,后此进化,人类聪明必过于今日(此无可疑),而聪明愈进,欲念愈奢(如所立第一义),苦乐之量愈大。如顷立苦多于乐之比,后此之苦必有大过于今日者。夫今世往世多有聪明敏慧之伦,以感苦剧甚,不胜其死灰槁木之思,至取自经,则今之希慕由鲁钝进聪明者,迨彼其时必有其悔恨不胜者矣!

此所立义,不过由世间现相比量而得,初无胜义之足云,而坚强锐利,已摧破一切世间诸有为教,使无得立足。彼大圣大哲者尚不了苦乐在欲,而穷力于构画其理想之世界,以图安乐祛苦,则于如来实教,更何曾梦见?而世间人乃举以与如来大法相为比拟附会,如今之割取大悲之旨,张其大同之说,昔之儒释同原异途同归等论。又或主张去欲净尽,而又不舍其率性为道之教,依违莫测,支离失据,如彼宋明之学者,尤足齿冷耳!

世间既无可耽着如此,则彼其不胜其死灰槁木之思而自取裁决者果是欤?是甚不然。叔本华于此有言曰:"自裁者之决去生命,正以其未能决去欲念耳。盖方其捐生,正谓将去有生之苦,获无生之乐,此正是极强之欲念也。"此言虽似,而要当知生死本变化中事,自裁无解于变化,斯即无所逃。出世之义要如如来之教乃完,一切外道邪修无非悖妄,不独自决已也。世有清明之士,诚无惑于世法,则经藏具在,可自求耳。

向所明如来如实之教,乃至此之遮遣世间百家之义,一法不立,凡小闻之莫不惊怖而失守。以是颇生其违拒之念,如此土凡夫熊升恒云:"佛道了尽空无,使人流荡失守,未能解缚,先自逾闲,其害不可胜言。"不知宇宙本无一法之可安立,彼诸不了义之教,假设种种之法,有漏非真,今日已不厌人心。如所谓"现代思潮不以宗教伦理为目的"者(远生《想影录》),正此有漏非真之穷露,而不复为人所信。假使非有我佛宣说了义,而示所依归,则吾人乃真流荡失守,莫知所依止耳!归依云何?出世间是。出世间义立,而后乃无疑无怖,不纵浪淫乐,不成狂易,不取自经,戒律百千,清净自守。彼世间德行尚不能比拟其万一,更何逾闲之可得?若其既不能硁硁固据其世间之礼教,又不能皈依正法以出世,而唯贪着五欲,不舍世间,窃无违碍之谈,饰其放逸之行,则是黠猾之所为,非吾释子之所有。

随顺世间义云何?为世间人不能尽以出世期之,众生成佛,要非今日可办,则方便门中种种法皆得安立。释迦设教,上契无生,下教十善。德行之义,若知为随顺而有,非其本有,则云何不可?宽随顺之途,亦所以严出世之教,如来措置,莫不得宜。况以吾世智所测,成佛大愿,将来必成。盖人群之进,由图腾而宗法,而军国,而以社会主义圆满为其终局。迨彼其时,人类聪明已造其极,感苦至剧,而从境遇谋救苦之方已穷,如来大法,举世同情矣。此觇于欧土佛化之兴,与人群变化所趋,可信其不虚者也。然则今之随顺世间促进进化者,亦所以促佛法之成功,亦未有违反耳。

此二义者可任人自择。出世间固无论,即使不然,能常亲正法,获闻了义,虽住世间亦得安稳而住。彼聪慧善疑之伦,思而不得,则颠倒忧苦以为无能解决。自吾观之,唯是疑而不肯究讨。若不尔者,云何如来大法近在眼前,而不知求(《想影录》所译《新思想论》无一语及佛)。又或虽闻正法,方有疑沮,便尔违拒,甘于自弃,复何言焉(如蓝公武之流)。夫善疑者辨思所尚,然要在疑而勇于究讨,若徒疑焉,则亦终成绝物而已!东土学术,凡百晦塞,卓绝光明,唯在佛法。瞰彼西方,曾不足数,云何摩尼在怀,而行乞于远?论者获参胜义,掬心披肝,唯将此以示人,不知其他,不见有他。

著者跋

　　余造新发心论久而未就，比见黄君远生《想影录》，悲心愤涌不能自胜，亟草此篇，愿为世间拔诸疑惑苦恼，惜远生不能见矣！远生尝自沪遗书，信我为诚笃君子，可为得之。盖吾为人无他，但只一个诚心而已。然此诚心却不曾献于远生，此可恨也！

漱冥跋

附　记

　　《究元决疑论》是民国五年我二十四岁时作的一篇文章，于是年五、六、七月分之《东方杂志》发表的。我自二十岁后思想折入佛家一路，专心佛典者四五年，同时复常从友人张申府（崧年）假得几种小本西文哲学书读之，至此篇发表，可以算是四五年来思想上的一个小结果。当时自己固甚满意，而在他人尤多称道传诵，引起许多位先生的注意，至今好些朋友关系，还是从这篇文字发生出来的。即我到北京大学担任讲席，也是因我经范静生先生的介绍而以此文为赘去访蔡先生，蔡先生看了此文，就商同陈仲甫先生以印度哲学一课相属（但当时因在司法部任秘书，未能承应，而转推许季上先生。至翌年，许先生病辞，乃继其任）。直到五六年后——民国十年——陈嘉异先生在《东方杂志》发表的一篇谈东西文化的文章，还举此文以为印度思想代表，而要大家去看。实则这篇东西现在看起来直是荒谬糊涂，足以误人，我自己早十分后悔了。

此文在今日既已悔悟其非，便不当再印行流布。但我想我便不印，而外间终免不了有人传观，反不如径自印布，而将谬误处批注明白声叙知悔的好些。医学上有所谓"免疫性"，如某种传染病犯过一次之后便可不再染疫，因此有利用轻度染疫以取得免疫性的，例如种牛痘便是这个意思。我现在这个办法，说句笑话便是要大家取得一种思想上的免疫性。以下我即将此文谬误各点指摘出来。

此文原分究元和决疑二部，究元又分性宗相宗两段去说，决疑则以论苦乐一段为重要，而谬误的大端也就在这三段。

（一）叙性宗义的一段　此段以鲁滂的《物质新论》和佛家的《楞严经》《起信论》来比附，立论最是不当。且不论鲁滂的话可靠不可靠，亦不论自安斯坦的发明以来物质的观念变更，从前科学上假定的"以太"取消，而此以"以太"立说者能否成立。根本上这种以相仿佛的话头来比附立论，是使人思想混沌的一条路，是学术上的大障，万要不得的。而且"以太涡动"附会"忽然念起"也实在可笑的。我们求知首当致谨于方法，而若鲁滂《物质新论》的主张，是否从谨严的方法求得来的，盖甚难言。至若《起信论》的宇宙缘起说，其方法更难言了。无方法而讲话，则只是乱讲的而已，其是非臧否，末从而辨也。所以这一全段话内中的是是非非，直无可说，通体要不得。

（二）叙相宗义一段　此段前半摘录《三无性论》等，后半证引太炎先生的文章，以说明无性之义。其实《三无性论》《佛性论》等，在相宗典籍中，其价值如何，是很待商的，而太炎先生的文章，尤多错误杜撰之处。相宗无性之义，殊未易谈，此段中全不曾弄得明白。

（三）论苦乐一段　此段话颇动听，虽有些意思，但可惜也是没方法的乱谈。现在且不暇言方法，只先指出他推论结果是错误。照此处对苦乐问题的究讨，其结果是无论何人其苦乐都是平等，都是苦多于乐，而人类进步，都是日进于苦；要没有苦，须得没有感觉和欲念。我即从这种推论结果，而归心于佛家的大解脱主义、出世主义、无生主义。到后来我这种人生观变了，其故则以发觉前头的究讨含藏着一极大的假定在内，而这个假定则是错误的，所以推论结果自亦错误。我且声明他的错误在此；至其所以然，则《三十自述》一文中颇详之。

大约谬误的大端，不外这三段，至其他零碎的小错，如翻译柏格森的几小段，似都有不妥之点（译名之不合于现在普通所用的，则以当时还不曾有人翻译之故），而文中滥用"有为""有漏"等名词皆去佛典原义甚远，则尤为可笑的了。余不一一。

12 年 5 月，漱冥记。

唯 识 述 义

（第一册）

目　录

初版序言

  这本书是我极不愿极不愿出版的,现在既尔出版,不能不有几句话说,却又因病不敢多用心。我久想作《孔家哲学》《唯识述义》两书而以《东西文化及其哲学》作个引子。**我们说话多少要成一句话,够一句识者审量的话。自己没学问很自明白的,还不敢拿些旧古董冒充学问混世误人。**现在既然来说话,来讲旧古董,那么先须说明我要说要讲的主意所在,同他可说可讲的所在,庶乎识者晓得我们以后所要讲说的不是不成话的,不是迷惑人的,庶乎一般旧古董家不错认我们以后所讲话的是为他帮腔而益坚其迷惑。**因为既要把旧古董拿到现在的世界上来,你不先打通一条路,那话何从说起呢?那东西就不能讲的。既要把现在的世界引入旧古董里去,你不先廓除旧弊积污,那话岂可随便就说么?那东西是万不可讲的。**所以那引子的重要百倍于原书。作《东西文化及其哲学》而没作《孔家哲学》《唯识述义》倒可以的,绝不应作这两个书而没作《东西文化及其哲学》。我自民国六年十月初到大学那一天就抱的个誓为孔子释迦打抱不平而来（当时晤蔡先生陈先生就是这个话），中间节节为事及别的笔墨扰碍，讫未作出一点东西来。去年暑假急急忙忙把《东西文化及其哲学》作了两章。乃开学增"唯识哲学"一科目，又不得不编《唯识述义》，想着兼程并进，竟不成功，反弄得夜不能寐的症候，请了有一个月的假，到现在三个月没好，还须觅地养息。自觉实无以对选修唯识的诸君，只好把这一点《唯识述义》的稿子印出来，大家拿着这个去看唯识的书也就不难看的（因为平日只空口讲）。于是就弄成现在有本书无引子的局面，这真非我本意。想着细细作一篇序言，心思迟钝到万分，一天写不上十几个字来。没有法子，且把《东西文化及其哲学》的导言录在前边，名曰"前录"。这件本作得极不好，也没说出什么意思来，只好在此地说几句简单的话，请大家注意就是所希望的了。

一、讲佛学的诸君要想想这种"印度化"有什么危险没有？有什么毛病没有？印度民族所以到印度民族那个地步的是印度化的结果。你曾留意么？如上海刘仁航先生同好多的佛学家都说佛化大兴可以救济现在之人心，可以使中国太平不乱。我敢告诉大家：使佛化大兴，中国之乱无已。且慢胡讲者。且细细商量商量看！

一、批评佛学的诸君要想想这种"印度化"是怎么来的？他为什么如此？所为要学者的是要他老先生解决我们的疑难。某项学者就去研究某项问题，解决某项疑难。我们平常人所怀着的意思学者要完全看在眼里，我们自己说不出来的心意都能替我们说出来，而去批评我们指导我们，这方才算个批评。若是丝毫不懂我们是怎么一回事,只凭极简单的头脑说些极浅稚的话,与不学的人相骂,这算批评么？直给学者丢脸。也请且慢开口者！

一、本来佛法并非哲学。但既把佛法来作哲学讲的诸君就要请你们当真把他讲成个哲学,不要拿他来冒充哲学。你要想想哲学界里有他立身的地方没有？先替他想想法子才好讲。若像诸君那个讲法便是自绝于哲学界之道(参看本书第一章,此不多说)！

一、有佛法之好尚的诸君我们很钦敬,但愿诸君求点真佛法,且莫走入外道。例如刘仁航先生、蒋维乔先生都是好谈佛法的,但我看他们著作里的话实在是醇乎其醇的外道思想。望大家留意！

一、本书注文里对于时人讲唯识的话已略有辨正之处,此外未及辨正的还有,容后几章中再见。又如马夷初先生的《庄子札记》好以唯识讲《庄子》,我们也不敢赞成,曾向马先生面陈愚见。本来章太炎先生《齐物论释》的讲法连他最相契的黄季刚先生就未敢承认适当(黄君对我言如此),但要我一一辨正,功夫来不及。好在马先生原书把不懂唯识声明在前,学者自有斟酌的余地了。本来唯识这样东西久已无人传习而又特别费解,**谁讲唯识不是乱猜入手？你猜错了我来辨正,我猜错了你来辨正,很不算什么。也非如此不能把唯识学寻出来。**我生平做事总是一意孤行,从不与人商量,无论读哪一项学问的书总是关起房门来自己摸索,**一生乱猜,**不知说错了多少话,只有希望大家辨正。所以我不以辨正别人的话为嫌,且觉得不能不如此,附纸尾声明。

9 年 1 月 23 日漱溟识

第一章　绪论

释唯识学来历

大乘佛教到了后来，在他那说理上边渐渐分出两条大路，就是通常说的性、相二宗。现在所说的唯识学便是那相宗所说的理。所以相宗也称唯识宗。但认真说唯识宗实在比相宗范围要狭些。这种理是佛为慈氏即弥勒菩萨在解深密一会所说的，即是现在所流传的《解深密经》。但还不止此。据《成唯识论述记》说他们所宗本的有六经十一论。《华严》《深密》《如来出现功德庄严》《阿毗达磨》《楞伽》《厚严》（即《密严》），是为六经。《瑜伽》《显扬》《庄严》《集量》《摄论》《十地》《分别瑜伽》《观所缘缘》《二十唯识》《辨中边》《集论》，是为十一论。这其中以《瑜伽师地论》为最重要的典籍，唯识学都出于此，所以又有瑜伽宗之称。此论是弥勒所说，而无著菩萨所著录。无著自己又造《摄大乘颂》等颂论。其弟世亲或翻天亲菩萨造《唯识三十颂》等颂论。从此以来才有讲唯识学的人。这种学理自然是佛所说的，但愈到后来唯识的面目愈显豁愈严整。所以唯识学与其说始于释迦，不如说始于弥勒；与其说始于弥勒，不如说始于无著，而实实在印度为这一宗始祖的还是世亲。其后著名的学者当以陈那、护法为最。陈那造《观所缘缘》等论，用因明的法子以经营唯识，复以唯识的道理来改建新因明学。自是言唯识的必通因明，讲因明的亦必达唯识。然在这以前性、相两条路虽经分开，尚不生何争论。到护法与性宗的清辨两大论师同时出世，大乘法海方兴诤论而分立宗派。护法下传戒贤，清辨下传智光，又相颉颃。唐玄奘法师游天竺时（西历纪元后 629 年）戒贤、智光各拥徒众数千，讲学甚盛。奘公受学于戒贤之门，遂传唯识因明之学于中国。在长安大慈恩寺翻经讲学，有高弟窥基著述宏富。中国唯识学、因明学的书都出于他之手，世称慈恩大师。因为《唯识三十颂》先后十家造释，互有出入，师乃较订长短，多半折衷护法糅为一论，曰《成唯识论》。遂集历来唯识家之大成。凡现在讲唯识学的，质言之，就是讲《成唯识论》而已。唯识学来历大略如此。

唯识学与佛教

其次说唯识学在佛教上的价值地位究竟如何呢？此问题很有争论。有贬抑他的，有推尊他的。自来判教者都拿他次小乘之后，位般若之前。高小乘一等，而逊于性宗所宗奉的般若教。论起来紧接小乘的应当是唯识，如此判法并没有错。那戒贤以来唯识家自己说是第三时教的话未敢相信，实在不对。我在《印度哲学概论》辩之已明。此事牵涉他们两家所争的空有问题，说起来话长，现在只略表数句。一般唯识家说如来说法凡有三时，初时可以名为有教，为发趣声闻乘者破外道实我之执，明我空法有之旨，诸部小乘都归于此类。第二时可以名为空教，为发趣大乘的明诸法皆空之旨，又破从前法有之执，便是般若等教。到第三时方说中道教，为双破前边的空有之执，说一切法唯有识。心外无法，破初有执。非无内识也不许一切皆空，正处中道，便是我们的解深密教。这篇话全拿空有问题分判三时，此外并无根据。然而空有问题又实不应如此的讲，因为般若家的空无与唯识家的空无原是两事。唯识家原从分别有无入手，说遍计是无，依他是有。那无的便如兔角龟毛之无，那有的便如牛角羊毛之有，有无是对待说的。般若家直悟一切无得不堕在见解计较里边，拿空无来扫荡一切的见解计较，而他所说的空无却不是一种见解计较。所以他们两家虽然都说空无，而实在彼此不相涉。此意《印度哲学概论》最详。若拿两家略不相涉的空有去比较等差，因而去判三时教，这全出于唯识家对般若家的意思的不了解。实在不对的。

　　唯识家虽从有分别入手，归根还是无得，与般若家无二。无得是佛家的真意。般若、唯识本来是两条大路同以无得为归，没有高下可言。一般以唯识为权教的也不是。古德如嘉祥、圭峰对于唯识想去难破都无是处。具如《概论》中所辩，现在且省略了。论起来般若家的意思是大乘教里不论在什么地方不能离开的，离开便不是大乘了。唯识家的意思虽未曾如此普遍，但我看去也有同样的重要。因为大乘教倘若没有唯识单只般若的无可说的意思，那么要说只好说小乘的教理了，那是很不妥当的。质言之，离了唯识竟是没有大乘教理论可得。大乘佛教离了唯识就没有法子说明(广义的唯识)。我们如果求哲学于佛教也只在这个唯识学。因为小乘对于形而上学的问题全不过问,认识论又不发达。般若派对于不论什么问题一切不问,不下解决。对于种种问题有许多意见可供我们需求的只有唯识这一派,同广义的唯识如起信论派等。更进一步说,我们竟不妨以唯识学代表佛教全体的教理。这都是说唯识学价值地位的重要。但我们回头来看佛教自己对于唯识学如何呢?他自己便很不重视。这种倾向是很当注意又很难讲的,此刻且不去讲,可参看《印度哲学概论》。

唯识学与西方哲学

若论到"唯识学与西方哲学",这题目太广漠,似乎无从着笔。并且唯识学都是说些什么此时还不曾说出,又何从去比较而观呢?所以现在不去讲这些个,这些都在后面讲叙唯识的时节随处点说。现在所要说的是:大体上西方哲学到今日是怎么一个趋向,或现在的哲学界是怎么一种形势,我们所讲的唯识学对于这种趋向形势,是顺是逆或其他态度呢?大家都说近世以来科学总算很有成绩,很有进步,而进到哲学,不见什么成绩、多大进步。所以某种科学的方法怎样,对一问题的解决怎样,多已是明著确定。在哲学上便未能如此。方法还在争论,问题多无解决。这话固然不错,但是科学既有进步,自会影响到哲学了。或者说人类的知识思想既走上了科学方法那条路,自然渐有眉目的(不会同东方似的终久不能有眉目)。这露出的眉目即前所谓趋向形势,是我们于要讲唯识学之先应当审量一过的。如果意向适符,便无问题;如果意向相左,岂能不问个所以然? 否则你絮絮叨叨讲叙许久,在人家早是不足道的残言废话,不能成立的东西,那徒为识者作笑柄罢了。现在的人于科学尚晓得不好乱谈,于哲学便以为无拘无束,动辄就自命是讲哲学的。什么佛家、道家、老庄、周易讲个不了(我们并不反对讲那些家数,那其间原非都是不能立足的东西,只由他那讲法便都要不得了)。据我看去,那现在的哲学界的趋势也有已经明著确定的,很是这些东方哲学的难关。若于此处无个审量解决,那自家的唯识正自不须讲得,且歇息去罢!这种趋势试说如下。但我非讲究西洋哲学的,不过东看一点,西看一点,拿自己的意思贯穿来说罢了。所说得有不对的地方,望识者指正。

　　我所要说的是方法上或认识论上的形势。提到哲学方法问题或认识论(Epistemology),这便是西方近世哲学对古代与中世才有的新形势,也就是东方哲学的难关所从来。原来从前的哲学家(无别西东)都不留意这层问题,只是把形而上学(Metaphysics 或唤作玄学)来无边无涯的胡讲乱讲。到十六七世纪以来才渐讨论到认识问题,那哲学界里方不是形而上学独有的世界。等到十八九世纪,认识论上竟自论究到形而上学的能成立不能成立,大有根本动摇的样子。一直到现代,因为方法不曾探出,虽然大家态度各有不同,而形而上学之还在退歇,事实昭然。那一味好谈形而上学的东方哲学,虽然一般的度日度到二十世纪,还只是西洋古代中世的模样,那十六七世纪以后的新形势在东方通通没有,直不晓得。然则两相比看,岂非西方哲学生机别启,前程远大,而东方哲学已是命运就终,"尔墓之木拱矣"了么？所以我这治东方哲学的人去看西方哲学，头一桩就觉得这种形势非常重大，是最为重大。于是我们要首先研究他，只嫌手里没有合我需要的书可供参稽，很为难耳。且问这种形势从何而来呢？**大约看去形而上学的失势，自是因认识论出来先把知识本身加了研究，晓得不能乱讲，而所以研究到知识本身，成功认识论的，是因为英岛经验与大陆理性之争。而所以有经验与理性之争的，是因为英岛的归纳说起来一反从前自希腊以来的演绎旧风。**算起来那发动的所在还是要推培根。培根的价值当真大啊！大抵我们人的知识不外两种，来路也两种。一种是心里可以推得出来的，譬如说"甲与乙相等，乙丙又相等，甲丙便相等"。这是无须凭据感觉得到事实也自能经营成功学问。因为是空洞的形式关系，其理为迹先的（A priori 或翻先天、先验，此是从屠孝寔君译）。如数理、论理，都是这样，统谓唯理的科学。他的方法在演绎，用不着考察实验，唯倘非空洞的形式关系自不能以此为例。一种是必须凭据感觉得到事实才能经营成功知识的，譬如说"天冷水便冻冰"。天冷水冻冰，都是由身与眼的感觉所得又屡试屡验才经营成功的。他那事实若未经感觉单去心里想无论如何想不出来的，事实若非屡试屡验也不能成我们可信的理，他的方法便在归纳，非考察实验不成功。凡是以迹后的（A posteriori 或翻后天）事实为对象的学问都从此路而来，统谓经验的科学，如种种自然科学，种种社会科学皆是。知识如此，来路如此，凡知识不可无来路，不可走那不对的来路。无来路，来路不对，就非"知识"而是"胡说"了。但人总难免如此，古时人为尤然。因为后一种知识须待外缘(得到事实)且要长的时日(屡试屡验)才能成功,好像比前一种条件严得些,故尔容易弄错。而人生活上需要解答的却又总多是事实问题。古时人不似今人承受有前人的遗产(已成功的知识传下来),外缘不具,时日来不及,最重要的知识方法又不明,于是就以臆谈胡说去应付了。虽是臆谈胡说而因方法未明,不以为嫌,相习如此,视若固然。所以那古时乱讲形而上学是势所必致的,而希腊人似更有他的原故。希腊时先发明了几何学,最为时尚,他那迹先的演绎法仿佛能晐洽六合的样子,所以希腊的哲学家把推理看成万能的了。什么宇宙的实体如何如何,本元如何如何,是有,是一,是二,是多,是物质的,是精神的,是真,是善美,是神,是恒久,是圆满无限,是不变,是迥异乎现象,乃至种种很奇怪的事情,他们都能知道。不但中世以宗教的权威不能脱此臼臼,就是入近世来大哲如笛卡儿、斯宾诺莎、莱勃尼芝还都在这上边显神通。因为他们都是大数学家,所谓大陆的理性派,以为天地间的理是自明的,是人的理性所本有,自会开发出来,推演出来,非是从外面拾来的,所以就不觉得有什么是不能知的了。此外,近世哲学家不变这旧态度的多得很。就连英岛的经验派也有不免贸然的硬作许多形而上学上的主张。到休模方说只科学是知识,形而上学的说话不是知识。因他的持论知识来从印象,形而上学哪里有印象呢? 他这说法有是有不是,还未足服人。到康德出来解他们理性、经验两家之争,认识论遂获大成,近世哲学对于往昔惟一的新形势才确定如九鼎,而独断论(即前之以知识为无界限,硬作许多形而上学主张者）于是绝迹。[①] 他的说法很精致,此不及述。他那意思,**我们于现前世界以外固然是感觉不到,而且是判断所不能加,岂但迹后的无所凭据,根本上悟性就不能向那里用。** 所谓实体者连有无都不能说,遑言其他。但他却也承认形而上学,他承认他是理性的观念。人的悟性不应那样用,而总不甘心,总要用,想去知道知道,这种需要就成了形而上学。这非复悟性的概念,谓曰理性的观念。这种承认明明是承认他为臆谈。[②] 等到孔特简直正式的加以否认了,即所谓他的人类知识分三时代说。他说是:神学、形而上学都属过去的东西,以后人的知识全是所谓实证的——即科学的,哲学也是科学的。神学、形而上学虽不同,总要去讲绝对——想象一个整个的宇宙去讲

---

① 现在胡乱讲些东方哲学的固然都是独断家,而传播新思想的如《新青年》之陈君独秀、《新潮》之傅君斯年也不免为独断家,记得两君都有以科学为无所不可知的话。陈君不忆是那一篇,傅君是《对于中国现在谈哲学者之感想》篇。他说:"我们只能说现日科学的所得有限,不能说科学在性质上是有限的。"傅君作那篇的意思我们很赞成,同我一样用心,只于哲学界情形不甚谙悉不妥的话颇有,阅者亦应留意。

② 录陈百年君《西洋哲学概论》一段备读者参考:"人既应用概念以统一事物而构成知识,则必求所以扩张其统一之范围,以达于绝对的统一。顾欲完成绝对的统一,势不得不超越于经验范围之外。何则? 吾人经验之范围中本无绝对的事实故也。此努力以完成绝对的统一之作用,康德谓之理性,而完成此统一时所用之概念谓之理性之观念。所以形而上学者即藉此理性之观念以构成者也。理性之用于形而上学也,有三方面:一曰灵魂之观念,即以绝对的统一供给于内的经验者而纯理心理学上之根本观念也。二曰以宇宙为一体之观念,即以绝对的统一供给于外的经验者而纯理的世界论上之根本观念也。三曰神之观念,即究竟的统一供给于内外经验之全体者而纯理神学上之根本观念也。顾此三种观念举非正当,盖在经验之外而无可论证故也。"

他——这是无从讲的,无可讲的。^① 但他非尽由认识上的见解而出此。盖由当时自然科学骤进,把从前知识未成立,古时人对于自然的臆谈逐层排去,孔特大约便是那总宣言的,而同时科学方法用到研究社会上去,社会科学将成,所以有此社会学的说话。故他与所谓自然主义(Naturalism)的哲学(想把自然科学推到哲学上去)同一气味。其间又有所谓感觉主义(Sensationalism),波耳松(Karl Pearson)主之,也是一样来路。他因科学不外是由感觉的印象(Sense-impressions)作成功的概念与推论,所以说一切唯有感觉。我们人的知识只是把些感觉来归类、分析、联合、拟造……而已,离感觉则无所有。**若说有一样东西超越感觉而又是**

---

① 录陈先生书备读者取参:"积极哲学至法兰西之康末脱(孔特)始成立。康末脱曰科学之目的在使吾人预知事物进行之程序,藉以摄理宇宙,而左右其进行也。故科学上之知识不外自然现象各种之规律,而专以经验为基础。然科学之知识非可一跃而几也,人类知识大抵经三阶级以发展,试征诸各科学其经历之迹历历可见。第一阶级曰神学的阶级。此神学的阶级实人知之出发点也。当此之时为一切理论之基础者实唯想象,而其解释世界之现象也一唯统摄此现象之神是赖。人之思想既不出神之实体之外,故人类努力所求者世界之绝对的说明耳。神学的阶级中又有若干小阶级,最初之思想为庶物崇拜,其次为多神教,其终为一神教。第二阶级曰形而上学的阶级。此阶级之说明宇宙现象也,不以人格的本体而以抽象的概念。申言之即务欲依据惟一之原理以说明宇宙万般之现象也。当本阶级之初,见有特殊之现象即假定特殊之力以说明之,其卒也合种种之力而统一之,用以建设唯一之大原力。神学的阶级、形而上学的阶级均求世界之绝对的解释,此两阶级所同;神学的阶级重想像,形而上学的阶级重推论,此所异也。第三阶级曰积极的阶级。积极的阶级排斥想像与推理而专以观察为主。其所判定之命题莫不与事实有关系。积极主义不求自然现象之绝对原因,但求现象间通行之一定法则耳。夫经验之所示止于有限之关系,而世间多数现象实有不能与他现象合一之势,故积极论之见解以为举宇宙间一切事物而归纳惟一之原理,实为学问上不可能之事。第一原因,究竟目的,在积极论视之真无意义之语耳。"

实在,那直不成话的。① 现代的哲学家在美如实验主义、在法如柏格森、在英如罗素尔,对这问题态度虽各不同,却正可由之以觇形势。这里边实验主义是不要去讲形而上学的,柏格森是要讲形而上学的,但他们却非真处敌对地位者不足注意,那针锋相对为我们所当注意的还是柏格森与罗素尔。实验家的意思以为形而上学的问题多半不成问题。求不出如果舍此说取彼说就要怎样的,两样说法名义迥异,归到实际是并没两样意味的。詹姆士有绕树追松鼠的譬喻:鼠在树上,人追着要看他,人在这方跑多快,鼠在那方也一样快,始终看不到的,或主张从这边追过去,或主张从那边追过来,请问到底有什么分别呢? 所谓实际主义之方法的(Pragmatic method),就是一个息止形而上学无谓纷争的方法,否则这种纷争是没有完的。② 这话没有惹我们注意的价值,我们且说柏格森。柏格森自己说他的哲学方法是出乎康德对一般形而上学之反对之外的,是要把从康德以来被康德打断了的形而上学与科学再搭一个桥接通。③ 但他怎能如此呢? 我们倒要看看他。前已说过,形而上学所以没法讲,一则是感觉不到,一则概念作用不能施,这两个难关有一不解除〔就〕④不成功。他的方法即所谓直觉(Intuition)都曾听说的了,**要明了他那意味,他就在解除这两**

---

① 此据波雷(Perry)*Present Philosophical Tendencies*,第 76 页所述,波耳松原书 *Grammar of Science* 则未见。有素朴的自然哲学家(Naïve Naturalism)与批评的自然哲学家(Critical Naturalism)之不同。前者不过是拿自然科学所得推到形而上学去,还是不留意去谈形而上学的,如赫克尔(Haeckel)之一元哲学等类属之。后者是觉悟了,不去谈形而上学的,如此波耳松之感觉主义等属之。

② James:*Pragmatism*,第 45 页。

③ Lindsay:*The Philosophy of Bergson*,第 10 页所征引柏氏自己论文。

④ 参考《东西文化及其哲学》有关论述补加。——编者

难关。顷所谓感觉不到的不是说感觉中没有宇宙,是说感觉中没有整个的宇宙,整个的宇宙就是绝对,而一说到感觉已是能所对立了。整个宇宙当然不许感觉,感觉生来不能得整个宇宙。于是柏格森讲说他的直觉,开口就标出能觉的我要加入所觉里头去,不在所觉外边转。[①] 最后结句就点明可以说为全整的感验(Integral experience)。[②] 同时对于概念大加排斥,说概念不得事物自相,哲学上的两对反论调(如唯心唯物)都由此误生,如他那方法两对反的意思通通没有了。他说:去讲哲学就是把从来习惯用思的方向翻过来。[③] 康德直以为智慧只是概念作用,除概念更不会别的了,知识只是数学的,想造一大数学的网把宇宙笼罩了。[④] 他这话对不对当别论,他却于两个条件都算作到。原来他是从生物学出来的哲学(实验家亦同系),他这种非概念非数学的见地都是有见于生物学。而罗素尔是大数学家,于是他的哲学又都从数理来了。他分现在讲哲学的为三派,他自己居其一,其余两派都为所反对的。一是自希腊来古代拿推理,空想要论证知道宇宙怎样怎样的,谓之旧传派(Classical tradition),举柏勒得雷(Bradley)的"现象与实证"(Appearance and Reality)为例。一是达尔文以来因进化论而产生之哲学,谓之进化论派(Evolutionism),便是柏格森与实验主义一类。这旧传派内中自多是数理家、理性派(参看前头所叙的),与罗素尔自己本是同气,他却鄙

①　Bergson:*An Introduction to Metaphysics*,第 1 页。
②　同前书最末页最末句。
③　同前书第 59 页。原文为 To philosophise,therefore,is to invert the habitual direction of the work of thought。
④　同前书第 71—73 页。

薄他们,可见这种派头是人所共弃了。他表明他讲的论理与从前理性派所讲的论理正相反,**他任听想象,拟构宇宙的当是、可然,而不承认楞去立言宇宙的就是、诚然**(原句见注1)。这不同全由所用论理不同,实是论理学内部的革命,把旧式的形而上学都就此廓清了。[1] 他从他这种论理的拟构就成了他的逻辑原子论,或称绝对多元论。**这明是为无从经验只好从纯理上作工夫,不得而言其诚然,只好推其可然。与柏格森对看,恰是各走一路。一个要去经验,一个要去推理。**于是在哲学方法上两个人成了敌对之势(其实全由所从来的科学根本不同而致),彼此攻击非常凶猛。罗素尔批评柏格森谓:看他所讲的东西则非哲学的,看他所用的方法则非科学的。[2] 罗氏平常总自命自己的哲学是要用谨严的科学方法讲真正哲学应讲的东西。此话似亦不虚,他的方法本乎数理,论理本是科学的,而哲学是要普遍的,这迹先的理亦恰与适合。而柏氏的生物学看上去明非根本的科学、模范的科学,怎能以讲生物学的来讲哲学? 一面方法上弄出大反乎一般科学的方法来,一方面所讲的东西又毗乎一项事实,似为非哲学的了。但在柏氏亦难诚服。他本以为有些科学的方法——如心理学等——也要更变才行,而要得到宇宙真际,要问到根本问题,非凭藉概念能成的,也是无能否认,怎能叫他舍其反智的主张呢(反对理智 intellect)? 于是自近世以来的形而上学问题,到现代还是

---

① Russell:*Our Knowledge of the External World as a field for Scientific Method in Philosophy*,第 8 页原句 Thus, while it liberates imagination as to what the world may be, it refuses to legislate as to what the world is。

② 同前书第 16 页。

毫无解决的端倪。东方的哲学家对这种新形势（其实已经一百几十年了，不过在东方还是崭新的），**第一要问自家所讲的什么佛学、唯识学、老庄学、宋明学、周易、太极等等，是不是人所不道的独断式、旧传派的形而上学？** 我看他坐在屋里东思西想，满副演绎推理神情，偏能知道许多天地未辟的事实，恐怕是无以自解的。难道可以自附于罗素尔的用逻辑么？或者柏格森的尚直觉么？恐怕都难强颜涂饰。或者于这个以外别有高超法子么？恐怕都说不上来。只是"真如""无明""阿赖邪识""一生二、二生三""太极""乾坤"，闭着眼瞎讲罢了。唉，可怜！可怜！

别人怎样解答不得而知，我此刻应当对于这个问题有一番解答。现在讲的所谓唯识学、佛学的生命就系在这解答上，我并认人类所有的形而上学的要求就系在这解答上。质言之，**我看形而上学是有个方法的，有他惟一的方法的，这个方法便是唯识学用的方法。** 但要说明这方法，自然要说明这方法怎样产生的，那必须先说明印度化才行。要说明印度化，自然要说明印度化是怎样产生的。**印度化或不论哪一种文化都不是孤立的，自生自灭的，是在人类全文化中有他的位置的**（所谓全文化不但指横的宇且指纵的宙），那么非谈到东西的文化不可了。必把人类全文化看明，方晓得印度化是怎么回事，而所谓唯识方法的也就不待烦言而解。所以这个问题本来是放在《东西文化及其哲学》那本书里去讲的，现在那书未出，那便不容易讲，亦不愿轻易讲（或先取《印度哲学概论》第三篇第二章所讲佛家的认识论看看，亦可知其大概）。我现在只代表唯识家表示对于西方诸家的态度。第一我们对于从前形而上学家的臆谈法自然不能承认，而对于后来认形而上学不能成立诸家的意思都极赞成的,其间如波耳松的说法与唯识学头一层的说法非常相似。**所谓宇宙只许是感觉的总计,不许别有什么宇宙实体,那还有什么形而上学可讲呢**(但波氏书未及见不能多批评)?凡认一件东西有实体概都斥为非量,形而上学家从这非量上头再生出许多议论来。其间有比无现,便是满篇非量,即所谓臆谈。而科学独许为知识者,因其或纯用比量经营而成(如所谓唯理的科学),或兼用现比经营而成,虽带着非量走却非从非量生(如所谓经验的科学)。对于实验主义的不承认一元自也是赞成的。对于罗素尔、柏格森两家,比较的承认罗,批评的承认柏。形而上学虽不是比量所能经营,因罗氏的比量先既不从一个非量生,后亦不结生一个非量(只推其可然,不言其诚然,不算非量),方法上没有流弊,所以比较从前的就赞成了。但这种方法是不会成功的,所以尚不能就承认。柏格森反智的主张是承认的,主张直觉却不能承认。**他不能自脱于西方化而倡反智主义是不能成功的。**一面是不能找着纯然非理智的东西——直觉并非纯然非理智的——则反智必不能圆到有成就;一面是不能根本反对理智,则无以解外人之难。[①] 看他所谓直觉的并非一种单纯作用,恐怕容易致误,而且既误无从纠正,反不若理

---

① Russell:*Our Knowledge of the.External World as a Field for Soientific Method in Philosophy*,第 23 页。罗素尔难柏氏云:在柏氏之意,理智是从生存竞争而生出来的一种实用才能,而非可为诚信(true bliefs)之源泉。然我们唯由理智而后知有所谓生存竞争与夫生物学上人类的祖先,使理智而为引入歧误者则此非都不可信的了么?后又难直觉、理智同以适用为贵:然文明人都用理智,野人反之;人类都用理智,动物反之,如尚谈直觉则请回到山林中可也。按所难自很浅,却由柏氏不根本反对理智招来。

智的没有流弊。因为理智就是比量智,虽然所得只是共相,却能自己纠正到一个无错误的地步,他所谓直觉还是含有比量作用在内的,既不能成功现量又不能使比量尽其功,我们很难信任(现、比、非量,自相、共相,后边自然要讲,并可取《印度哲学概论》参看)。有人以为他的直觉即佛家现量,这是胡说乱猜。虽然如此,柏格森之所成就的,却又与唯识学颇相密合。假使无柏格森开其先,或者唯识学还不好讲;**印度化在晦塞的东方本无以自明,唯以有进化论后所产生、所影响之科学如生物学、心理学及其他,所演出、所影响之哲学如实验主义、柏格森及其他,而后佛家对宇宙的说明洞然宣达,印度化才好讲,唯识方法才好讲。**此且不能详,然明眼人固亦不难看出了(*若无唯识学圆成反智主义,则柏氏哲学亦且无以自明*)。

还有几句话附说在此:形而上学的方法没有探出,所以东一家西一家的莫衷一是。若他那唯一的方法确定了,那形而上学也是唯一无二的。这种唯一无二的形而上学便也就是科学,却毕竟非科学。这事在西方化与中国化里边都没有成功希望,因为这种文化很没有形而上学的要求。实验家不谈这种问题,留心的人应当晓得那实是西方化的表露。罗素尔虽极反对这种态度,其实他仍非有形而上学要求者。在西方化底下讲谈这个,真所谓爱智罢了。**在印度化底下这是他唯一的要求**(*更无别的要求*),**所以成就在他手里。**

第二章

讲法的商榷

向来要讲唯识学,总不外讲《八识规矩颂》,或者《百法明门论》,或者《观所缘缘论》,或者《廿唯识论》,或者《卅唯识颂》,或者《成唯识论》,或者《摄大乘论》,乃至种种。这些书自然都是好的,我们学唯识自然都是从他们学来的。并且学还学不来,讲还讲不通,哪里就可以批评他们呢!但是常常有人问我初看唯识书先看哪一部?我踌躇半天答不上一句准话来。我觉得都不合用。一部书有一部书的不合用,现在不能细论,且笼统的举两个意思。

大凡一个学说都是要人改正不对的习惯。自唯识家去看寻常一般人的意见都不怎么错的,只是要加以修正罢了。一个个意见的修正固是不可少,而尤重在根本的修正,便是修正你那些意见的共同谬习。什么谬习?就是寻常人说一件东西便是一件东西,说一句话便是一句话,而唯识家教你说一件东西不当一件东西,说一句话不算一句话。**你如果说了不算,这话便可说得;说了就要算,这便万要不得。这是大乘佛家唯一的要义。**而这些部唯识的书,或开口便标举八识加以叙说(如《八识规矩颂》《卅唯识颂》等),或开口便讲一切法没有别的唯有识(《百法明门》《廿唯识论》等)。初看书的人或初听讲的人,听到或看到这些话便都纳入他的旧习惯之中,**都变成了他一肚的意见,满腹的学问。什么"八识""唯识"的信口胡说,真是化醍醐为毒药。试问八识到底是什么东西? 哪里来的七个八个? 岂不是造谣! 天下那里有可以"唯"的东西? 凡是说"唯"什么的都是最不通的话!** 多听几次讲,多看一部书,反倒使他愈发荒谬起来。所以我们要为避开这种流弊起见,便觉得这些书不合用(以《八识规矩颂》为尤甚)。

　　还有一层说他不合用的意思,就是他那开口所说的问题对于现在人讲有些不甚了解。譬如这些书所说的多半是我法二执的问题。这个问题原是当时佛家与外道对诤的问题,在当时拿他来讲自是极合用的,最好没有的讲法。而在今日,大家心目中全然没有这个问题,所以讲起来不甚得味,甚至于不知所谓。《观所缘缘》虽然不从我法说起,而他那个开口便揭本题(外色与所缘缘的问题)来得突兀。《摄大乘论》也不以我法为题,而开口说大乘十相殊胜,殊胜语乍看上去也是莫名其妙。所以我们为要避开这些不便当的情形,就觉得这些书不合用。

　　因此我不愿就这些书里拿一部来讲。不得不避开这些旧格局而另想个法子来讲。论起来这些书原来何尝不合用,《八识规矩颂》原是为八识理忒繁细,如此便好记诵。《百法明门》原是于《瑜伽论》中节录名数,取其简便。《观所缘缘》原为立那两个比量,把所缘缘的问题给个论理上确定,故尔直接了当。那从我法问题的讲法,如《成唯识论》等原是切就当时争论的问题而下解决,自更合宜。一样一样说去,都是在他那合用的地方是很合用的。然则我们为我们的合用,当然也有个合用的讲法。**我们本来不用说话的,说话都是个方便**,那自然怎样方便就怎样说了。至于说的道理仍无二致。譬如破我法二执是佛家即唯识家惟一的意思,我现在所说还是要破二执,并非搁开不题。顷所谓一句话不当一句话的意思原从此出。如何可表见我们的精神便如何说,那精神是彼此一样的。虽然不按照旧格局而材料却还是唯识家原有的材料,不能杜撰。现在用一个问题发端引入唯识学理,这个问题也是旧有的。

用个问题引入唯识

在一般人常说我现见一座房子,或说我现见什么什么东西,倘非西方的心理学家或哲学家,大约总不晓得他们的错误。古时印度的外道也是如此。他们常说人的知识有从现见来的,例如看见此处有一牛,便知此处有一牛。有从比知来的,例如看见篱外露两只牛角,便也可以知道此处有一牛。这话在唯识家便不许。唯识家说一件东西,都不是现见可得的,现见里头没有东西。这种议论唯识书里常常说,我们现在举护法论师《大乘广百论释论》作例。原论卷七上说:僧佉派说瓶子衣服等等是现见的东西,我们眼所能见,手所能摸,体质是实有的,这话很不对。你眼睛那里能见得瓶子呢?你眼睛只能见色,而瓶子不单是色而已,岂可就说是见了瓶子。你如果说瓶子就是白色、硬触等等众分合成,见一分也就可说见瓶。然则是一句不可靠的话了。况且其余触、味、香等多分既皆未见,正应当说从多分说不见瓶才是。所以我们唯识家说"一切瓶衣车等皆非色根所取境界"。你如果说纵然眼或手等一根不能得全瓶,诸根合起来总能得着了。这话也不对。眼不得瓶,手不得瓶,即便通数起来还是不能得瓶;许多不得瓶,合起来还是不得瓶。如何可以说合起来就算得瓶呢?岂但不得瓶,我还要进一步告诉你,你并且不能得色。因为照你的意思,那瓶子白的黄的色也当他是有体的,而你却只看见他的一面,那后面上下左右各面,你都不曾看见。况既有体即是亦可尝可触的东西,这便同瓶子一样是不能得的了。

他那论上又说离开坚湿等触,没有别的所谓地水等四大,也是这个意思。总而言之,不许你去设想你所见、所闻、所尝、所嗅、所触的是有体东西。平常人所有一切具体事物的观念超过见、闻、尝、触都是不对的。

说到这一步,外人便又问,一切实体东西非现见上所有,我便不去说我见瓶、我见白色(有体的色),我只说见那空空的白的意思,不说摸瓶、摸硬的东西,只说摸着那空空的硬的意思,这总可以许我了。唯识家却还是不许。唯识家说这空空的一个白或硬的意思,也不是你看的见、摸的着的。这其中有两层。**一层是说一个个意思都是全然没有的东西,如同龟毛兔角,你如何能看的见摸的着他呢?一层是说一个个意思都是自己所本无,而是从许多东西上边假造出来的**,这桩假造的事业非眼或手等根所能办,所以说你见不着白的意思,摸不着硬的意思。

我们现在为说明以上的道理,征引一些别的书然后加以解说。陈那菩萨在《因明正理门论》上说颂道：

　　　有法非一相　　根非一切行　　唯内证离言　　是色根境界

又有一颂道：

　　　一事有多法　　相非一切行　　唯由简别余　　表定能随逐

　　如是能相者　　亦有众多法　　唯不越所相　　能表是非余

这两个颂便是反对那外道现见、比知的说法，申明他自己的说法与前人不同。陈那以前不但外道如此说法，佛家也如此说法。因为因明本是外道的东西，以前的佛家仍其旧贯，拿来说说去敌挡外道的。等到陈那加以改正才成了佛家的东西。现见、比知又叫作现量、比量，前一颂是说现量的，后一颂是说比量的。所谓有法非一相，就是瓶不单是色，根非一切行，就是眼根只行于色，不能行于声、香、味、触，你们以见瓶为现量的，统不对。真是色根现量境界的，只有内证自知离于言说的方是。那所谓白或硬的一个个意思也是原所没有的。那么是哪里才有的呢？就是第二颂所说的比量了。所谓一事有多法，就是说瓶不单有一白或硬的意思。相非一切行就是说一个观察不能及于几个意思，观察颜色便不及观察硬度。以下便是说一颜色的意味的表定都是由于简别其余的颜色，如此便要许多颜色才能观察的出来。这后四句颂就是《因明入正理论》藉众相而观于义那一句话。我们所有白的意思不是初看见一个白就有的，是历次看见许多同样的白与不同的红、黄、蓝、黑、灰渐渐分别开而表定出的。这番作用完全就是个比量(参看《印度哲学概论》第三篇)。**原来从前所谓现见的就是心理学所说的知觉(Perception)，而唯识家所谓现见的却是感觉**

（Sensation），**这两样东西差得非常之远**。外道拿知觉当作一个感官的感觉，因且说他所知的为真实，这是不能不纠正的。感觉是感官的一个感觉，而知觉不止一个感官的感觉，却含着几个感觉。不但不是一个感觉，而且还不单是感觉而已，又有感觉以外的别种作用。唯识家说就是感觉的复合仍旧不能生出观念（Idea）。唯识家说感觉是没有意思的，而观念是个意思，那么即是生于比量的那意思么？唯识家说也不是，这是生于非量的。质而言之直不是量。比量原就是判断与推理（Judgment, Reasoning）的作用。不过唯识家说这种作用只能生出甲式的瓶子意思来，不能生出乙式的瓶子意思来。

甲式　如说：这是个瓶子。（此所谓瓶子是抽象的概念 Concept）

乙式　如说：这里有个瓶子。（此所谓瓶子是具体的观念 Idea）

从许多瓶子与非瓶子生出一个抽象的瓶子意思来，这是可以的。从白的、硬的乃至其他种种意思，构成一个具体的瓶子意思来，**这便非比量作用可以行的，乃是出于设想（Hypothesis），并且是始终无法可以证实的设想**。而寻常人却全不留意他是设想，以为是事实了，因此唯识家说为非量。

怎么说具体的瓶子意思是出于设想呢？**因为你现在所看见的、摸着的、听到的，一样样都是空虚的影像（Image），并没有所谓"体"的这样东西被你得到，你却总觉得有个"体"。你叫他作瓶子，为他们所共依凭，这不是事实以外的设想是什么？倘若有法子把这个设想去勘证，证实那也是大家希望的，只是永远无望。因为就是穷尽了力量，剖开打碎的去勘察，你所用的总还是你那眼、耳、鼻、舌、手等根，所得的还不出影像。所谓"体"这样东西**

是只能推想，不能得到的。始终得不到的却竟把他做实，这不是诬妄么？这个问题后来还要讲，此处不过说明前面现见上没有具体的东西，同具体的观念都是不对的话。

再其次便说明现见上也没有抽象的意思。因为抽象的意思是比量作用才成功的，上头陈那的颂已明。现在心理学上以先有概念后有判断的说法为不对，而说概念之成立有待于判断，判断之成立有待于概念。**可见没有比量作用是不会有抽象意思发生的，初非现见所办。**所谓一个个的意思都是龟毛兔角，也非是立异之论、深窈之谈。就是心理学上说"概念是我心所造，没有客观的物体与之相应"的话。既是龟毛如何可得。从这两层现见不但不能得具体的瓶子、具体的白色，并不能得空空的白的意思。所有前面的话到此说明已竟（*此处应当征引唯识家的话而未引的很多，可看《印度哲学概论》*）。

如何说唯有识呢？

瓶子、白色、白的意思，三层一层层都不许，直是赤裸尽光。外人必反诘：然则我们开眼四瞩岂不是一无所见了么？唯识家说这也不是的。我虽一样样破斥，却还留下一件东西不曾破的，就是陈那所谓内证离言，就是心理学所谓感觉。一切都可破得，独有这个不能破，无可破。别的都是虚妄没有的，独有这个不能说没有。这个并非别物，这个便是唯识家的识。**唯识家所谓唯识的就是说一切都无所有，唯有感觉。唯识的识向来说不出来，我可以大胆指给大家看，就是这个感觉。**唯识家为什么说唯识意思很长，我可以先说他那粗疏不完头一步的说法，**就是唯有感觉。**

譬如开眼见白,便有个白的感觉。虽有白的感觉,却并不知是白、非白。更不知道什么瓶子不瓶子。这个单而且醇的感觉真实不虚,原是浑然的一个东西。**从这上头我们就其似能觉的一边说作见分,就其似所觉的一边说作相分。**见分也名行相,相分就是所缘。唯识上说见分于所缘有了别用,所谓了别用就是感觉用。《廿唯识论》开首说"心、意、识、了,名之差别",就是说"心""意""识""了别"都是一件东西,不过名目不同罢了。我现在又替他增感觉的一个名目。"感觉"就是"了别",就是"识",就是"意",就是"心"。若细说去,感觉上不但有见相二分。**若单是见相二分,彼此为用各别便无结果。二分各自起用已竟,有个收到的地方,证知他们是有用了,这个唯识上叫作自证分。**又因为这个便是见相二分所同依而起用的,也叫他自体分。就是识的自体。《成唯识论》上说:

> 相见所依自体名事,即自证分。此若无者应不自忆心心所法。如不曾更境必不能忆故。(中略)然心心所一一生时,以理推征,各有三分。所量、能量、量果别故。相见必有所依体故。如《集量论》伽他中说:似境相所量,能取相自证,即能量及果,此三体无别。

这就是说,如果没有自证分,那见分、了别、相分的便同没有这回事一样了。所以能自忆有这回事的,因为有自证分也。又拿能量、所量、量果去分配喻明见、相、自证三分。见分如能量的尺,相分如被量的东西,自证分如量了后便晓然是几尺的智慧。但虽喻作三样,却只是三样用,并非各别有体的。

《论》又说，若要细分别应有四分，三分之外还有第四证自证分。如果没有，谁证第三呢？自证同见分一样，自应要有一个去证他的。又自证分去证见分的时候，他对见分又为能量，既为能量，必有量果，所以必有第四证自证分才行。虽有第四却无第五。因为第四之所证还以第三为证，就无所用第五了。那么第三之所证何不可还以第二为证呢？因为第二见分不一定是现量，而心自为证，当然是现量没有问题的，所以知道第二不证第三了。这个说法叫作"四分成心"，就是唯识家居然有特别本领察见隐微，告诉你一个感觉中是有这么四层的。我且把原论节录一段作结。

> 此四分中，前二是外，后二是内。初唯所缘，后三通二。谓第二但缘第一，或量非量，或现或比。第三能缘第二。第四证自证分唯缘第三。非第二者，以无用故。第三第四皆现量摄。故心心所四分合成。具所能缘无无穷过。非即非离，唯识理成。（中略）如是四分或摄为三，第四摄入自证分故。或摄为二，后三俱是能缘性故。皆见分摄。此言见者是能缘义。或摄为一，体无别故。如《入楞伽》伽他中说：由自心执着，心似外境转，彼所见非有，是故说唯心。

批评

这其间有不明白的后来自然会讲到。我们现在把这章的本题已经结束了，却去批评批评。这个批评也是不可少的，可以给大家许多极要紧的指点。

　　我头一样要指点给大家看的,唯识家的心与平常所谓心的不同。唯识家原也叫唯心,而平常大家也有所谓心,于是大家以为所谓唯心的就是大家那个心了。什么"万法唯识三界唯心"、"一切唯心所造",随便乱说,令人听着煞是难听。《印度哲学概论》第二篇唯心唯物一章很论过一番这个问题。本来此处还不能谈。不过我要大家先去留意。大家平常不是专拿有念虑的作心么?看见瓶子便想道这是瓶子。看见白便想道这是白。我偏要拿没有念虑的感觉作心。看见瓶子不知道是瓶子,看见白不知道是白,这不是很可注意的么?我所以要如此的是因为要大家省悟:

**　　一般所说的心但是半边的。唯识家所说的心是整个的。**

**　　一般所说的心但是那作用。唯识家所说的心是个东西。**

我所以狠命的排斥比非量,极力的扬举现量,我所以别的都还不曾说到,而第一章就要先讲四分成心,都是为此。至于如何叫作半边,如何叫作整个,如何说是作用,如何说是东西,须待后来再讲。

　　我第二样要指点给大家看的,我前面说过,唯识家说一件东西不当一件东西,说一句话不当一句话,而大家不留意常常把什么五六七八识以为当真是有这些东西,把唯心的话以为当真是唯有心。若照我现在所说的去看就明白了。瓶子不许说有,白色不许说有,白的意思不许说有,最后不可破无可破的是感觉。然感觉果然可以说有么?**感觉自己不曾证知他是有无。所谓自证分、证**

自证分都完全是现量，没有判断的，有无的话是判断上才有的。①
我们如果拿别的作用去判他的有无，不论是说他有，是说他无，都
与他不相应，都是瞎说罢了。至于他不是一件东西，实存永在，更
不能数出七个、八个，那是更显然的。唯识家一面反对一般人所
误为只是虚用的心，要大家认出个整个东西的心，同时又要大家
不要当他真是东西。一面反对一般人所误为有的东西，说都没
有，只有识。同时又不要大家当他真是有。我这第一章都已作
到，谅不难看见的。

---

① 自证分、证自证分，本来很微细难讲。所以多有人讲不出来，或者讲错。章太炎先
生的《菿汉微言》第九页说：有洛耆围氏驳康德的认识论，说要认识此认识者还不得
不用认识，便陷于循环论证。章先生以为洛耆围同康德都不晓得自证分，引前世希
腊史多迦派讲明自证分，替康德解围。说观念真妄的质定，是有别一观念伴之而
起，为直接之证明，这便是自证分。又第四十六页说，人心四分，前二易知，后二自
证分、证自证分难晓。举例道："如素所知见，或往时尝已有此志愿，久渐忘之，展转
误思，而当时即知其误，猝然念得而当时即知其不误。此猝然念得者不依见闻，不
依书史，即自证分也。此当时知其不误者亦不依见闻，不依书史，即证自证分也。"
又说心理学家称此为阈下意识。这许多话都是逞臆杜撰没有一句对的。要知道自
证分、证自证分通是现量。**即便意识上见分之非量的，他那个自证、证自证也都是
现量，误了并不知误的。所以《因明正理门论》上陈那说贪等自证分也是现量。现
量一点意思未有，是没判断的，那里有什么"质定真妄""知其不误"的这些作用能
力？况且所谓四分成心的不必看作具有许多许多作用如心理学所讲的那个心，不
论眼睛或鼻子一刹那就过去的感觉已经是四分完成了，何曾有什么"质定真妄""知
其不误"的这许多事情呢？章君开口就说"人心有四分"，这"人心"两个字不甚合
式便是他致误之本，那阈下意识的话更不必辩了。**后来我看见章先生与吴检斋先
生（就是手记《菿汉微言》的）两封信，又说王学家的良知便是自证分，致良知便是
证自证分。那王学上明明说知善知恶是良知，这岂是自证分所能作的呢？总由于
误认这二分有什么胜用，其实并不能有什么用处，所谓他的作用如我上边正文讲
的，算是最明白了。张克成先生也有拿自证作良知的说法，同此辨正。

第三章

外色有无的疑问

如我们上章所说，外人必生疑问道：你不许说瓶子有，白色有，只说那感觉有，难道说没有瓶子，没有白色，就会有感觉了么？倘然瓶子与白色是有，就不得说唯有感觉了。唯识家且先不去讲明为什么感觉以外无所有，与平常人误以为有的原故，而反问外人，你既说有是如何有法呢？外人自然也有许多主张，唯识家都把他驳了，然后方申明自己的意思。

《成唯识论述记》卷六第十三页以后把外道同小乘的有色论就是实质论叙述一过，都拿来驳诘。我们现在便去讲他。按当时外道如路迦耶就是顺世外道，吠世史迦就是胜论宗，都是持有色论的（其实僧佉宗也认物质客观存在，不过没有极微论）。他们主张有色的说法，就是极微论。顺世家说宇宙间一切都是物质成的,就是精神也是出于物质。这些物质分四种,叫作地、水、火、风。他们都是极微细的圆体,就名之曰极微。这极微是真实常住,不可破坏的东西。从极微能生成再粗大的物质来。所生的粗色并非能大过他那能生的极微,还是与原来的量相等。《廿唯识述记》卷三上说的较详些。他说譬如两个极微合生一子微,子微之量等于父母,就是两个本极微,不过体是合而为一了。子微同他两本极微合说便是三微,如是三微同别的三微又合生一子微。这个子微便是第七子微,仍旧等于他六个微量。如是七微同别的七微合生一子微。这个便是第十五子微,仍旧与原来十四微量相等。如是展转成了三千界。三千界既从父母二法所生,所以他的量还是等于父母量。不过子微即粗色的,即从他生,性是无常,可以破坏的罢了(其余关系极微论的话,《印度哲学概论》第二篇第一章、第二章很搜罗一点,可以参看)。胜论也是说四大极微(印度哲学上有许多话并非某一家的学说,不过印度土俗都如此说罢了,四大的话也是这样),同顺世差不多。不过顺世只立四大,胜论还有许多别的东西。把四大算在九实之中,九实又属六句义或十句义之一,与此无关且不叙他。

破外道的有色论

唯识家破人的学说,都凭着因明三支去立量。先破他能生的四大极微,现在便有三量:

> 你所执的极微体应非实,
> 因你说他是有方分的,
> 如同蚁行等。

> 你所执的极微应非常住，
>
> 因你许他是能生粗果色的，
>
> 如同所生的子微。
>
> 你所执的极微应不能共聚生出粗果色来，
>
> 因你说他是无方分的，
>
> 如同心、心所。

在第一量中，蚁行的有方分非实有是他所许的，所以极微也应非实。蚁行没考查得是什么东西，方分是说有上下左右的方面可分。空虚的东西如心同心所便是无方分。第二量中，心同心所的无方分不能共聚生粗果色是他许的，所以极微也应不能生粗色。第三量中，子微的能生粗色而无常是他所说的，所以极微也应无常。第一同第二量是二者必居其一的难法。

其次要破他所生的粗色。设量道：

> 所生的果应不名粗色，
>
> 因你说他是与本极微量相等的，
>
> 如同本极微。
>
> 所执实粗果色应不是眼所可见的，
>
> 因你说他是与本极微量相等的，
>
> 如同本极微。

第一量中，本极微与本极微量等而不名粗色是他所说的，然则所生果色与本极微量等也应不名粗色。第二量本极微看不见是他说的，然则粗色也应看不见，而你说粗色可见，岂不自相冲突了。这时候顺世家无得可说，胜论宗便有个说法。他本来说六句义第一句是实,第二句是德,实即物质,德即物德。物质与物德合了之后才成为物,而体量大小是属于德的,于是他现在就说道:果色所以可见的是因为与粗德合了,眼便看的见,极微没有粗德合,便看不见。再立量道:

> 果色应无粗德合,
> 因你说他是与本极微量相等的,
> 如同本极微。
> 极微亦应粗德合,
> 因他与粗果色处无别故,
> 如同粗果色。

第一量准前易明。第二量中,因为极微粗果体量不异,所以粗果之所在,便是极微之所在,叫作处无别,因为处无别所以果色粗德合,极微也应粗德合了。第一第二两量是双方并进的难法。这时候顺世、胜论两家又生出解救的说法。他说我并非说所生的子微等于一个极微量,本来说是等于父母二微的。一个果色都还在那多微上边,既非一微,所以就不妨说为粗色了。那便立量道:

> 极微所生一果色体应非是一,
> 因他所在的因父母极微处所各别故,
> 如同父母极微。

父母极微处各别,体便非一,果色在父母极微上边也应体非是一了。既然体非一,那么此果色还不曾成粗,并且因此也还非看的见的。两家便又解说道:果色一一细分的时候非是粗,但许多果色合起来便成粗了。再立量道:

> 许多极微合起来应成非细，
>
> 因他的量等于粗果故，
>
> 如同粗果色。
>
> 许多果色合起来应不成粗，
>
> 因他的量等于极微故，
>
> 如同父母极微。

极微同子微即果色量原相等，何必许多果色方合成粗，许多极微就应能成粗的了。又果色许多合起来便看的见，那么极微许多合起来也应看的见，何必用果色呢？况且既是许多东西合起来的，便是假名而非实有，譬如"军旅""森林"一样，你怎可说粗色是实有呢？他们本说极微实有，粗色也实有的。以上破所生粗色竟。第三层便要合破能生极微同所生子微。立量道：

> 粗果与因父母极微应当不同在一处，
>
> 因你许他俱是有质碍的，
>
> 如同两个极微。

他们本说果色实有的，又说果色之所在即因色之所在，果色极微俱有质碍，如何能在一处呢？他们又解救道：果色因微的体可以相受入，如同沙子容受水、药化入镕铜一般，并不另占空间的。这话很不对。谁许沙铜的体真能容受水药？沙子是彼此间离所以水得进去，铜与药起了变化所以得加入，都并非二物体同在一处，何得为例呢？你如果引为例，那极微也应自己离间，便非一体了。或极微也要起变化，而非真常了。你又说果色是一体而非二，那么我们看或摸得他一分时，应当就得到一切分。因为你说他是一故,得此即得彼,得彼即得此。你倘不许,便违彼此一体之理;你倘然许了,于事又不合。所以你们的说法翻看覆看总不成理,不过是你们随情虚妄计度而已。

破小乘有色论

这一篇话在我们现在看去没有多大意味,然在当时把很大宗派的学说拿来作严密的驳论,便是系人观听的大论文,十分重要了。驳完外道再驳小乘(《成唯识述记》卷七)。小乘说有两种色法。一种是有对,即是物质。对谓对碍,是极微所成。一种是无对,非极微成。与顺世胜宗都算极微论家。但小乘里边还分许多派别,说法不相一致的。譬如萨婆多部即一切有部说有对色都是实有。经量等部便只说极微实有。唯识家发难道:有对色一定不是实有(对萨婆多说),何以故呢? 因为能成有对色的极微非实有(兼对经量等部)。立量道:

> 极微应是假非实,
> 因你许他是有质碍的,
> 如同瓶等物。
> 你所说的极微不能集成瓶等,
> 因你说他无质碍故,
> 如同非色法。

质碍两字有两种意思。一种是有对便算质碍,如此则萨婆多的极微亦是碍。一种是有方分才名碍,如此则萨婆多的极微便不算碍,而唯经部极微是碍。任凭他们怎样解释,这两个量是二者必

居一,逃不脱的。又专破经部极微有方分说立量云:

> 你所执的极微应可分析,
>
> 因你说他有方分故,
>
> 如同粗色等。
>
> 你所执的极微应非实有,
>
> 因他可分析故,
>
> 如同粗色等。

但萨婆多既说无方分须再设难。此难有五。初难中先设推论,再出难。

> 你所说的和合色应无方分,
>
> 因其体还即极微故,
>
> 如同你说的极微。
>
> 你的和合色等应不能承光发影,
>
> 因他无方分故,
>
> 如同非色等。

萨婆多师本说极微即是和合色,和合色外无别极微,所以有上边的推论。接着便出和合色不能承光发影的难。但是太阳出来照到柱子上的时候,东边接着阳光,西边出现阴影,岂不是有方分之证么?若无方分应当是东边有光西边也有光了。又比方看见墙壁的时候,或者手摸他的时候,只得着这边得不着那边,明有方分,这些东西都是你所谓和合的,而和合色即同极微又是你说的,所以知道那极微必有方分,此是二难。又这些极微随他所在的地方必有上下前后左右的各方面,而不然的话,怎么能说共相和合或共相集聚呢？和合是古萨婆多的说法，集聚是新萨婆多顺正理师的说法。立量云：

> 极微应不能集成粗大物，
>
> 因他无方分故，
>
> 如同虚空等。

此是第三难。又假使极微没有什么上下左右的方面，那么若两极微到了一处岂不要互相涉入，成了一个，怎能和集而成粗呢？此第四难。又你说有对色即是极微，倘然没有方分，应当没有障隔，那何所谓有对色呢？立量云：

> 你们的墙壁、柱子、眼睛、手指应当不是有对色的，
>
> 因他无障隔故，
>
> 如同心、心所。

此是第五难。所以你们所说的极微种种看去必然要有方分。有方分就可分析，一定不是实有的了。能成极微既非实有，所成的有对色一定不是实有了。以上驳小乘竟。

破以外色为所缘缘

以上的驳法，是把当时的有色论加以驳诘。更有切合现在问题的驳法，就是说感觉不能感觉到外色，外色不能为感觉所感觉。何以故呢？**我们且想，可以为感觉所感觉的，总须备两个不可少的条件：**

一、必须是有的东西，才能生感觉，没有的东西当然不成。

二、必须是感觉可得的东西，就是眼可看的见、手可摸的着的东西。

这两个条件并非我们加上去的,是从"可以为感觉所感觉的东西"这一句话本身上分析出来。外人不立外色为所感觉则已,否则是不能不承认的。唯识家于这"感觉所感觉的"有个名目叫作所缘缘。上头一个缘字是动词,与感觉、了别是一个意思。下一个缘字是名词。唯识家向来说有四种的缘法:一、因缘;二、等无间缘;三、所缘缘;四、增上缘。这且容到后来讲。现在的问题是外道小乘以外色为所缘缘,唯识家说你们的外色都不能作所缘缘,要内识为所缘缘才行。内识就是感觉自己。发这议论的便是陈那的《观所缘缘论》。但现在照《成唯识论》。要破外人的主张,先叙明他的说法。他们的说法不一:

一、许多极微体各别作感觉所行的境界 此是古萨婆多部毗婆沙师的说法。他说眼看东西,手摸东西,都是许多极微体作我们的手与眼的境界。为什么呢?因为一一极微体是实有的,若合成阿耨(粗色的初步)同阿耨以上的东西,便是假法非实有物;而眼手等感觉是缘实法为境的,所以不缘于阿耨以上的合和假色,而缘于极微实体。

二、许多极微体和合起来作感觉所行的境界 此是经部师的说法。他说实有极微不能作眼等的境界,七极微合成阿耨以上成了粗色,才能作眼等境界。为什么呢?因为极微本不可见,粗色才可见的,虽假亦不妨。

三、许多极微体和集起来作感觉所行的境界 此是新萨婆多部顺正理师的说法。他这说法出于陈那发论破以上两家之后,所以他变出个巧说法来。一方要顾全他本宗(萨婆多部)感觉缘实不缘假的主张,所以不从经部之说;一方又要顾全极微不可见、不能作眼等境的道理,所以又不照古师之说。他就说——的极微不和集的时候固不是感觉的境界,若和集起来便展转相资各有粗相生,可以感觉得。这相是实有,能生感觉。譬如阿耨即七极微和集来相资各有阿耨那么大的相。一处相近,叫作和,却不为一体,叫作集。就是说极微虽在一处而体各别,不失为极微实法,能生感觉,而相已成粗,能看得见。外道如胜宗等,以有分色即粗色为眼等境。极微亦叫作分,分为粗色所有,所以粗色亦叫有分,体唯一物的。他这说法应属于和合论,还是和集论,不得其详。大约总不外此二,所以附在此处不另立一条了(《成唯识》原破有四条,三条如上,还有正量部一条在前,因其无味略去)。

于是我们破第一家道:你所说的色等极微本来不许为实有的东西;即或让一步,许他为实有的东西,可以作能生感觉的缘法了,然却不是所缘缘,因为眼或手的感觉上全没有极微这样东西。明明阙第二个条件。立量云:

> 色等极微设许是眼等感觉的缘法,亦必非所缘缘,
>
> 眼等感觉上无极微相故,
>
> 如同眼根等。

所从而能发生色觉的叫作眼根,能发生声觉的叫作耳根,如此类推。但这些根都是看不见的东西,并不是看的见的眼睛耳朵。看见的眼、耳都是所感觉的东西,那从而能发生感觉的当然是另外一个东西。这个东西因为是所从而能发生感觉的,所以天然的不能为感觉所得。这是大小乘所共许的。其为缘法(属增上缘)而非所缘缘,也是大家所共许的。所以就难小乘道:你的极微既感

觉上所无,顶多不过同眼根一样,算一个缘法,怎能算所缘的缘法呢? 假使他救说道:粗色出于极微,粗相自亦在极微上有了,所以我说各别极微之上都有和合相(即粗相)。此相是用,极微是体,用不离体,体既实有,便圆成所缘缘的两条件了。这话不能承认。未和合时的各别极微既没有和合相,怎么和合时的各别极微就有了呢? 立量云:

> 极微和合时应无别和合相体,
>
> 即本极微故,
>
> 如同未和合时。

所以和合时的极微一样不能作感觉所得的东西。再破第二家道:

> 你所说的和合色设许是眼等感觉之所缘,仍非是感觉的所缘的缘法,
>
> 因为他是假名非实有的东西,
>
> 如同第二月等。①

人眼有毛病,常时看见月亮成了两个。那第二月原是无有的东西,彼此共许的。你所说的和合色本不能作眼觉的所缘。即或让

① 这个三支上边有点不合式的地方。因为所举第二月的喻同所需要的喻"是眼等感觉之所缘而非所缘的缘法"条件不合。第二月并不是眼等感觉之所缘。要寻一个是感觉之所缘而非其缘法的实际上本是不可得。何以故呢? 因为感觉只感觉实有物——即唯识家所谓性境,**所以凡是所缘都是所缘缘了。**平常人说眼看差了,看见第二月,这话不对。眼不会看差,眼不会看见第二月。《成唯识述记》卷七第十五六页对这个喻的不合有几种说法,那其间把"设许是所缘"的字样除去,只说"和合色于感觉非缘法"一个法子很简便。原来这喻的本意是要证他非缘法,所缘一层乃是文文,合不合,具不具,无碍这比量的成立。不过细密些总妥当。明昱、智旭的《相宗八要》所讲《缘论》都没讲此层。

一步,这种粗相眼觉上能有,可以算作所缘的了,然仍不能算所缘的缘法。因为作法缘的须实有的东西,难道你承认第二月也可以作所缘缘如第一月么? 再破第三家道:

> 你所说和集相资的极微应不为感觉的所缘,
>
> 因他还即极微故,
>
> 如同不相资时。

和集相资时的极微与未和集相资的极微体相不异,怎便能为所缘了呢? 此第一难。又你说许多极微和集相资有粗相生,各别能为感觉所缘。如果如此,那么一般多极微所和集成的东西,无论瓶或碗看上去都一个样了。因为你不取和合色的说法,看的时候还是看各别极微的相,那和合的形式不成问题,自然极微一般多就都一个样了。此第二难。外人如果说极微虽一般多,摆列的不同,所以瓶子与碗不同。这话也不对。你原说和集之后相资各别有粗相生,现在摆列的不同,既足以生不同的样子,那么极微在瓶子的摆列之下,岂不相资各别生了瓶子相,非复极微的微圆相了么? 这真是笑话了。此第三难。并且你说看瓶子的时候却极微各别为所缘,也不对。粗相的感觉怎能缘细相的境? 断没有说如此的感觉,可以缘如彼之境的道理。如其可许,那么色的感觉也能感觉声音了,乃至能感觉一切香味触了。此是第四第五难。

以上对三家驳论俱竟。容许他们立有极微尚且有这许多荒谬地方,况且如前头所破,并非真有极微呢? 护法造有《观所缘缘论释》论讲这个问题很详细,可以取参。外人至此必要问道:如你的意思,难道感觉竟无所感觉了么? 并不是这样说。**我的意**

思,感觉不能以外色作所缘缘,他所缘的即是他自家变生的相分。我并非是说感觉没有感觉白,但白不是外色,还是感觉自家所有的罢了。这相分的白是或大或小顿时现出一相来的。并非变生许多极微,什么和合和集起来的。因为执着粗色有实体的,佛要他灭除这种执情,教他修观(修观是瑜伽师的术语),把粗色来除析,才说极微这话。其实何尝真有极微能成粗色呢? 于感觉外你要想建立极微粗色实有,那是作不到的(未从论证)。这相分的白用不着什么真实常住的话,而你却不能说他没有。因为他是随着感觉的,感觉有就现有,感觉无便也无。只须如此的有便已合了第一条件,可以作感觉的缘法。又因为他就是现于感觉上的东西,当然合第二条件。于是就成就了所缘缘。①

---

①　在大学讲到此章的时节,因某君的质疑,偶然翻出张克成先生作的《观所缘缘论浅说》来看,始知其中错误很多。而某君便是为张君的讲法所误。张君的书外间流布的很多,贻误必不少,自不得不急加辨正。按张君的书通身都是病痛。零碎的错误与不妥,且待有暇细摘。**他那最大病根直弄得全盘不对的厥在通体都以外色为所缘缘,不合于唯识立言。**所以他处处总是说:"……二俱大反乎唯识……""……与唯识正理绝不相应","……只有内色为所缘缘方足成立唯识正理"。试问我们同敌家对净却责备他"你的学说不合于我的学说"、"必须如此说法方足成立我的学说",这成一句什么话! 并非偶然两句立言不善,你看他全书可能舍此有别的意思? **张君所以如此立言的,因他就未曾明白问题所在,错把见相二分当作所缘缘的两个条件,上边所缘二字解作相分,下边缘字解作能缘,解作见分。**所以他处处总是说:

　　"一支者犹云一分也。执极微者纵许其有能缘见分一支,而又阙所缘相分一支。执和合者纵许其有所缘相分一支,而又阙能缘见分一支。彼此互阙一支,即俱是不从自证起,与唯识正理绝不相应。"

　　"见分相分俱依自证分同时并生,设同时无能缘之见分所有相分非真相分,设同时无所缘之相分所有见分亦非真见分。二者不能孤起,以离自证分无实体,即离唯识无实法也。所缘缘义如此。"

　　"见相二分既非同时并起,……于此足证能缘义既幻所缘义亦虚。"

　　"设许其有引生义为识上所缘之见分,非许其有境色义为识上所缘(转下页注)

唯识家这个主张在当时的外道小乘总觉难于信受。眼前白
的、红的、黑的、蓝的，大家共见与我无干，怎好说那白、红、黑、蓝
不是外边的颜色，却说是我自己感觉上的东西呢？若在今日，已

（续上页注）之相分。……故极微于五识纵许其能缘而绝非所缘，有断然者。"
原书处处如此，也不必再多引。**因他既以见相同依自证起作所缘缘，而"见分"
"相分""自证分""同依自证起"这许多话是唯识家自己的学说。于是破斥敌家
就全在破斥他不合唯识正理了。如此讲法令人怎得开解，如何信受？**

本来的问题很简单，陈那的意思也极浅显，不过是说，"既是感觉所感觉的东
西（所缘缘），当然要我们感觉能得的着他（所缘义），当然要有这东西方足以使
我们感觉（缘义）"。这是人人知道人人承认的一点意思，并非什么"唯识正理"。
所缘缘只就是相分，张君却竟认其所缘义作相分，缘义作见分，所以责外道"……
设许其为见分非许其为相分……"，必要他一个所缘缘双具二分，所以总讲二分
同依自证起的唯识正理。把读者讲得永世不得明白。因根本上先把所缘缘讲
错，一面那全书大旨固然不对，一面那语气难通，字句费解的，也就不可胜数。即
如上边所录的四条，条条皆然。我们无暇计较这细故。在这个以外的错解误说
且摘举出来，但亦不及一一去辨正，不过读者注意就是了。

释外道、小乘的极微论；
释头一个比量破古萨婆多部；
释极微和集论；
释破和集论之比量；
释执眼等识能缘极微诸和集相复有别生；
释瓶瓯等觉相之四句颂；
释前颂之长行；
释极微量等故之四句颂；
释前颂之长行。

除因错解所缘缘而生的错误不计外，以上各段也都讲错（每讲到叙外道计执多半
错解），或瞎说许多不相干的议论，全失陈那本意（每讲到破外道的比量都是如
此）。大约张君所根据的只是智旭、明昱的两部书。他两家本来就讲得不算好，其
中明昱更差。张君把所缘缘错解成同时为能所缘，一半也由他们讲得不明所致。

还有一层意思大家要注意。这以内识为所缘缘是件事实，并非凭比量可以
建出来的。有陈那的几个比量无这几个比量都不干事的。若以因陈那比量而后
建立那就大错了。唯识家只以比量破敌，至自己的学说并非由比量得来。

经是哲学家不再讨论的问题,心理学上大家共晓的道理了。原来
所有色声香味触这些东西都不是外边有的东西。而是外边全不
曾有的。譬如白瓶子的白,我们总觉得这白是瓶子的白。其实瓶
子本身是没有颜色的。所谓白颜色的是我们视神经映受如此之
以太振动的刺戟而反射现出的。本为瓶子所无,只在我们感觉上
有而已。因为眼睛要离远了才看见东西,接近了便看不见,所看
见的(如白之类)便总觉得在那远处(如瓶子等处),为外物所有,
非我所有了。倘换一个感觉机关去讲,便容易明白。譬如姜椒等
物,要对于人的味觉而言方说他辣,这个辣要待舌头尝着才有,在
姜椒自己无所谓辣不辣。所谓辣味的岂不显然是在我们味觉上
现出的,为姜椒所本无么? 瓶子的白犹之姜椒的辣,同为我们感
觉自己变生的相分,并无二致。那所谓总觉得白在远处的意思,
并非视觉现量原有的。现量上没有远近物我。所以《成唯识论》
上说:"色等境现量证时不执为外,后意分别妄生外想故。"据说
生来眼瞎的人一旦开朗能看东西的时候,他觉得所有的东西都像
在眼前面一样,初不知道那个远那个近,这话自是不错的了。①

---

① 陈百年先生所授《西洋哲学概论》第四十五页上说:"唯心哲学家有自认识论出发
以建设其学说者如盘开累(Berkeley)是其例也。盘开累承洛克(Locke)之后益求
精进。初洛克之论物性也,设第一性质、第二性质之区别。第一性质为物体所固
具,如广袤、形态、数量、动静、充塞等性是也。第二性质仅存于感觉之上,而非物
体所固具,如色声香味寒暖等性是也。盘开累则毁弃第一第二之区别,以为一切
物性莫非吾心之观念。其言曰:"物体之大小,距离之远近,本非视觉所能知。稽
其起源,盖触觉所得之经验与视觉相结合始能知之。及习惯既久则一张目便能
知之矣。生而盲者初愈见物,物无远近,一若咸在目前。此亦足证视觉之本不能
知大小远近。是故物之大小远近,以及形态、动静皆生于触觉视觉之结合。申言
之,即于视觉之感觉上吾心有所附加而后大小远近始形焉。大小远近等性既为
感觉间相互之关系,则其无客观上之存在又从可知矣。"(按这篇话有是有不是。)

《成唯识论》上说:

> 内识生时似外境现。

> 或复内识转似外境。……虽在内识,而由分别似外境现。

> 识生时,无实作用,非如手等亲执外物,日等舒光亲照外境。但如镜等似外境现。名为了他,非亲能了,亲所了者自所变故。

> 故契经言:无有少法能取余法,但识生时似彼相现,名取彼物。

> 由此定知自识所变似色等相为所缘缘,见托彼生带彼相故。然识变时随量大小顿现一相,非别变作众多极微合成一物。

> 故世尊说:慈氏当知,诸识所缘,唯识所现,依他起性,如幻事等。如是外道余乘所执离识我法皆非实有,故心、心所决定不用外色为所缘缘。

> 如契经说:一切唯有觉,所觉义皆无,能觉所觉分,各自然而转。

> 如《入楞伽》伽他中说:由自心执着,心似外境转,彼所见非有,是故说唯心。

所有这些话都是说明感觉之所感觉还是自家所变,并无外色。因为这境随心现的原故,心非一心则境非一境。我们平常以为大家同在一个世界上的,其实各人各自有他的世界,并非是一。**虽然对坐在一间屋里,而完全在两个世界上。并且我这世界你始终进**

不来,你那世界我也没法进去。不过因为心虽非一,却又不甚相异,于是你看作白的,我也看着白,他也看着白,便不留意是人各一白,而以为大家共见一白。不留意是人各一世界,而以为大家是同在一世界了。《成唯识》上说:

> 虽诸有情所变各别,而相相似,处所无异,如众灯明各遍似一(按此语本是说真异熟识的,现在借来说眼等五感觉亦不妨)。

这层道理现在很容易想得到,已经是不足为异。[1] 不过在当时的外道、小乘就诧为奇想,不得其解了。外色有无的题目太大,本章只算是第一步,姑至此作结。以下有些批评,批评里含有很重要的讲说。

粗明唯识学的方法

我头一桩要指点给大家看的,唯识家这些道理是由什么方法得到的呢? 你看外道、小乘的说话是很不远乎常情的。然在今日看去,恰是不中科学的俗见,在俗见上又加了许多编造。**这本是古人未有科学随情计事的常态,不足为异。但拿他与唯识家比看,那唯识家却有足异了。唯识家何以不流于常态?** 不认物质,**固亦各地方哲学家所有,却为何他能不逞古来形而上学家的臆论?** 他所有的主张,并不得说为哲学家的主张,明明是许多有来

---

[1] 这人各一世界的道理差不多书上常看见了。曾见罗素(Russell)的 *Scientific Method in Philosophy* 第八十七八页叙的很明。不过大家的意思总想各有世界是外表,那后头还有一个世界是共有。唯识家却说始终是各有的,其理后详。

历的知识(除为今人已知者不待言外，其余的说话，明明是把他所知事实的叙出来，并不是议论家抱的什么意见)。知识也是恒有的，但他既不曾走西洋科学所走那条路，他一直所走的是什么路呢？原也并无希奇。他只在能把握现量。现量非他，就是心里未起瓶子的意思，乃至未起白的意思，极醇的感觉。**感觉原无一时一刻不有，却无一时一刻能为我们所有。其为我们所有的只有非量的观念、比量的概念**(精或粗)。这原是人类的特长，不知积多少代的进化才有此先天异禀，又从落地积多少年的训练才如此敏给熟习。时方有感，时即念生。现量这样东西遂不复可得。后来的一切知识都自念生，**未念之顷与念之为念，便留意不到。而唯识家偏能把握现量**，于是这其间一段情节就发觉了。唯识家又怎能把握得到现量呢？他是由于修习瑜伽。瑜伽就是禅定。大家不要把佛家坐禅看成什么外国养生家、中国道家、印度外道的古怪神秘把戏。我可以告诉大家，**佛家的禅定不过是要求真现量罢了，更没一点别的意思**(这句话后来自当细讲)。大家要晓得，**所谓唯识学的并非别物，原是佛教瑜伽师去修禅定得的副产物，同时即为佛教瑜伽的说明书**。所以《瑜伽师地论》以讲瑜伽的书而为唯识学之所本。**瑜伽师在他现量中对着瓶子不曾有瓶子的意思，对着瓶子的白不曾有白的意思，只那白的感觉灼然非无浑然未划，见相同体，没有什么物我之说**。等到一种别的作用，才把谢落的白的影像，就是已过的感觉上相分割划出来。这一割(画)〔划〕弄成两种的分离，与两种的构成。把白的影像同别的影像如硬等构合成一个瓶子的观念，同时便是把那相分从感觉这里分离了，同时并且把瓶子与瓶子以外的空间或别的东西也要划开，于是物与物分离了（在感觉上瓶子与瓶子以外的空间或别的东西也是不分的）。物的观念既成立，同时"我"的观念或"心"的观念也构成了（分离与构成是同一行为上两样意义，在彼为分，在此为构，并无先后的，上面所叙要活看不要呆看）。虽然说什么分离构成，而其实虚妄无实。这种作用何能当真去割划那感觉，感觉刹那便过，初不相及，分亦何曾分？构又何曾构？却只依旧还他个浑然。所谓物我这分，瓶子之念，都不过自家的妄想罢了。因此便说物我之分，瓶子之念，都无事实可得。所有的事实，只这浑然的感觉，亦名曰识，**因遂说唯有识。感觉原来是不住的，所以白亦非住，方觉方白，不觉不白。**不过感觉相逐不绝，白遂能恒有。感觉原来是各人各有的，所以白亦非一。不过感觉相差不远，大家互以言语相喻，其义若一，**于是也就似若大家共一白了。因这种种原故，不住若住，非一似一，就误会别有一白在感觉外了。**瑜伽师知白非外有，外白非有，因遂说唯有识。外白尚且非有，何况又假定白外有体？若白若硬，乃至种种，无非影像，那里来的体质这样东西？荒唐之言，不敢相信。现量亲得，只在影像。因遂说唯有识。白的上边初无白义，**也是就落谢影子，综合许多同样东西（白），分别开许多异样东西（红黄蓝黑等），渐渐完成的。**若在常情，殆莫不以为白义白所本有，瓶义瓶所本有。今现量之中，渺无纵迹。**因遂说唯有识。**总而言之，**一切主张并非主张，都是因为能够把握现量而后发见的事实。**因他既如此说法，瑜伽师便变成唯识家了。这还都是初步的现量，等到第二步的现量，那所发见的才把唯识学完成。唯识学完全得之于瑜伽师的修瑜伽，这是大家要注意的。

批评唯识上所谓心与寻常不同

我第二桩要指点给大家看的,便是上章所说唯识家所说的心与平常所谓心的不同,此时可以看出了(但还不能完全看出)。**唯识家所说的心是那见相同体四分完成整个的感觉。平常大家却拿瓶子同白都当作了外物,分开出去,那所余的不是只半边了么? 为什么大家只认半边的心呢? 整个的心即现量感觉的从来得不到,所以只认半边了。**大家从来所有的心是什么心呢? 便是有念虑的心。**这种心差不多就是半边的。**唯识上说这种心虽然也是具备四分,但他那相分就从能缘的见分变生,并没别有种子的(这话后来细讲)。**一般人所谓心的,都是拿感觉上半边见分,连同这种差不多半边的心合说作心,以别于物。**譬如看见瓶子时,作瓶子观念,便把能见瓶子的,连同作瓶子观念的,与那瓶子划开。此为心,彼是物。从此那所见半边心再也合拢不来。不但常情如此,就是那唯心论哲学家的,请看何尝不是如此呢? **你看他的说法要拿观念来立说岂不明摆出了么?** 这种说法的唯心论当然要窒碍不通的了。世人却要拿唯识家侪于他们之列,那唯识家真不得见天日了。我所以开章专讲感觉为心的,就是要表出这整个的心啊! (但所谓整个的心还未完全表出,因为感觉还不能算。)

所谓见等四分的,本来是一心体所起的四用。**所以那以能见、能念为心的,都是把心看作一种作用,不把他看作个东西。**就是现在讲心理学的也说:"论理有用必然有体,却独这心只见其用未见有体。"足见一般的意见都是如此了。**这都是误于以瓶子**

为有体，其实那未见有体的心才当真是个实在东西。你说他有体的瓶子才不过只是用罢了。你所谓有体无体的，是以他看的见看不见、摸的着摸不着为断。看的见摸的着便算有体，看不见摸不着便算无体。其实你看见的白是感觉上相逐而过的相分为心所起之一用，何尝是个实在东西呢？那实在东西即能发此用的心体，是当然看不见摸不着的。如果看的见便是用非体了。我前边说过"分亦何曾分、构又何曾构"的道理，那心物分疆原无其事，浑然一体全都是心。所以唯识家说心是整个东西，不是半边作用，与一般的见解哲家的说法皆不同的。要注意啊！

第四章

所谓识的其数有几呢?

上一章的话已经自己露出破绽来:一是露出所谓识的不单是感觉;二是露出也不否认物体(说感觉上相分是对于物体反映现出),皆与头一章不相符合。这两层都诚然不虚,那第一章唯有感觉的话是初步,自此以后所讲的便通在这两层上头了,是要按着步来的。必要如此讲法方是唯识家的精神,只能从眼前最低的一步慢慢讲起,从现在无可否却的且承认他而逐步说去。若老远的无端的就抬出什么"八识"来讲,使唯识家同于开口上来就要说什么"道""太极"的推演派一般。那唯识家便死不瞑目。

那么识既不单是感觉,却有几样呢? 照上章所说已经露出两样:一样可说为无念虑的识,即是能感觉白的,一样可说为有念虑的识即能辨知为白的,作出白的概念的。前者就是唯识家所谓前五识,后者便所谓第六识。但却并非由有念无念而分作如是,不过他那彼此别异容易见的在此罢了。其实第六识一般的也有感觉用,而前五识若严格的讲亦可说有念虑。这话后边去讲。在唯识家这六识通谓之了境识,因为他对于境界有了别用。所谓六识者其目云何呢?

一、眼识或亦称色识;

二、耳识或亦称声识;

三、鼻识或亦称香识;

四、舌识或亦称味识;

五、身识或亦称触识;

六、意识或亦称法识;

因为随着根与境去区分便说作这六识,并非定有六个各别的东西。随着所依的根而叫作眼识、耳识……等亦可以行;随着所缘的境而叫作色识、声识……等亦可以行。不过随根立名较通行些,据说因有五样意思,如《述记》卷三十一第三四页说。其实随境而称号亦好,因为本是了境识。对于境的了别就是感觉。了境识有六似,即是说感觉有六种了。但虽把感觉分作六种,却不比现在心理学上八种的说法有什么遗漏,而且还多哩。① 据《瑜伽师地论》等书所叙,那身识或名触识所缘的里边有冷暖字样,当即今之温度感觉了,有力、劣、缓、急等字样或即所谓筋肉感觉了;有饥、饱、病、死等字样或即所谓有机感觉了。所以说没遗漏。所谓还多的因为意识的感觉用心理学没说。但这是句玩话,其实并不曾多。因为意识的感觉用所缘的仍不外乎前五种之缘,别立不出一种什么什么感觉来的。

---

① 陈百年先生《心理学大纲》上说东方人言感觉只知有五种,西方人初亦如此,近来研究乃知八种。

先说前五识

虽然此六者通称了境识,而前五识与第六很是不同。前五彼此绝相似,差不多前五共为一种,而第六自一种的样子,所以要分开讲。前五识的互相似据说有五种似处,这五种相似便就是讲明五识了。

一者彼此同是依于色根的,此对其他非依于色根之识而言。色根即净色根,是无见而有对——看是看不见却是有对碍的色法——与外面浮尘根不同,前已略说。这是怎样一个东西,在唯识学史上有很大一番争论。世亲的《廿唯识论》同陈那的《观所缘缘论》都是说第八识上五识各自种子便是各别五识根。《成唯识论》第四卷反对此说,谓有十一过失。安惠、护法、净月诸论师往复辨难,其词甚长。归结依《解深密经》等眼等色根是第八识所变,非即眼等五识种子(什么叫第八识,什么叫种子,后边去讲)。我们现在看去,似乎所谓净色根就是神经,所谓根依处就是神经细胞,不知对不对。又陈那说这根非现量得,比知是有。《成唯识述记》说因为"散心中无现量得(散心对定心言),虽第八识及如来等缘,是现量得,世不共信",所以才说比知是有。我们看去这个比量似乎因喻俱阙,不好立得,自以《述记》说的是。眼识必要于眼根而后能发识,眼根便说为眼识的"俱有所依",如果不具此根或根坏眼识即不得起。余识同此。

二者彼此同是只缘实色境的,此对其他之识所缘或非实色境而言。实色境或名为性境,但严格说性境范围宽些,我们现在就世间五识而讲适宜称实色境。如何方是实色境呢? 此可说有两条件：**一是他这相分不与见分同种生而是别种生的，一是要具备二重所缘缘的。**凡五识所缘的色、声、香、味、触都是如此。而平常人所以为是五识缘的东西，其实多非五识缘，因为他们都不合这个条件，非实色境的原故。这是很应当注意的事。

三者彼此同是只缘现在的，此对其他之识所缘或非现在而言。五识之只缘现在是当然的事。例如开眼去看前面时，那似白色的相分（白色从似白色的误认而来，非似白色外别有真白色，前既讲过），从自种子诸缘具合转变而现，随即落谢，紧接着第二种子再生，如此一个个接下去。我们虽然对着他看了好久，始终是现在的白，是无数的新白。那既经过去的白与尚在未来的白，眼识均无从得缘，只意识上有罢了。

四者彼此同是现量得境，此对其他之识或非现量得境而言。如何为现量呢？前曾略说，此当再剖。《因明入正理论》上说："此中现量谓无分别。若有正智于色等义离名种等所有分别，现现别转故名现量。"**现量的唯一条件就在无分别，而分别即是比量作用，所以现比量非并列的东西，而是势不两立的对头。无分别便是无判断、无知解、无意思。所以说现量不会错误的，感觉不会错误的，不是说他总都对，是为他没有错误可言。**[①] 据说无分别的略有四类：一五识身，即现在所讲的。二五俱意，容后讲。三诸自证，即一切自证分、证自证分，前已讲过。四修定者，凡定中

[①]　前见杜威讲演记录曾叙到笛卡儿言感觉有错误的话，很容易令人误会当真如笛氏的话。感觉没有错误是没问题的，错觉幻觉心理学上都属之知觉不属之感觉。此处感觉无误非判断都对而是未尝判断，系康德的 *Critique of Pure Reason* 第290页上的话，与我们意思最为吻合。

不能起分别心。据《大疏》，"正智"是简于色根有毛病的不正当智，例如眼根有毛病见空华二月之类，即无分别亦非现量。"名种等所有分别"有几样讲法，此无关紧要不去说他。"现现别转"就是前说无数现在的白一个个转过去的话。《大疏》说别转是离贯通缘。**贯通缘就是成就概念的观念联合作用**，不守自体之白——假定为瓶子白——而联到白粉、白布、白纸，贯通其所共的一个白的意思。凡一切的意思都从此道而来。即此作用便是比量作用，即此意思是名概念。以后一见白，辄有白的意思，即不联想白粉、白布已为贯通缘，所以离贯通缘即是没意思之谓。虽不起意思并非未起缘用，**正因缘得实体所以不起意思，意思一起所缘的便是抽象意义，而非复实体了**。故此现比二量得自共二相，自相即体，共相即义。自相或体为实，共相或义为假，所以说五识缘实不缘假。《大疏》简空华二月非现量，我们想或亦勿须有此一简，空华二月那里是实体呢？眼识上何能变生空华二月的实相分呢？**所有这类的错误俗常以为眼看错的，耳听错的，其实都非感觉的错误，初未常发此识也。**俗常总以为是眼看东西在那里动，人在那里走，其实走动非眼识能得的。"走动"哪里是个实体呢？眼识哪里能变生个走动的实相分来呢？然则走动何从而知呢？例如前面一个东西动转，眼识对他只变现那个东西的实相分，刹那间一变现即过去了，刹那间一变现即过去了，那东西虽动而刹那所现的相却一个个是静止的，看了好久只是积了无数的静相，**把他的动都给打碎了，全然无所谓动，必待意识把他们连串起来才成功动的意思**（与活动电影同一理）。所以我们可以说墙壁白色直是跑天空飞鸟未曾动。六祖在岭南所说"非风动，非幡动,仁者心自动",《憨山集》上自己讲的溲溺无流注相,与此外纪载上禅家悟境类此者很多,人多莫明其妙,**其实只是五识现量罢了**(但六祖之言或非只五识现量能办)。这是佛家最初的一步,不算新奇,却已非哲学家的玄谈——如西洋古代哲学、中国古代哲学都有镞矢不行、飞鸟不动的话——所能比拟。**他们是论证,这是亲证。**或疑你虽亲证不动,他却寔从甲地飞到乙地,何贵有此现量亲证呢?这个疑问诚然不错,因为要答这个疑问不得不讲两句现在不当讲的话,**这个疑问全本乎空间的拓展性而来,其实所谓宇宙的只是时间上的流转**(时间上的流转是对空间上的流转而说,非指时间之绵续),**并无空间的开拓**(开拓即空间非二)。**空间上的移动无其事,时间上的流转有其事,或说空间上的移动只是那流转中的事。这初步现量便是开不认移动认流转的门。**这话且止于此,我们还是折回来讲本题。唯识家本来说色、声、香、味、触各有其假的、实的,五识现量缘实不缘假,而动转即属假色。凡色总分三样:一、显色如白、黑诸色及空一显色等。二、形色如长短方圆等。三、表色即动转屈申等。其间只显色是实的,其余形表皆假,眼识缘不得。人都说西方科学家尚实,据我们看天下尚实的还有以过唯识家么!如果还疑他为空谈派真有眼无珠了(科学家初不靠实,近来才谨细些)!但就五识现量而言,固的的确确只能得实体法。若泛论现量似乎还有点疑问,俟后说。

　　五者彼此同是有间断的,此对其他之识或无间断而言。这前五识有时现行,有时不起(即是说感觉时有时无),叫作间断。何以间断呢?**生识的缘如有不具便间断。**生识的缘各识多少不同,但前五识行相粗动所需的缘(此)〔比〕其他行相细隐的识都多。所谓粗动的是说他专缘外境起落很容易知道。因要缘外,他那所需的缘自比缘内的多而难办,于是就容易间断了。然前五所需的缘亦多少不齐,具列如下:

眼识的生缘九:空、明、根、境、作意、根本第八、染净第七、分别俱六、能生种子。

耳识的生缘八:如前列,唯除明缘。

鼻识的生缘七:如前列,除空、明二缘。

舌识的生缘七:如前列,除空、明二缘。

身识的生缘七:如前列,除空、明二缘。

五种似处已经说了,此外如同是通乎善、恶、无记三性,同是备有苦、乐、舍三受,心所同是三十四种,也都是他们彼此似处,不过就有与其他之识亦复相似的罢了。

唯识家讲到五识有几句平常人听了很奇怪的话。我们因为信服唯识家的精神不以为他是胡说,但如果只是随述旧传的话那就难定了(佛家有许多话是随述旧传不变习俗,请看《印度哲学概论》第一篇)。一是说若到自在位诸根可以互用,一根发识,缘一切境。诸根如何可以互用,《成唯识述记》上《枢要》上很有辩论,可勿叙。一是说五识可以不全有或全没有。因为有三界九地的分别。欲界、色界、无色界为三界。三界共分九地:一、欲界五趣杂居地是五识都要有的(人即五趣之一)。二、初禅离生喜乐地是只有眼、耳、身三识的。三、二禅定生喜乐地。四、三禅离喜妙乐地。五、四禅舍念清净地。六、空处地。七、识处地。八、无所有处地。九、非想非非想处地。自三地以后都没五识的。他们都是由一种禅定成功的"天"。所谓没五识的是因为寂静的到一个五识全然不起用的地步。

略释心所

我们且略讲一讲心所。这五识都属心王,就是主体之谓。附于心王而有的叫作心所,具称应当是"心所有法"。心所也一样的有见、相等四分。不过他与他的心王同一疏所缘缘因而相分自尔相似,他与他的心王同时起灭,并且个数亦相等,又所依根亦是同的。即由此同依、同缘、同时、同事(相见所依自体名事,故个数相等名为同事)。四义说他与心王为相应。然则他的特别处在哪里呢?**他的特别处在行相各别,在心王缘得的外别有所得。**譬如眼看美色,耳听妙音,同时所起的美感便是心所。这美感是在色体以外的分别,但与比量心的分别却还是两事非一。比量心所缘的是干燥的概念,即是知识的事;而这是感情的事。心理学上的感情、情绪、情操、意志大都是唯识家的心所。但心理学上以感觉、感情为精神作用两原素是并列的,此以感情为感觉的附属。心理学上情绪、情操、意志都说的是复合作用,自须要除却其间的知识部分(感觉、思惟)才为心所。这两家分法的不同自是很重要的问题,不过非我们所及讨论。大约看去唯识家所谛察的微入毫芒,有许多为心理学所不及知的(如五遍行),或只能笼统浑括着讲的(如情绪之类应当一面作一复合作用讲,一面亦加以解剖)。又平常人多有误把心所讲成第六识很粗动的行相,也是因平常人心太粗疏而唯识原所指的太细微的原故。但唯识家所分六位五十一心所亦不见得就是定论。当时是瑜伽师作宗教上的

(出世)工夫检验自家的心数,因而所定的如彼,并且本就是由繁入简的改定了,则初未尝认为定论,将来自不妨有增损的。其间五遍行是很重要的,可以讲讲,其余只录名数。兹摘《成唯识》上讲心所的几句话,并列五十一心所如下:

《成唯识述记》卷三十二本论:"恒依心起,与心相应,系属于心,故名心所。如属我物,立我所名。心于所缘,唯取总相(例如彼色)。心所于彼,亦取别相(例如彼色并其美感)。助成心事,得心所名。如画师资,作模填彩。"

《述记》释前文:"师谓博士,资谓弟子。如师作模,画形貌已,弟子填采。采于模填,不离模故,如取总相。着采色时,令媚好出,如亦取别相。心、心所法取境亦尔。"

心所有六位五十一数:

遍行五:作意、处、受、想、思。

别境五:欲、胜解、念、定、慧。

善十一:信、惭、愧、无贪、无瞋、无痴、精进、轻安、不放逸、行舍、不害。

根本烦恼六:贪、瞋、痴、慢、疑、恶见。

随烦恼二十:忿、恨、覆、恼、嫉、悭、诳、谄、害、憍是为小随十,无惭、无愧是为中随二,悼举、昏沉、不信、懈怠、放逸、失念、散乱、不正知是为大随八。

不定四:悔、眠、寻、伺。

何谓遍行心所呢? 是说一切心中——无论前五或第六或其他识

起作用的时候——都要有的，不能离的。据说具四一切义①我们无须分别了。遍行五中第一为作意，所有别的心所都是心王引出来的，独有这个虽亦与心王俱时而有却是他引出心王来。因为这就是指发识的那发动力。识的种子是恒有的，只待他来才起用，无他心便不起。所以上边列五识生缘都列有作意一缘。凡是识起和他的圆功都是根、境、识三法的和合，只这和合就成个心所叫作触。所以触的必要不在作意以下，虽不是有触而后有心（指现行不指种子），却是心就是触了。当这触合的时候必然有所感受，或顺适或违忤或非顺非违谓之俱非，无论怎样隐微却不能无有，这就叫受。所以受为第三个心所，无心无受。当这领受的时候必然有所分别，虽然极其隐微却多少萌一点意思，只这分别意思就叫想。所以想是第四个心所，无心无想。当这分想的时候必然有要怎样的志向，例如可怕的就要避开，可爱的就要亲近，自后的造作诸业都由此起。这个很重要，没有这个"要怎样"，单是领受分想那便只是被动的、呆的、静的而非往前活动的心了，实际上无论怎样沉默都含有这个在内。只这"要怎样"就叫思，是为第五个心所，无心无思。据我看唯识家这遍行五心所的说话在今日正时兴的心理学上似有很重要的价值。我讲的还有未周，摘《成唯识》原语如下：②

----

① 《成唯识述记》卷三十二说四一切是：一切性，三性之处皆得起故。一切地，谓有寻等三地。一切时，谓或一切有心皆有，或无始不断，或缘一切境，故总言时。一切俱，定俱生故。遍行具备四一切，别境只有初二一切，善只一切地，烦恼通没有，不定只一切性。

② 作意与触两心所名次的先后各书不同。如《瑜伽师地论》《百法明门论》等皆作意列在前，《成唯识论》便触列在前。

《成唯识述记》卷十七本论："触谓三和分别变异,令心心所触境为性,受想思所依为业,谓根境识更相随顺故名三和,触依彼生令彼和合故说为彼,三和合位皆有顺生心所功能说名变异,触似彼起故名分别。作意谓能警心为性,于所缘境引心为业,谓此警觉应起心种,引令趣境,故名作意。受谓领纳顺违俱非境相为性,起爱为业,能起合离非二欲故。想谓于境取像为性,施设种种名言为业,谓要安立境分齐相方能随起种种名言。思谓令造作为性,于善品等役心为业,谓能取境正因等相驱役自心令造善等。"

卷十七及三十三两叙五遍行话很多的,其间与小乘诸部还有许多讨论,此皆不及述。大家要注意的是这种种都是心所全然非第六心王的事,**在随便一个感觉里就都有了,简直为我们所知不道的**。我前边说的以严格论前五识亦不妨说有念虑,就是为此了。

我可以告诉大家一句顶要紧的话,在唯识家看心理学家什么智、情、意三分法,什么智、情二分意志不过复合作用等等的话,都是太粗太粗极支离极支离的话。在唯识家的意思,意志、情感不可为独立东西,而也没有没有意志的知识、没有情感的知识。**凡是一个心都是意志了**(作意与思通首与尾皆意志也),**都是知识了,都是情感了,此所谓一个心的**。凡本文所称心的,都不是说平常人或心理学所说的一副精神作用住在那里、一个人的全意识界,而是说唯识上的心。前五识或第六识或其他识一个个转过去的都是一个个心,万不可离开这一转一转的而说心。转之前也没有心,转之后也没有心,只这一转的为心,而便是意是知是情。唯识上从来没有就着平常说法的那个心而讲的话,因为那样的一个心的观念含有大毛病在内。又这五心所与唯识哲学很有关连的，不单是几句心理学上的话而已。俟后讲。所谓五识的三十四心所即遍行五、别境五、善十一、根本烦恼中之前三、中随二、大随八。他虽有善心所或不善的心所与之相应，但只是任运而善，任运而恶，他自己没有积极行为，所以更不易谛认。大约五识上只有苦乐是易见的。苦乐即从遍行五中的受心所而来，好受便是乐了，不好受便是苦了，没有什么好受不好受谓之舍受。这三受五识都可以有的，其他之识亦或只一受。其心理学所谓伦理的情操要在第六识心所中求，于下章说。①

---

① 前辨章太炎先生以王学良知当作自证分之非，现在讲到心所更分明了。所谓良知显然心所家的事，而种种恶心所也都有他的自证、证自证分，显然良知与自证等无干了。当时吴检斋先生即不以章先生说为然，而主张属心所，曾对我言之。所以吴君的《王学杂论》很有许多是出自章先生的意见，而独这条未采入他的。